基于核心素养的高中生物教学设计理论与实践

广东省中小学『百千万人才培养工程』系列丛书

肖安庆 著

SPM 南方传媒 广东人民出版社
·广 州·

图书在版编目（CIP）数据

基于核心素养的高中生物教学设计理论与实践 / 肖安庆著 . —广州：广东人民出版社，2023.6

（广东省中小学“百千万人才培养工程”系列丛书）

ISBN 978-7-218-16683-4

Ⅰ . ①基…　Ⅱ . ①肖…　Ⅲ . ①生物课—教学设计—高中　Ⅳ . ① G633.912

中国国家版本馆 CIP 数据核字（2023）第 109556 号

JIYU HEXIN SUYANG DE GAOZHONG SHENGWU JIAOXUE SHEJI LILUN YU SHIJIAN

基于核心素养的高中生物教学设计理论与实践

肖安庆　著

出 版 人： 肖风华

责任编辑： 王庆芳　朱东岳

责任技编： 吴彦斌　周星奎

出版发行： 广东人民出版社

地　　址： 广州市越秀区大沙头四马路 10 号（邮政编码：510199）

电　　话：（020）85716809（总编室）

传　　真：（020）83289585

网　　址： http://www.gdpph.com

印　　刷： 广东虎彩云印刷有限公司

开　　本： 787 mm × 1092 mm　1/16

印　　张： 18.75　　**字　　数：** 294 千

版　　次： 2023 年 6 月第 1 版

印　　次： 2023 年 6 月第 1 次印刷

定　　价： 78.00 元

售书热线：（020）85716863

总　序

求实笃行，守正创新
做扎根岭南大地的时代大先生

教师是教育改革发展的第一资源，教师强则教育强。近年来，党和国家对教师队伍建设的重视达到前所未有的历史高度，党的二十大更是把加快建设教育强国、科技强国、人才强国，作为全面建设社会主义现代化国家的基础性、战略性支撑。作为置身改革开放前沿的教育大省，广东省始终积极响应国家的教育发展战略，把教师队伍建设、教育人才建设摆在极其重要的位置，以培育一批教育家型教师、卓越教师和骨干教师为目标引领，2010 年至今已先后实施三批广东省中小学"百千万人才培养工程"，通过提炼教育改革典型经验与创新理念，打造具有鲜明岭南风格与广泛影响力的教育特色品牌，致力于为推进中国式教育现代化事业贡献智慧。

作为人才强教、人才强省的一项重要改革举措，广东省中小学"百千万人才培养工程"的深入实施，就是要持之以恒地通过教育人才培养机制的创新，探索名优教师成长规律，优化教师专业发展的环境，激发教师竞相成才的活力，真正形成让教育家型教师不断涌现的良好教育生态。

十多年来，中小学"百千万人才培养工程"通过不断完善培养机制，形成了较为科学的"顶层设计"，建立了省、市、县三级分工负责、相互衔接的中小学教师人才培养体系，坚持“系统设计、高端培养、创新模式、整体推进”的工作理念，遵循“师德为先、竞争择优、分类指导、均衡发展、公平公正”的工作原则，统筹安排好集中脱产研修、岗位实践行动、异地考察交流、示范引领帮扶、课题合作研究等“五阶段”，并注重理论研修与行动研修相结合、导师引领与个人研修相结合、脱产学习与岗位研修相结合、国外学习与海外研修相结合、研修提升与辐射示范相结合的“五结合”，从而有效解决了传统教师培训存在的问题与矛盾，让“百千万人才培养工程”成为助力教师队伍整体素质提升、助推全省教育现代化的“标杆工程”。

教育现代化首先是“人”的现代化，推进中国式教育现代化建设呼唤数以千计、数以万计教育家型教师的示范与引领。什么是教育家型教师？2021 年 4 月，习近平总书记在清华大学考察时强调，“教师要成为大先生，做学生为学、为事、为人的示范，促进学生成长为全面发展的人”。这实际上是为广大教师提出了职业发展的高标，一个教育家型教师一定要胸怀“国之大者”，关心学生的精神成长、着眼于学生的全面发展和终身发展，立德树人，笃志于学，努力做新时代的大先生。

开辟新学，明德新民，岭南大地是一片有着优良文化传统的教育改革热土，生逢中华民族走向伟大复兴的新时代，今天的教育人更应该赓续初心，勇于担当，借助于“百千万人才培养工程”的制度赋能，立足于充满希望的教育实践原野，如古人所言，努力书写“立德、立功、立言”的精彩教育人生。

第一，要求实笃行，做勤学善研的育人者。

岭南大地向来有着求真务实、勤勉笃行的文化传统，正是凭着这样的实干精神，创造了经济社会发展的一项又一项奇迹。浸润在岭南文化精神中，广大校长教师始终笃守着为师的道义，躬身教育实践，用心用情地教书育人，并不断地思考、凝练和升华，同样创造出富有岭南教育文化特色的改革实践与教育理念。透视这些实践与理念，其中蕴含着真学习、真研究、真实践的教育价值导向。

深入研究学生，是育人之根。所有的校长教师，都应以学生为本来推进教育教学实践改革，关注学生的个体差异，包括智力、性格、情感、行为等方面的差异，了解他们的发展特点和需求，以便为他们提供个性化的教育；注重学生的生活体验和情感需求，帮助他们解决心理问题，调整情绪状态，创造良好的学习和生活环境，培养健康的心理素质和人格品质；关心学生的综合素质和发展潜力，引导学生参加各种活动，以培养其领导能力、创新能力、团队协作能力等非学科能力，提升其全面素质和可持续发展能力。我们坚信，一个育人之师必须要研究学生，为学生健康而全面成长服务。

深入研究课堂，是立身之本。课堂是育人的主阵地，也是师生共同成长的主要空间。校长和教师一定要沉潜在课堂一线，关注师生的课堂生活质量。从学生的学习兴趣和需求出发，引导学生主动参与课堂教学，激发学生的学习热情，使其在学习中得到满足和成长；要不断创新教学方法和策略，灵活运用不同的教学策略和技巧，提升学生的学习能力和思维品质，促进知识的内化与能力的输出；同时还要对课堂教学的内容、形式、效果等方面进行全面的评估和反思，不断提高课堂教学质量和效果。优秀的校长和教师的生命力在课堂中，脱离了课堂教学，任何教育创新都是“无本之木”。

深入研究管理，是兴教之源。教育管理，事关一所学校的“天地人和”，能够让每个人各展所长、各种资源得到适当调配，让人财物完美契合。这就要求校长教师要注重教育的发展战略和规划，善于构建教育愿景，以此来制订教育教学计划，为学生提供更优质的教育服务；注重管理机制和制度的建设，从招生到课程安排，从班级管理到教学管理等，无不体现规范与科学；此外还要注重自身与队伍的终身发展，不断提升团队建设水平，优化组织文化，在协商共治中走向教育治理，用良好的组织文化引导人、凝聚人、发展人。

第二，要守正创新，做知行合一的自强者。

教育是一项继往开来的事业，既需要继承传统，循道而行；又需要开创未来，大胆创造。一个优秀的校长或教师要掌握并尊重教育的基本规律，包括党和国家关于教育的方针政策、发展方向以及制度规定等，唯有如此，才能行稳致远，保障教育高质量发展。同时面对教育中不断出现的新情况、新问题和新挑战，要有改革思维与问题意识，发挥好主动性和创造性，在不断破解问题中实现教育的新发展。

一方面，要做好教育传承，弘扬教育文化自信。党的二十大报告提出，坚持和发展马克思主义，必须同中华优秀传统文化相结合。这启示我们，办好教育必须珍视既有的文化传统，植根于本民族、本区域历史文化沃土。岭南是传统文化蕴藉深厚之地，有着丰富的地域文化可作为教育的资源，也经一代代教育人的探索形成了许多宝贵的教育经验与理念。这些都是帮助我们办好今天教育的精神财富，作为校长和教师一定要通过学习，研修了解岭南教育的传统，做好教育资源的调查研究，用本土化、特色化的教育实践彰显教育文化自信，做有根的教育。

另一方面，要推进教育改革，以新理论指导新实践。教育要培养面向未来的一代新人，因此必须常做常新，满怀热忱地拥抱新生事物，要在不断学习中适应新情况、创造新经验。勇立潮头、敢为人先也是岭南的文化精神之一。广大校长和教师要敢于迎难而上，主动作为，面对教育工作中的问题或困难不抱怨、不懈怠、不推诿，充分激发成长的内驱力；要认识到所谓的问题恰恰是改变的契机，我们的教育智慧、我们的教育事业都是在不断破除困难、解决难题中得以发展；要不惮于说前人没有说过的话、做前人没有做过的事，不断拓展认识深度和广度，力争创造出更多教育改革的“广东经验”“广东智慧”，这才是教育家型教师应有的胸怀胆识。

第三，要海纳百川，做担当使命的引领者。

优秀的校长、教师与班主任，在一定程度上都是先进教育文化的代表，这就意味着我们在“百千万人才培养工程”这个项目平台上，必然要承担更大责任，履行更大使命，有更高的精神追求。除了在高水平研训活动中完善自我、提升自我之外，还要胸怀天下、海纳百川，凝练自己的教育教学实践成果，升华对教育教学的思想认知，形成具有示范性、影响力的教育特色品牌，带动更多的学校和教师共同成长，一起不断地提升教育品质，推动教育高质量发展。

凝练教育特色品牌，从经验积累走向理论思考。一位优秀的教育者必然要做到知其然并知其所以然，不断增进对所从事教育工作的规律认知和价值思考。我们的名校长、名师和名班主任要立足自己丰富的实践经验，不断学习、不断反思，在专家指引和同行启示下，结合教育学、心理学、社会学等学科理论，将个人的实践经验凝练和表征为富有内涵的概念与符号，确立起具有鲜明个性特点与自我风格的教育教学品牌性成果，从行动自觉走向理论自觉，并用自我建构的理论或工具去指导实践、印证实践、优化实践，从“名师”走向“明师”。

用好教育特色品牌，从个体实践走向群体发展。实践经验范型一旦表征化为符号、概念，就立刻具有凝聚力、解释力与普适性，这就有助于引领、启发和影响更多的教师，结成教育发展的共同体，共同优化教育教学实践。各位名校长、名师和名班主任要发挥教育特色品牌的示范性，依托工作室平台，不断地吸收新生教师力量，不断地影响更多教育同行。正所谓独行速，众行远。以品牌建设为纽带，让每一位名师都发挥“磁场效应”，真正达到造就一位名师，受益和成长起来一批优秀教师的局面。让这些在岭南大地上星罗棋布的名师交相辉映、发光发热，照亮广东教育的美好未来。

升华教育特色品牌，从著书立说走向文化传播。近代以来，无论是岭南文化还是岭南教育，始终开一代风气之先，形成了许多影响全国的好经验、好理念和好的发展模式，同时也在教育文化的交流传播中更好地促进我们自身的发展。今天的校长和教师是岭南教育文化新的代表，也要有一种开放的胸怀和眼光，在教育全球化、信息化的背景下海纳百川、兼收并蓄，同时也要积极传播自身教育的优秀成果，在更大的教育发展平台上与名师名家、教育同行、社会各界交流对话，发出教育的声音，讲好教育的故事，扩大教育的传播力与影响力，增进不同教育文化的理解与互鉴。

正因此，看到又有一批“百千万人才培养工程”的优秀教育成果即将付梓面世，作为这项工作的管理者、参与者和见证者，由衷感到骄傲和自豪。古人云，“言而不文，行之不远”。希望我们广东的优秀校长和教师更加重视教育教学成果的凝练升华，这本身就是一件创造性的工作，也是更好地激发自身教育潜能、唤醒更多教育人生命活力的有效途径。愿这样的优秀教育成果能够发挥更大品牌效应，引领更多教育人不忘初心，潜心育人，参与到中国式教育现代化的伟大事业中，为中华民族的伟大复兴做出教育人应有的贡献。

是为序。

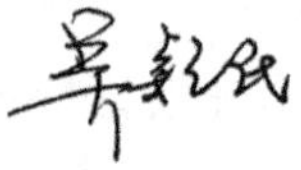

2023 年 5 月

■ 序

一、高中生物教学设计

高中生物教学设计是指根据普通高中生物学课程标准的要求和高中生物教学对象的特点，将教学诸要素，如教学目标、重点难点、教学方法、教学步骤、时间分配等内容，有序安排，确定合适的教学方案的设想和计划。

二、我对教学设计的写作历程

我自 2003 年走上讲台以来，至今已快有 20 年教龄。从当初仅仅是教课本，到后来有自己的教学思路和风格；从抄教案，到研究课标和高考，然后再到备课；从只是上课，到不断反思自己授课的优缺点，然后写成论文，积极投稿，至今已有 20 来篇。

三、为何要注重教学设计

我国基础教育课程改革政策，已经进入了一个新的历史阶段，中国学生发展核心素养体系已然提出。这就要求作为教育工作者的我们，需要以核心素养为指引提炼各学科的大概念发掘各学科在培育学生核心素养中可能和应该作出的贡献；需要以核心素养为指引和依据来选择学习内容；需要设计保证核心素养目标得到落实的教学过程和教学方法；需要设计与核心素养培育的教学目标和方式相适应的评价标准和评价方法。

生物学是研究生命现象与规律的科学，有大量的概念需要学生理解和掌握。如果教师仅仅要求学生死记硬背，而不能灵活变通教学，这种碎片化的教学，学生容易陷入机械化、僵硬化的学习之中，教师也备感枯燥无味。这种教学方式，也与现在施行的高中生物学新课标理念相违背，不利于学生核心素养和关键能力的提高。

新一轮课程改革提倡大概念教学，通过聚焦大概念，精简教学容量、突出教学重点，让学生深刻理解和应用重要的生物学概念。开展大概念教学，一方面，利用大概念将知识技能与学科素养联结在一起，成为重要桥梁，促进知识技能向学科素养转化；另一方面，利用大概念将教师的经验转化为知识论、方法论和价值论的认知结构，向外又将认知结构转化为学生的关键能力和必备品格。基于大概念的整体教学，我曾经提出“确定大概念—外显大概念—活化大概念—建构大概念—评价大概念”的概念教学范式，探讨帮助学生建构学科大概念的尝试，取得了明显的教学效果，学生学习生物学也更有积极性和主动性。

四、如何提升自己的教学设计能力

作为一名当下的教育工作者，如何认真地阅读此书，在开展教育教学活动之前，科学地做好设计，努力思考这项学习要达到的目的是什么，哪些证据表明学习达到了目的，然后，再产生适合的教学行为，“以终为始”，从学习结果开始逆向思考，这样的设计才是我们追求的有意义有效果的教学设计、活动设计。教师是设计师，恐怕再也不能凭借那些老经验来教学。我们所期望的学生对知识的理解，也不仅仅是对知识的回忆和再现，而是真正意义上地把所学的知识迁移到新的环境和挑战中。

叶澜教授曾说:“一个教师写一辈子教案不一定能成为名师，如果一个教师写三年反思有可能成为名师。”可见，反思在专业成长中具有重要意义。总结自己的成长经历，我之所以能在教学上保持教学兴趣与幸福感，这是与我经常反思教学分不开的。教学中，我经常做到:（1）反思教学理念、反思教学目标、反思教学过程、反思教学状态，通过反思，提高教学效率，促进自己专业发展;（2）加强理论学习、提高反思能力，对自己教学实践中出现的问题进行探究，通过发现问题、明确问题和解决问题的过程，培养自己学会独立思考、提高教学的自主性，形成了自己的教学风格;（3）针对教学实践，把握反思策略，采取“四个反思策略”找根源：通过质疑教材查找资料、与学生换位提出改进策略、与他人比较找出提升策略、请名师指点提高教学能力，逐步提高自己的反思能力。

本书包括理论和实践两个部分。第一部分论述基于核心素养的教学设计理论。包括：第一章“高中生物学科核心素养”，第二章“基于核心素养的教学模式设计”，第三章“基于核心素养的教学目标与内容设计”，第四章“基于核心素养的设计理念”，第五章“情境与活动设计”，第六章“基于核心素养的过程和组织形式设计”，第七章“基于核心素养的教学媒体设计”，第八章“基于核心素养的教学评价设计”。第二部分为基于核心素养的教学设计案例，共14个案例，基本是自己已经公开发表的论文。

前路漫漫，学生的多样性和潜在性是一个宝库，值得我们挖掘和雕琢。师者，所以传道受业解惑也，教师不仅要授之以鱼，更要有教授学生捕鱼的方法。让学生掌握学习方法，这是教育的本质和追求。距离这一步，我还有很长的路要走，“吾将上下而求索”。

肖安庆

2022年7月26日晚

目录 CONTENTS

第二部分　基于核心素养的教学设计案例

第一部分　基于核心素养的教学设计理论

什么是高中生物学科核心素养？高中生物学科核心素养是通过高中生物课程的学习，逐步形成高中生物学科中那些更为关注个人终身发展和社会发展的必备品格和关键能力。它具有综合性、发展性、终身性的特征，加强对核心素养的学习与研究、树立核心素养教育理念、注重学科逻辑和核心素养培养的融合、进一步加强探究式教学、创设贴近真实生活的教学情景、对核心素养进行外显化评价，是高中生物学科核心素养培养的重要策略。本章就高中生物核心素养、学科核心素养与学生发展核心素养的关系、培育学生核心素养的策略进行探讨。

第一章　高中生物学科核心素养①

2014年3月印发的《教育部关于全面深化课程改革　落实立德树人根本任务的意见》首次明确提出各学段发展核心素养，将核心素养的培养置于全面深化课程改革、落实立德树人目标的基础地位，对教育要“培养什么人、怎样

① 肖安庆，颜培辉：《高中生物核心素养的内涵与培养策略》，《中学生物学》2017年第3期。

培养人”提出了根本要求。通过充分论证与研制，2016年9月教育部发布了《中国学生发展核心素养》，正式对学生发展核心素养进行了界定，综合表现为六大核心素养：责任担当、实践创新、人文底蕴、科学精神、学会学习、健康生活。核心素养的培养已成为新一轮课程改革的新指向，也为新一轮课程改革提供了新动力。

第一节 高中生物学科核心素养的内涵

一、高中生物学科核心素养

核心素养是指在相关学段和课程学习过程中，学生应具备的、能够适应终身发展和社会发展需要的必备品格和关键能力，如理解相关基本知识，掌握基本的研究方法与批判性思维品质，具备尊重事实、理性思维的精神，理解科学的本质，关注科学技术与社会的关系，并逐步形成的与个人终身发展和社会发展的最基本知识与技能、方法与意识、情感态度与价值观。它是国家教育目标的具体化，是课程和教育目标制定的根本依据，是教育教学过程中三维目标对学生的综合体现，即：核心素养 =（知识 + 能力）态度。[1] 但核心素养的指向更明确，更具有终身性、动态性、关键性和情景性。

生物科学素养是公民参加社会生活、经济活动、生产实践和个人决策所需的生物科学知识、探究能力以及相关的情感态度与价值观，是公民科学素养构成中重要的组成部分。高中生物学科核心素养是高中阶段的学生通过高中生物课程的学习，初步形成生命科学的核心素养，提炼出生物学科中关注个人发展和社会发展的必备品格及关键能力，主要包括生命观念、科学思维、科学探究和社会责任（见表 1.1.1.1）。

表 1.1.1.1　高中生物学科核心素养的素养要素

素养要素	具体内容
生命观念	生命观念是指对观察到的生命现象及相互关系或特性进行解释后的抽象概念，是经过实证后的想法或观点，达到理解或解释较大范围的相关事件和现象的目的。主要包括结构与功能观、进化与适应观、稳态与平衡观、物质与能量观等，并用生命观念认识生命世界、解释生命现象
科学思维	科学思维是指建立在证据和逻辑推理上并对事物或问题进行观察、比较、分析、综合、抽象与概括的思维方式。主要包括演绎推理、模型建构、批判性思维、归纳与概括等方法，并运用理性思维探讨说明现象与规律，审视论证有关生物学科出现的各种现象与问题
科学探究	科学探究是针对生命现象，进行观察、提问、方案设计与实施、讨论与交流，并在探究过程中，进行团队协作科学探究的过程。是生物学科的主要理科属性
社会责任	生物学科的社会责任是指基于生物学的认识，参与个人与社会事务的讨论，作出理性解释和判断，尝试解决生产生活中的生物学问题的担当和能力。根据出现的生命现象与问题，参与讨论、理性解释，辨别科学与伪科学，主动宣传生命意识、环保意识和健康意识，结合社区资源开展科学实践

二、高中生物学科核心素养的特征

北京师范大学刘恩山教授认为，核心素养是一种跨学科素养，强调学科综合性、发展性、终身性。[2] 这也是高中生物学科核心素养的重要特征。

（一）综合性

依据《中国学生发展核心素养》，我国学生发展核心素养体系由社会参与、文化基础、自主发展三大领域构成，每个领域各包括两个核心指标（见表 1.1.1.2），每项核心指标都不是单独培养的，具有综合性，应整体设计与实施。高中生物课程的知识内容是学生生物核心素养知识的综合载体，高中生物学科核心素养也具有综合性。例如高中生物必修 3 第 6 章第 2 节“保护我们共同的家园”的教学中，全球性生态环境问题主要包括全球气候变化、水资源短缺、臭氧层破坏、酸雨、土地荒漠化、海洋污染、生物多样性等，可以培养学生的相关素养；学习生态系统的直接价值、间接价值和潜在价值，培养学生的人文底蕴，然后引导学生从保护生物多样性的角度思考，培养学生的问题解决与创新实践意识。

表 1.1.1.2　我国学生发展核心素养体系构成

核心素养领域	核心指标
社会参与	责任担当、实践创新
文化基础	人文底蕴、科学精神
自主发展	学会学习、健康生活

（二）发展性

生物课程的学习是动态的，生物核心素养的培养也是动态的、发展的，它需要在特定情景和需要中生成与发展。例如高中生物必修 2 遗传学的教学，是遵循人类认识基因之路而展开的，如一百多年来，生物科学家孜孜以求的探索过程，使学生受到科学方法、科学态度和科学精神等多方面的启迪，有利于学生认识事物发展规律与现象。在不同的教育阶段，生物核心素养表现出不同的阶段性特征，既需要生物学知识的积累，也需要生物方法与技能的积累与提高，以及生物情感态度与价值观的逐步升华。它是一个长期培养与渗透的过程，是一个循序渐进、逐步升华的发展过程，具有明显的发展性特征。

（三）终身性

核心素养要求为学生终身需要而发展必备品格和关键能力，高中生物学科核心素养应紧密结合社会发展和时代要求，体现人的终身发展和社会发展的需要，能够对公民未来生产生活产生持续性的影响。比如说，培养学生的生命观，关键是要让学生知道生命是什么，生命活动如何进行，生命为什么会这样，了解生物共通概念，加深对自然界的理解，形成进化观、生态观等基本观点。[3]此外，生物核心素养对学生终身发展还应具有实用性，诸如在高中生物教学中还应培养学生的科技信息素养、语言表达与沟通能力。[4]需要强调的是核心素养中的语言素养，已经不是语文学科和外语学科的概念，而是一种有效的表达和交流，是一种广义的语言概念，使公民在未来社会生产与生活中受益。[5]

参考文献

[1] 谭永平：《从发展核心素养的视角探讨高中生物必修内容的变革》，《课程·教材·教法》，2016 年第 7 期。

[2] 牛超、刘玉振：《试论地理核心素养的内涵、特征及其培养策略》，《天津师范大学学报》（基础教育版），2015 年第 4 期。

[3] 蔡清田：《台湾十二年国民基本教育课程改革的核心素养》，《上海教育科研》，2015 年第 4 期。

[4] 施久铭：《核心素养：为了培养“全面发展的人”》，《人民教育》，2014 年第 10 期。

[5] 柳夕浪：《从“素质”到“核心素养”——关于“培养什么样的人”的进一步追问》，《教育科学研究》，2014 年第 3 期。

第二节 学科核心素养与学生发展核心素养的关系①

2016年正式发布的《中国学生发展核心素养》的内容和框架，如何处理学科核心素养与学生发展核心素养的关系，涉及学科核心素养的落实与课程改革的深化成败，成为中学教育亟待解决的重要问题。

一、学科核心素养与学生发展核心素养是部分与整体的关系

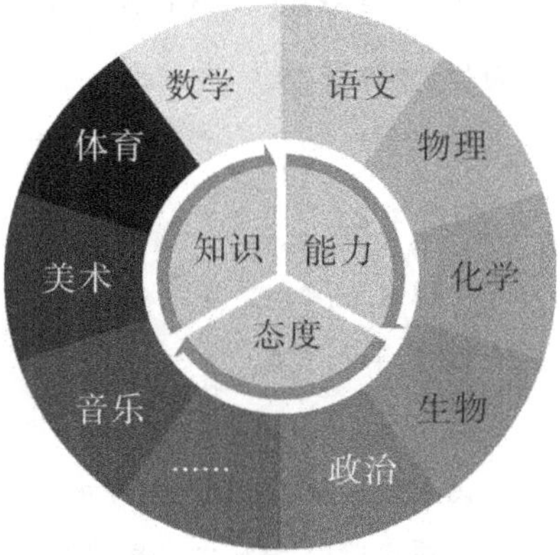

图 1-1-2-1 学科核心素养与学生发展核心素养的关系图

学科核心素养与学生发展核心素养是部分与整体的关系。前者是未来公民具有的最关键、最根本的素养，后者依据学生发展核心素养而设计，是前者的重要组成部分，是学生通过学科课程学习形成的关键能力和必备品格。学生发展核心素养是新一轮课程改革的整体要求，是各个学科核心素养的综合，是知识、能力和态度的综合，二者的关系如图 1-1-2-1 所示。生物科学是一门研究生命现象与规律的科学，具有自己的特殊教育功能，是其他学科无法替代的。因此，生物核心素养是培育学生发展核心素养的基本元素，体现了生物学科对学生成长的意义与价值，具有综合性、整体性。[1]

其实，二者的内涵并没有严格的对应关系。生物核心素养只落实了学生发展核心素养中的科学精神、学会学习、健康生活、实践创新、责任担当五个素养，侧重于科学精神、学会学习和实践创新，见图 1-1-2-2。并没有承担“人文底蕴”的任务，这是因为生物学科尊重了自己的学科特性，但并不意味着生

① 肖安庆：《落实生物学科核心素养应处理好 3 种关系》，《中学生物学》，2018 年第 10 期。

物课程中就没有该价值，只是不承担主要的、必要的素养任务。

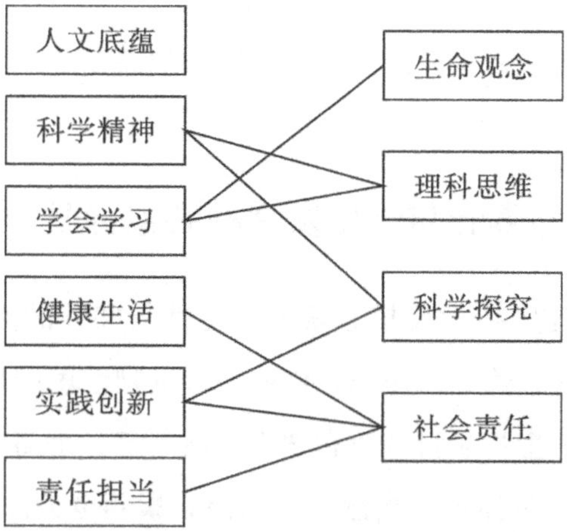

图 1-1-2-2　学科核心素养与学生发展核心素养的对应关系图

二、学科核心素养与学生发展核心素养是具体与抽象的关系

学科核心素养与学生发展核心素养是具体与抽象的关系。学生在不断接受中小学阶段的教育过程中，逐步形成适应个人终身发展和社会发展需求的必备品格和关键能力，最终形成学生发展核心素养。学生发展核心素养是由在各个阶段学科教育抽象而来的，是学生培养的总体目标，并没有与实际学科教学直接联系起来，学科核心素养起到了桥梁作用。从抽象与具体的角度看，学科核心素养回答了生物学科的本质与育人价值，提炼了学科的具体素养，确定了学科的内容框架和评价标准，是学生发展核心素养的部分要素在高中学科的具体要求，是高中学科育人价值的具体表现。

以学生发展核心素养中的“科学精神”为例，包括理科思维、批判质疑和勇于探究三个要求。高中生物究竟要培养学生什么样的理科思维，如何帮助学生学会探究，这就需要生物学科核心素养这座桥梁。高中生物学科核心素养中的“理科思维”“科学探究”这两方面的核心素养，旨在让学生形成利用模型形成学科特色的理科思维方式，通过“科学探究”“社会责任”这两方面的核心素养，让学生经历生物探究的过程，掌握科学探究的方法，形成批判质疑的品质。[2]

三、学科核心素养与学生发展核心素养是特性与共性的关系

学科核心素养与学生发展核心素养是特性与共性的关系。发展学生核心素养强调的是跨学科素养，如协作、创造性和批判性思维是共性素养。生物学科素养强调的是基于生物学科特色和学科本质制定，是高中生物学科在培育学生发展核心素养的特色体现。当然，生物核心素养也关注跨学科素养的培养，关注多学科素养的整合，如 STEAM 与生物学科的融合，逐步被广大教师所认可，越来越受到一线教师的重视。

总之，学科核心素养关注学科特点和学科教学本质，有利于落实发展学生核心素养，是部分与整体的关系、具体与抽象的关系、特性与共性的关系。在学科教学时，只有认真研究这些关系，在发展学生核心素养的背景下构建学科核心素养的实施细则，前后照应，才能充分发挥学科教学的育人价值。[3]

参考文献

[1] 余文森:《从三维目标走向核心素养》,《华东师范大学学报(教育科学版)》, 2016 年第 1 期。

[2] 雷新勇、周群:《从基于标准的基础教育改革的视角审视课程标准和学业水平考试》,《考试研究》, 2009 年第 1 期。

[3] 中华人民共和国教育部:《普通高中生物学课程标准》, 人民教育出版社, 2018 年第 30–36 页。

第三节　基于核心素养的培育策略

一、加强对核心素养的学习与研究

当今世界，国民的核心素养是衡量一个国家的竞争力与国际地位的重要因素。[1]20 世纪 90 年代，国民的核心素养就已经被世人意识到了它的重要性，并逐步成为国际组织和东西方教育理论与实践研究的热点课题。[2] 随着我国素质教育的推进，本轮课程改革的深化，以核心素养为中心已经列入新一轮课程改革的核心内容，核心素养将指导和引领教学改革实践，是新一轮课程改革的灵魂。尽管国家层面上，核心素养已经列入新一轮课程改革的核心地位，但具体内容是什么，怎样培养，还需要进一步研究。高中生物学科核心素养具有动态发展性，这就要求生物教育工作者持续深入研究，达到对高中生物改革的导向性。[3]

二、树立核心素养教育理念

理念是改革的先导，是教育行为的源泉。教师是教育教学的实施者、评价者，其具有的教育理念很大程度决定着教育教学的效果，直接影响到课程改革的实际效果。[4] 高中生物教师肩负着培养学生生物核心素养的重担，他们的核心素养理念和专业水准是完成这一任务的重要关键。虽然高中生物学科核心素养的基本框架已经出来，具体内容还在进一步研究；但是生物教师的核心素养教育理念应该先行。高中生物教师应更早了解核心素养的基本内容、理念和意义，利用它来武装自已的教育理论知识，运用于教育教学实际。因此，教师树立核心素养教育理念是教师有效培养生物核心素养的关键环节。

三、注重学科逻辑和核心素养培养的融合

核心素养的培养，应遵循高中生物的学科逻辑，按照高中生物课程的独特认知过程，符合高中学生身心发展规律，进行整体规划和系统设计。高中生物学科知识是培养学生核心素养的知识载体，只有融合高中生物学科逻辑思维，才能有效培养生物核心素养。

注重学科逻辑和核心素养培养的融合，应注意以下几个方面。

（一）情境化

设计合理的问题情景，是培养学科思维和核心素养的关键。高中生物教学中，灌输和死记硬背是不能建立学科逻辑思维的。在现实的生物学问题的情景中，通过思考，解决问题，才是训练学科思维的重要途径。

（二）综合性

培养学科逻辑思维，不能仅仅通过一两次训练，而应在科学实验、探究性活动、概念教学等环节中经常性训练。学科逻辑思维的培养，既可以通过练习检测来测评，也可以在教学中给以显性化体现。

（三）系统化

培养学生学科逻辑，既可以训练逻辑思维的技能，也可以训练学科逻辑思维的具体方法；既可以锻炼学生应用逻辑思维技能，也可以设计证据不足、逻辑不清的错误的例子训练学生的逻辑思维，让学生评价观点、分析证据和辨析逻辑。[3]

四、进一步加强探究式教学

探究性教学，能有效地加强学生的主体性地位和自主能力的提高。它包括

独立自主探究和合作探究。在学生发展核心素养体系中，自我发展领域由问题解决、创新与自我管理三部分组成。独立自主的探究教学是培养学生自我发展素养的重要的方法，它既能帮助学生养成独立研究的良好习惯，掌握高中生物问题探究与解决问题的方法，又能在培养高中生物问题的探究意识和精神、实现学生的自我管理方面起到重要作用。合作探究教学是在学生分工与合作的基础上，通过学生彼此交流与沟通，实现师生之间、学生之间智慧的碰撞与交流，是培养文化领域中语言沟通素养的重要途径。探究性教学既是高中生物教学的本质，也是体现理科属性的重要途径，在本轮课程改革中做得还不够，在新一轮课程改革的过程中还要进一步加强。

五、创设贴近真实生活的教学情境

情境教学是培养学生核心素养的重要途径，贴近生活的教学情境是学生核心素养的重要“桥梁”。贴近生活的教学情境能够激发学生的学习兴趣，培养学生正确的情感，也能更好地帮助学生理解知识概念，掌握生物技能与方法，提高学生的问题解决能力，从而培养学生的生物核心素养的形成。核心素养的形成离不开生活情景和社会实际，生物核心素养的培养需要教师创设贴近真实的教学情境。

六、对核心素养进行外显化评价

本轮课程改革的重点是把知识与技能、过程与方法、情感态度与价值观列入三维课程目标，依据“意见”的改革精神，下一轮课程改革的核心任务是培养学生的核心素养。借鉴台湾核心素养的经验总结，它具有动态性、情景性、内隐性和终身性，这对核心素养培养的评价，具有一定的困难，因此有必要对核心素养的转化进行可观察的外显化评价。我们可以通过态度问卷调查，进行形成性评价和表现性评价，也可以通过相应的测量工具、制定相关的测量标准，开展可以观察的外显化评价。例如，个人环境保护意识的培养，是学生核心素养社会参与领域中的社会责任、公民道德素养的内容。对学生个人环境保护意识素养的评价，如果仅仅只是通过几道试题，是很难开展客观公正的评价。对学生环境保护意识素养的评价，我们可以通过问卷调查了解学生的环保意识与态度，通过学生具体行动和生活行为评价他们的环保意识程度，以及加大对学生核心素养的评价维度，对学生的核心素养进行客观外显化评价。[5]

“意见”已经明确提出下一轮课程改革的核心是对学生进行核心素养的培养。高中生物学科核心素养关注个人发展和社会发展的必备品格及关键能力，重点培养学生的生命观念、理性思维、科学探究和社会责任。高中生物教师应加强对核心素养的学习与研究、树立核心素养教育理念、注重学科逻辑和核心素养培养的融合、进一步加强探究式教学、创设贴近真实生活的教学情境、对核心素养进行外显化评价，更好地培养学生生物核心素养，使学生在未来的生产与生活中受益。

参考文献

[1] 柳夕浪：《从“素质”到“核心素养”——关于“培养什么样的人”的进一步追问》，《教育科学研究》，2014 年第 3 期。

[2] 施久铭：《核心素养：为了培养“全面发展的人”》，《人民教育》，2014 年第 10 期。

[3] 谭永平：《从发展核心素养的视角探讨高中生物必修内容的变革》，《课程・教材・教法》2016 年第 7 期。

[4] 牛超、刘玉振：《试论地理核心素养的内涵、特征及其培养策略》，《天津师范大学学报》（基础教育版），2015 年第 4 期。

[5] 蔡清田：《台湾十二年国民基本教育课程改革的核心素养》，《上海教育科研》，2015 年第 4 期。

什么是教学模式？教学模式是在一定教学思想或教学理论指导下建立起来的、较为稳定的教学活动结构框架和活动程序。从结构框架看，教学模式从宏观上把握教学活动整体及各要素之间内部的关系和功能；从活动程序看，教学模式具有有序性和可操作性。本章将重点介绍核心素养背景下翻转课堂模式设计、STEAM 项目式学习设计和 6E 学习模式设计。

第二章　基于核心素养的教学模式设计

翻转课堂将“传统课堂传授知识，课后完成作业”模式翻转过来，对我国传统教育模式带来了深远的影响。我们在高中生物教学中应用翻转课堂模式，包括课前学习设计模块的制作微视频，编制导学案和自主学习，及时交流；以及课堂活动设计模块的确定问题，探究交流和课堂测评与反馈，进行了有效尝试。

第一节　翻转课堂模式设计①

翻转课堂是近年来教育技术领域的新事物，它将“传统课堂传授知识，课后完成作业”模式翻转过来，实现了“学生在家观看视频、学习新知识、查阅资料，在校利用课堂时间消化巩固融会贯通的过程”（见图 1–2–1–1），实现

① 肖安庆：《翻转课堂模式在高中生物教学中的应用》，《中学生物教学》，2015 年第 6 期。

了学习自主与合作的目的，对我国传统教育模式带来了深远的影响[1]。我校生物备课组自 2013 年 9 月开始，在高中生物教学上尝试翻转课堂模式，取得了较好的教学效果。下面以人教版高中生物必修一教材《分子与细胞》第 5 章第 1 节第 2 课时“酶的特性”为例，谈谈我校应用翻转课堂教学模式的思考与做法。

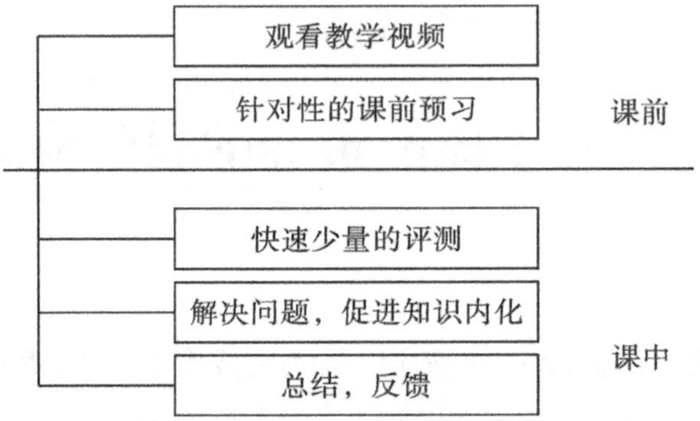

图 1-2-1-1　翻转课堂教学模式的结构图

一、课前学习设计模块

（一）制作微视频

根据教学目标，备课组研讨制作 PPT 课件。视频尽量做到简洁明了、短小精悍。本节课的课件包括五个实验视频：（1）过氧化氢酶与氯化铁催化过氧化氢分解的实验；（2）淀粉酶催化淀粉与蔗糖水解的实验；（3）淀粉酶和蔗糖酶催化淀粉水解的实验；（4）不同温度对淀粉酶活性影响的实验；（5）不同 pH 对淀粉酶活性影响的实验。每个视频关注实验原理的讲解和实验结果的展示，最好控制在 3 分钟之内。同时在 PPT 课件中插入 3 道试题与讲解，加深对本节内容的理解与巩固。通过录屏软件合成，将整个课件控制在 20 分钟以内。该过程需要备课组多个教师合作完成，既需要普通话标准的教师，也需要视频编辑能力强的教师。

微视频完成后，通过上传到网站，告知学生网址，或者建立班级 QQ 群或班级公共邮箱，学生自行下载学习。

（二）编制导学案

导学案的内容包括以下几部分内容：

1. 教学目标

①知识目标：学会控制自变量，观察和检测因变量的变化及设置对照组和实验组。②能力目标：学会用准确的语言阐明实验探究的结果；概述温度和 pH 影响酶的活性。③情感态度价值观：体验科学探究过程，领悟科学探究方法，体现团队合作精神。

2. 教学重点与难点

（1）教学重点：学会控制自变量，观察和检测因变量的变化及设置对照组和实验组；学会用准确的语言阐明实验探究的结果。②教学难点：确定和控制对照实验中的自变量和无关变量，观察和检测因变量的变化。

3. 教学过程流程

将“酶的特性”所涉及的重点内容以填空的形式呈现出来，引导学生边观看视频边完成导学案。通过这些视频文本的填空，使学生在观看视频，及时掌握本节课的主要内容。

4. 针对性练习

学生观看实验视频后，完成针对性练习。试题应该能覆盖本节课的主要内容，可来源于人教版教材后面的练习（附答案）。试题数量不要太多，难度为较易或中等难度，便于学生及时巩固和树立信心。

（三）自主学习，及时交流

备课组研讨，设计好学习任务单，帮助学生明确学习的内容和方法。学生通过学习任务单，自行下载课件自主学习，及时记录疑问和收获，完成针对性练习。对学生反映的疑问与困惑，可通过班级 QQ 群、微信朋友圈及时解答；不能解决的，留在课堂交流和讨论。

二、课堂活动设计模块

翻转课堂教学模式不同于传统课堂师生授受关系，也不是课堂表面活跃的教学活动，而在于如何通过将课堂活动设计完成知识内化的过程。教师在设计课堂活动设计时，应做好问题的确定、探究交流、课堂测评与反馈等方式，充分发挥学生的主体性，完成知识的内化。

（一）确定问题

教师应注意收集和预设一些问题，指导学生选择探究的专题和分组。每个小组 4 人左右，每个小组探讨一个问题，小组成员内部分工协作，共同探究与交流。

（二）探究交流

教师讲解相关的疑难问题，然后布置具体的实践活动任务，学生开始自主探索。教师观察探究的进度，适时指导，引导学生探究的方向，避免探究流于形式，在探索过程中构建自己的知识体系。探索结束后，组织学生进行成果展示、交流、反馈与评价，深化对知识的理解。

在“酶的特性”一节的课堂活动设计时，教师可设置的酶的高效性、探究酶的专一性、探究温度对酶活性的影响、探索 pH 对酶活性的影响四个专题。

专题一：酶的高效性

探索的问题有：①如何设置实验来说明酶具有高效性？② Fe^{+} 催化剂是否具有高效性？与酶的作用原理是否相同？③实验的自变量和因变量是什么？④如何用酶的本质解释酶具有高效性？小组讨论形成实验方案，展示成果，交流与反馈。

专题二：探究酶的专一性

探索的问题有：①选用哪些底物和酶作为实验材料？②根据假设，请预期结果。将实验结果记录下来。③本实验的自变量和因变量分别是什么？用什么方法控制自变量？怎样观察和检测因变量？④探究淀粉酶对淀粉和蔗糖实验中，为什么选用斐林试剂，而不选用碘液？⑤如何避免温度和 pH 等因素的影响？小组讨论后，形成实验方案。进行陈述成果与交流，听取其他小组的质询，进行必要的答辩，反思与修改。

专题三：探究温度对酶活性的影响

探索的问题有：①选择哪种酶做实验材料？能否选过氧化氢酶？为什么？②根据假设，请预测结果。将实验结果记录下来。③本实验的实验组如何设置？是否需要重复实验？④选取几个温度？如何将温度分别调至预定温度？怎样排除其他因素的影响？经过讨论，形成小组实验方案，设计好实验数据记录的表格。展示成果，分析实验结果：①哪只试管酶活性高，如何得到？②实验结果与预期结果是否一致？假设是否得到确认？

专题四：探索 pH 对酶活性的影响

探索的问题有：①选择哪种酶进行试验？还要选取哪些材料？②实验假设是什么？有何预期结果？③如何将酶和底物调制到各种设定的 pH？为什么要用相同 pH 的酶和底物？④ pH 对淀粉酶活性试验中，选择使用斐林试剂还是选择碘液检测？⑤实验结论是什么？有没有其他实验材料可以替代？⑥如何解读 pH 对酶活性实验的曲线图？小组讨论后，形成实验方案。由小组选出成员向全班同学展示实验结果，其他组提出问题，小组成员回答。

每个专题，教师的角色为课堂的主导者，问题探究的推动者；学生的角色为课堂的主体，问题讨论的执行者。教师对每个专题给以合理的引导和提示，避免学生在一些无关问题上过多纠缠。

（三）课堂测评与反馈

试题难度相对于课前要高，学生当堂完成，便于了解学习情况，进行自我评价，及时反馈与讲评。同时学生将自己答题与学习还没有解决的问题和困惑用文字表达出来，学生与教师当堂讨论，及时解决。

翻转课堂是一种创新型的教学模式，它颠覆了传统教学模式，转变了师生角色，实现了学生个性化学习，实现了多元化评价方式，提高了教学效率，是教育技术改革的重大突破。但对教师掌握视频制作技术和教师合作精神，以及对教学电子设备等等提出了更高的要求，如何克服这些问题，让其更有效地融入教学当中，还需要教育工作者共同探索和实践。

参考文献

[1] 张金磊、王颖、张宝辉：《翻转课堂教学模式研究》，《远程教育杂志》，2012 年第 4 期。

STEAM 项目式学习是以跨学科知识为载体，以学生活动为中心，以问题境脉为切入，在解决真实问题中培养学生 STEAM 素养的一种新型教学模式。本文以“生态环境的保护”为例，开展 STEAM 项目式教学，构建“选定项目，激活旧知”“活动探究，展示新知”“作品制作，应用新知”“融会贯通，成果交流”教学模式，设计“学习中心：盐田河重金属的污染”“科学实验：重金属检测”“职业体验：自制重金属净化器”“工程体验：设计重金属处理厂”4 个项目内容，取到了较好的教学效果。

第二节 STEAM 项目式学习设计[①]

STEAM 起源于美国，是 Science、Technology、Engineering、Art 和 Mathematics 五个英文单词首字母的简称，是一种有目的地整合各学科的教学模式，主要是基于现实问题解决或项目式学习为主，使学生能够运用已学的概念、能力以及科学、技术、工程、艺术和数学的思维，提高他们在 21 世纪的全球竞争力。STEAM 素养是在理工科知识的基础上培养的独立思考、问题设计、分析推理和运算验证的综合能力，是一种培育提出问题、分析问题和解决问题能力的综合素养。

① 肖安庆，颜培辉，陈尚宝：《试论 STEAM 项目式学习的内涵与设计》，《中学生物教学》，2019 年第 1 期。

一、STEAM 项目式学习的内涵

（一）何谓 STEAM 项目式学习

STEAM 项目式学习是融合 STEAM 素养与项目式学习模式的产物，通过为课堂教学提供真实的情境，借鉴科学、技术、工程、艺术和数学的知识与技能，解决现实生产生活和学习中的问题。这种教学模式注重跨学科、以学生为中心、与现实问题相融合，将多个学科知识和 STEAM 素养融入现实问题的项目式活动中。在解决这些问题过程中，需要学生深刻地理解核心概念与原则，以项目解决为框架，解决现实问题的教与学的活动。

STEAM 项目式学习的要素主要有：充足的时间、明确的结果、跨学科和以学定教。①充足的时间，保证学生熟练掌握一定的知识和技能。②明确的结果，规划学生对自己完成的任务有明确方向。③跨学科，将学生在学习中有计划地将 5 个学科知识融入其中，研究既定的现实问题。

（二）STEAM 项目式学习操作流程

2003 年，美国著名教育技术理论家和教育心理学家梅里尔在《首要教学原理》首次提出五星教学模式，即“一个中心、四个基本点”：“一个中心”是指整个教学活动以问题为中心，“四个基本点”是指选定项目、激活旧知，展示新知，应用新知，成果交流 4 个环节。[1] 在实际操作中，项目式学习往往按照以下流程操作：选定项目、制定计划—活动探究—作品制作—成果交流—活动评价。依据五星教学模式和项目式流程，我们尝试建构：“选定项目，激活旧知”“活动探究，展示新知”“作品制作，应用新知”“融会贯通，成果交流”教学模式，见图 1–2–2–1。

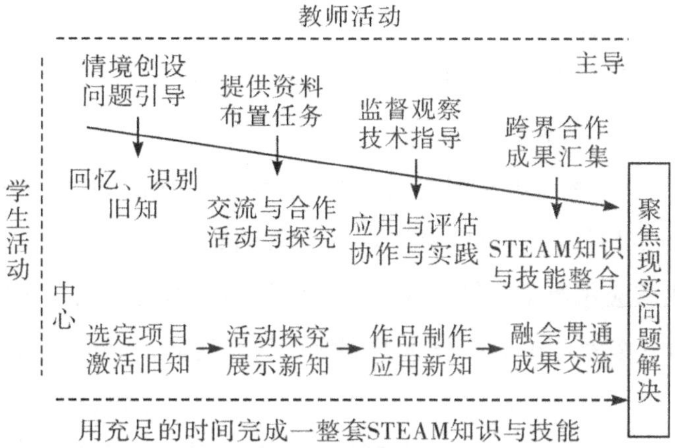

图 1-2-2-1　STEAM 项目式学习模式

1. 选定项目，激活旧知

STEAM 项目式学习的核心理念是以科学知识为核心，以多学科知识为载体，依托技术、工程活动，利用艺术角度和数学思维的跨学科教育体系。教师利用视频或图片创设情境，明确地提出问题，引导学生利用已学知识，激发学生学习兴趣和动机。本环节重点是通过教学情境融入已学知识，为后续的工程技术活动作铺垫。

2. 活动探究，展示新知

探究活动是现代教学的核心理念。教师通过视频图片，展示所要学习的知识，呈现所需要完成的挑战与问题。教师引导，学生开展小组合作交流，通过已学知识开展探究性活动。本环节重点是技术方法的选择、仪器的使用、技术的操作、数据的采集与处理。

3. 作品制作，应用新知

制作作品是 STEAM 项目式学习活动的重要内容。在教师的指导下，小组合作探索现实中的实践活动，利用跨学科知识精心设计作品，师生共同对作品进行评估与评价。这一环节注重将知识转化为技能，注重作品方案的设计、小组优化和制作能力的提升，以解决现实中的生物问题。

4. 融会贯通，成果交流

STEAM 项目式学习的关键是跨学科融合。教师通过引导学生思考现实中的问题，将多学科知识与技能融入现实中的问题之中，实现知识的迁移和内化。本环节注重应用数学思维解决工程、科学与技术的问题，实现多学科知识和技能的整合。各小组通过合作，共同完成教学任务，进行小组展示，师生共同评价。

以上这 4 个环节的载体是跨学科的知识与技能，中心是学生的学习活动，在一定的时间内完成一整套 STEAM 知识与技能的学习，达到解决现实问题的目的。

二、STEAM 项目式学习的设计

（一）设计思路及实施过程

选取人教版高中生物必修 3《稳态与环境》中“生态环境的保护”这一内容开展项目化学习。自然生态系统是人类生存的环境基础。目前自然生态系统几乎都受到了不同程度的干扰，森林、湿地、草原等自然生态系统逐渐退化破坏。为了有效遏制生态环境的破坏，恢复生态系统的功能，维持生态系统的生产，保证人类生存环境的稳定，需要人们利用生态学的理论和技术，重建某一区域群落的原态，解决大家关心的实际问题。本项目蕴含着生态系统的物质循环、能量流动和信息传递的生态学基本知识及其他学科知识，为学生提供了丰富有趣的实践活动，既利用了书本知识，又能动手学技能，解决了现实生活中的问题。

依据 STEAM 项目式学习模式，本项目设计思路如表 1.2.2.1 所示。

表 1.2.2.1　“盐田河重金属的治理”项目设计思路

实施过程	内容线索	问题线索	活动线索	用时
选定项目，激活旧知	学习中心：盐田河重金属的污染	盐田河：盐田的母亲河	查阅资料、回忆旧知，理解解释	1 小时
活动探究，展示新知	科学实验：重金属检测	盐田河重金属污染的因素与检测	设计评估重金属污染的检测实验	2 小时
作品制作，应用新知	职业体验：自制重金属净化器	利用现有材料制作重金属净水器	制作净水器，检测净水效果	3 小时
融会贯通，成果交流	工程体验：设计重金属处理厂	设计一个城市污水重金属处理厂	设计重金属处理厂，评估成本	3 小时
说明	知识技能：跨学科	结果：解决问题	中心：学生活动	时间充足

1. 学习中心：盐田河重金属的污染

创设情境：我校位于盐田河之畔。盐田人民吃着盐田河的水长大，盐田河孕育了盐田文明。由于人口扩增、人为因素干扰太大等原因，现在盐田河重金属的污染难以恢复。如何恢复我们的盐田河原状，达到环保要求？我们以“盐田河重金属的治理”为主题，开展 STEAM 项目化学习的活动。

问题境脉：教师借用无人机社团设备，指导学生拍摄学校周边的盐田河污染情况，通过视频编辑软件制作展播视频《盐田河：盐田的母亲河》。视频中涉及与水资源治理的地理学、社会学、系统学、环境学、生态学和化学知识，激发学生热爱盐田河的热情，回忆生态系统功能的知识。然后教师展示恢复生态系统功能的相关问题，见表 1.2.2.2。

表 1.2.2.2　问题预设

问题 1	盐田河的重金属污染是什么原因导致？盐田河重金属的治理是基于什么原理？
问题 2	现有盐田河生态系统的食物链有哪些？如何增加食物链？
问题 3	盐田河重金属的污染源有哪些？如何解决这些污染问题提高生态系统的抵抗力稳定性？
问题 4	如何增加盐田河的恢复力稳定性？中学生能做什么有价值的活动？

学生活动：全班分成多个大组，每组 5 至 8 人，网上搜索资料，参考其他案例，了解与生态系统恢复的系统学相关知识。

设计意图：因生活中面临的生物学问题“盐田河重金属的治理”确定项目主题，亲手拍摄、剪辑并展播视频，激发学生的学习热情；通过问题引导学生学习 STEAM 系列知识与技能，同时点燃学生爱护环境、保护环境的社会责任感，引导学生思考如何处理社会发展与科技进步的关系。

2. 科学实验：重金属检测

问题境脉：盐田河重金属污染的治理，归根到底是需要从源头上抓起，有必要开展实地检测。小组讨论：影响盐田河重金属污染的因素与检测指标。师生共同讨论确定检测方案，见表 1.2.2.3，并提醒学生在检测中注意安全。

表 1.2.2.3　重金属检测实施方案

流程	内容	
准备	知识准备	杯钟虫虫体呈杯形，可螺旋收缩，具有培养简单、周期短，且附着于固体悬浮颗粒上游动性低便于显微镜观察伸缩泡的特性。其生命活动受系统中的各种因子影响。利用水质变化对原生动物的影响及危害程度可以直接有效地监测水体的污染程度
		影响盐田河重金属的因素是什么，重金属检测方法、原理与指标是什么，如何检测等
	器材准备	采集于盐田高级中学池塘的杯钟虫、烧杯、培养液、显微镜、照相机等

续表

流程	内容	
设计	探究检测方案	①观察并记录盐田河水中及两岸生物生存情况。②采集源头北山道、中段华大基因前门和盐田河入海口 3 处水样做试验组，盐田高级中学的池塘水做对照组，分别检测对杯钟虫伸缩泡舒缩周期的影响。③检测盐田河主要含有哪几种重金属及含量，单独和混合观察这几种重金属对杯钟虫伸缩泡舒缩周期的影响
检测	①上述 4 处溶液分别加入杯钟虫培养液预实验，统计计算杯钟虫伸缩泡舒缩周期。②分别检测上述 4 处盐田河重金属含量。④在实验室配置上述水溶液每一种浓度的重金属溶液 4 组，另配置一组各种重金属混合液，分别加入杯钟虫培养液进行正式实验，统计计算杯钟虫伸缩泡舒缩周期	
解释	将所得的数据进行对比，小组解释。咨询华大基因的专家，进行评价	
评价	生生互评、教师点评	对实验设计的严谨性、可行性，创新意识，实践能力和知识技能等方面做综合评价

设计意图：STEAM 项目式学习强调实际问题的解决，强调在实验探究中科学知识和技术工程的应用，注重学生利用各种资源分析解释现实问题，将学生置于现实生活中的社会实践活动之中，通过小组合作，体验科学、技术、工程等跨学科知识在生活问题中的应用。

3. 职业体验：自制重金属净化器

问题境脉：盐田河重金属污染出路在于对污染水的净化。引导学生思考：假如你们是污水净化工程师，如何利用现有材料制作对污染水净水器。学生小组活动，合作制作重金属净水器，见表 1.2.2.4。

表 1.2.2.4　制备重金属净水器的实施过程

流程	内容	
准　备	知识准备	净化重金属器原理：吸附、过滤、沉淀
	器材准备	饮料瓶、纱布、细沙、活性炭、棉花、烧杯、研钵、玻璃棒、橡胶塞，盐田河水

续表

流程	内容	
设计与制作	①根据现有器材，制作重金属净水器；②小组讨论，形成最终结论。如用纱布包裹活性炭或其他物质，制成饮料瓶塞，将盐田河水置于饮料瓶，用活性炭制成的饮料瓶塞塞住饮料瓶；③将饮料瓶倒置，静置过滤	
测　试	将处理后的水与未处理的水比较，检测其效果，提出改进措施	
评　价	生生互评、教师点评	对实验设计的严谨性、可行性，创新意识，实践能力和知识技能等方面做综合评价

设计意图：赋予学生污水净化工程师角色，学生亲自体验污水净化过程，这是STEAM项目式学习的主要活动目标。学生亲自制作重金属净化器，促进学生网上收集信息的能力，增强学生动手能力，将科学知识运用于现实问题，激发学生解决现实问题的能力。

4. 工程体验：设计重金属处理厂

问题境脉：自制简易重金属净化器，能供自己应急使用。如何净化盐田河的重金属，惠及盐田人民，是每个有社会责任感的公民需要思考的问题。引导学生思考：如何设计一个城市污水重金属处理厂？学生思考，实施过程见表1.2.2.5。教师评价各组的合理性，提出优化建议。

表 1.2.2.5　设计重金属处理厂的实施过程

流程	内容	
确定过程问题	①如何选择建厂的位置；②如何建立取水工程、输水工程、净化工程；③估算投资成本；④如何修复生态和保护环境问题	
准　备	知识准备	查阅文献，参观深圳市盐田污水处理厂，了解相关知识
	器材准备	笔、纸、绘图工具、橡皮擦、计算器

续表

<table>
<tr><th>流程</th><th colspan="2">内容</th></tr>
<tr><td>设计方案</td><td colspan="2">①厂址选择：综合考虑地形、水源、水厂和供水区域的关系；②重金属净化处理方案：输水线路考虑地形平坦、输水方便问题；输水管材质有耐腐蚀、强度高、抗震强；净化装置包括沉淀池、过滤池、曝气池、清水池和输水井等装置；③估算投资成本：化学药品、物理器材、生物监测装置费用；④环境保护：净化工程中尽量减少废气、废水、废渣的排放</td></tr>
<tr><td>绘图交流</td><td colspan="2">根据设计方案，绘制厂址与流程，小组交流展示成果</td></tr>
<tr><td>评　价</td><td>生生互评、教师点评</td><td>综合评价工程意识、问题解决意识和合作协作等能力</td></tr>
</table>

设计意图：培养全局意识是STEAM项目式学习中的重要工程素养。STEAM项目化学习中，分清工程学的问题与制约因素，综合运用科学、技术、工程学和数学知识，体验以工程学、系统学的思想，解决现实问题的过程。

STEAM项目式学习后，开展成果展示与评估。教师组织学生利用学习过程中照片、数据等材料，做成PPT进行成果汇报。内容包括"盐田河重金属的治理情况""重金属检测实验与分析""自制重金属净化器的净化效果"和"设计重金属处理厂的可行性分析"。汇报过程中，生生互评，教师点评。评价方面有问题解决意识、跨学科知识掌握能力、动手实践能力和团队协作等方面。教师在肯定学生取得成功的同时，对出现的问题进行优化，回归"盐田河重金属的治理"主题，增强学生对水资源的保护意识，增强学生的社会责任意识。

（二）项目中的跨学科知识及STEAM素养说明

本项目涉及到的学科多，实用性广、融合性强，涉及的知识及STEAM素养如表1.2.2.6所示。

表 1.2.2.6　跨学科知识和 STEAM 素养体现

项目环节	素养要素	知识技能	素养体现
选定项目，激活旧知	科学素养	系统学、生态学、地理学、化学、信息技术	了解重金属污染知识；正确处理科学、技术与社会关系；学会利用信息技术搜索资料
	技术素养		
活动探究，展示新知	技术素养	实验操作技术、信息技术、图像数据分析与解释	掌握实验设计与操作技术；利用数据图像解释科学现象
	数学素养		
作品制作，应用新知	技术素养	实验操作技术、方案设计	知道重金属净化技术；掌握实验设计与优化
	工程素养		
融会贯通，成果交流	工程素养	方案设计、厂址选择、图纸绘制、材料选择、成本预估、数学计算、测量技术	掌握数学计算方法、测量方法和测量工具的使用；培育工程领域中的全局意识、环境意识、成本意识和合作创新意识
	数学素养		

本项目涉及环境科学、生态学、化学、地理知识，旨在促进学生理解科学、技术与社会之间的联系，通过重金属的原因及净化原理的学习，思考生态系统的修复。学生通过项目式学习，了解技术工具的选用、操作与维护等知识，对重金属处理技术经济现实问题并做价值判断，培养学生的技术素养，培养学生的实验操作技术、信息处理技术。通过过程项目的设计，开展重金属检测方案设计、净化系统设计和处理厂设计，学生初步具备成本意识、环境意识、全局意识、质量意识，培养学生的工程素养。通过对重金属处理厂的建筑面积的计算和规划，材料费用的计算，学生掌握一定的数学原理、计算方法、测量方法，学生通过对重金属的检测，掌握对数据的分析与解释。

以“盐田河重金属的治理”为主题的 STEAM 项目式学习，融合多学科知识，通过实验技术手段、数学思想，综合考虑工程领域的诸多意识，解决实际问题。项目构建“选定项目，激活旧知”“活动探究，展示新知”“作品制作，应用新知”“融会贯通，成果交流”教学模式，在实践中开展STEAM项目式学习。本项目式学习注重知识技能与实践相结合，注重多学科知识的交融，注重现实问题的解决，注重培养学生未来职业和终身学习的培养，以此来探讨STEAM项目式学习的设计，为高中生物教学STEM素养的培养途径与方式提供借鉴。

参考文献

[1] 秦瑾若、傅钢善:《STEAM项目式学习：基于真实问题情景的跨学科式教育》,《中国电化教育》，2017年第4期。

基于6E学习模式的STEAM教学设计，注重创设真实的问题情境，依托适切的项目支架，融入科学探究、数学思维、工程设计、艺术视角和技术制作等环节，解决实际问题、获得新知识。以高中生物必修2“遗传信息的翻译”教学为例，从参与、探索、解释、工程、深化和评价环节，设计教师的指导活动、学生的学习活动和说明，旨在为培养学生创新精神与实践能力方面摸索经验。

第三节　6E学习模式设计①

一、6E学习模式简介

2014年，为落实STEM教育的活动模式，美国国际技术与工程教育学会首次提出利用参与（Engage）、探索（Explore）、解释（Explain）、工程（Engineer）、深化（Enrich）和评价（Evaluate）环节开展教学，简称6E学习模式。[1]这一模式将科学探究思维和工程设计实践融入教学，让学生在多学科的情境中提出自己的问题，解决挑战性任务，是STEAM教育中较为适切的教学设计模式，其要求见表1.2.3.1。[2]

① 肖安庆：《基于6E学习模式的STEAM教学设计》，《中学生物学》，2022年第5期。

表 1.2.3.1　6E 学习模式的要求

教学环节	教学要求	教师行为	学生行为
参　与	情境导入，激发兴趣；提出教学目标	了解学生已有的知识基础；营造教学情境，导入新课；提出问题	以小组为单位讨论交流；理解教学目标与任务；确定探索的方法
探　索	组织理论探索、方案设计与讨论、建模	提供必要的支持与指导；在学生探索时观察、倾听	积极思考；作出假设和预期
解　释	分组解释探索过程；在教师指导下，用新知识重新阐述方案	分组展示探索过程和成果；提问学生的阐述理由；鼓励学生用新知识重新阐述方案	展示自己的方案；解释质疑同学的问题；倾听理解教师的解释；用新知识阐述方案
工　程	方案的实施、产品的制作	介绍设计程序；提供制作的材料；参与产品制作；强调安全性	根据设计程序开展制作活动；修改设计方案
深　化	对原方案深化、迁移，解决新任务	提出新任务；提供新的材料；引导学生深度学习	根据新要求提出新方案并重新制作产品
评　价	根据标准对学习过程和结果开展评价	提供评价量规；鼓励小组互评；对各小组点评	小组互评；小组自评；分享体会

二、基于 6E 学习模式的 STEAM 教学设计

下面以“遗传信息的翻译”为例，介绍基于 6E 学习模式的 STEAM 教学设计。

（一）STEAM 教学目标的描述

根据三维目标和素养目标的陈述，依据 STEAM 教学目标要求，本节内容的教学目标描述为：“学会使用科学实验探索问题，获得 mRNA 指导蛋白质合成的知识；通过制作碱基、tRNA、mRNA、核糖体和氨基酸模型的工具和过程，

深化理解遗传信息翻译蛋白质的过程；按照工程设计和技术制作程序，完成遗传信息翻译过程的制作；依据艺术视角，使 mRNA 与核糖体的制作美观、真实；通过核糖体在 mRNA 上的移动演示，理解密码子碱基与氨基酸的数量关系。”教学目标解构如表 1.2.3.2 所示。

表 1.2.3.2 “遗传信息的翻译”的教学目标解构

科学探索（S）	技术制作（T）	工程设计（E）	艺术视角（A）	数学思维（M）
学会使用科学实验探索问题，获得 mRNA 指导蛋白质合成的知识	掌握碱基、tRNA、mRNA、核糖体和氨基酸模型制作的材料、工具和过程	了解工程师的工作程序，遗传信息翻译过程的设计方法	mRNA 与核糖体的制作美观、真实	理解密码子碱基与氨基酸的数量关系

（二）基于 6E 学习模式的教学过程

根据 6E 学习模式的要求，设计 6 个环节的教学活动，包括教师指导活动、学生活动和设计说明。

教学活动 1：参与

教师指导活动：（1）设置情境：微视频展示细胞核中的 DNA 结构、DNA 转录 mRNA 的过程、细胞质中的核糖体结构，边展示边讲解。（2）提出问题：基因主要位于细胞核中，蛋白质合成主要在细胞质中的核糖体中进行，细胞核基因转录的 mRNA 如何控制细胞质中核糖体合成蛋白质？（3）问题聚焦：视频中 mRNA 是如何指导蛋白质合成的？

学生活动：（1）观看微视频，小组讨论。（2）根据已学知识，尝试建构 mRNA 指导蛋白质合成过程图。（3）任务聚焦：翻译过程模型的设计。

设计说明：“参与”环节的意图在于创设问题境脉，激发学生设计兴趣和动机。该节教学中，教师通过如何设计翻译过程模型，直接提出问题，调动学生的学习热情，让学生巩固预习的知识，检测预习效果，评估本节内容的学情。学生在问题境脉的指引下，注意力聚焦到“mRNA 指导蛋白质”这一设计任务。

教学活动 2：探索

教师指导活动：（1）任务聚焦在设计 mRNA 指导蛋白质合成过程模型，展示翻译过程。（2）板书问题支架，引导探究路径：①1 条 mRNA 是否只与一个核糖体结合？②不同蛋白质中是否存在不同的氨基酸排列顺序？③mRNA 的碱基如何特异地决定氨基酸序列？④如果 mRNA 上 2 个碱基决定一个氨基酸，碱基种类能否满足 20 种氨基酸的要求？如何解决这一矛盾？⑤氨基酸如何特异性地进入核糖体？需要什么工具，有何要求？（3）小组讨论，达成共识：mRNA 上的 3 个碱基决定一个氨基酸；tRNA 一端的 3 个碱基与 mRNA 上 3 个碱基互补配对，一端特异地运输 1 个氨基酸；mRNA 的碱基序列决定了氨基酸序列。

学生活动：（1）确定探究目标，根据问题开展小组讨论。（2）开展小组讨论，根据讨论达成的共识设计翻译过程的模式图。（3）组内讨论设计的细节。

设计说明：本环节中，聚焦在 mRNA 如何决定蛋白质中的氨基酸序列。通过小组讨论，利用头脑风暴，逐步理清这一过程。教师的任务在于明确探究任务，引导探究活动，最终达成学习目标。

教学活动 3：解释

教师指导活动：（1）组织各小组讨论翻译过程，要求各小组派代表展示翻译过程图。（2）重点关注学生对 tRNA 转运氨基酸过程的讲解，鼓励学生诘问。（3）关注遗传密码、反密码子、tRNA 特点的阐述。

学生活动：（1）小组展示 mRNA 指导蛋白质翻译过程。（2）倾听他人的解释，并对疑问提出诘问。

设计说明：本环节重在阐述探究思路，展示成果并接受他人的提问。学生的解释表现展示了学生对mRNA指导蛋白质的理解层次，教师应鼓励其他学生提问来推动小组交流，把学习引向深入。

教学活动4：工程

教师指导活动：（1）为学生提供实验器材与工具，如彩色卡纸、泡沫面板、标签纸、笔、剪刀、糨糊、橡皮泥、积木（表示氨基酸）、大号瓶盖（表示核糖体）、回形针等。（2）教师组织分组合作，必要时指导小组制作。（3）利用制作的模型，组内展示翻译过程。（4）指导学生编写模型使用说明。

学生活动：（1）利用提供的器材与工具，制作出翻译过程模型。（2）小组讨论、改进、完善和展示。（3）编写模型使用说明。

设计说明：本环节中，要根据解释，建立问题解决程序，明确任务，初步设计，改进完善，体现学生运用工程学知识设计模型的方法，在制作中检验自己所学知识的掌握情况。

教学活动5：深化

教师指导活动：（1）一条mRNA上连接多个核糖体，每个核糖体合成的多肽链是否相同，为什么？（2）原核生物的转录和翻译能否同时发生，有何特点？组织学生制作这一模型。（3）真核生物的表达是否具有连续性，为什么？

学生活动：（1）根据老师的提问，小组讨论。（2）设计原核生物基因表达过程图，小组讨论，通过诘问深化认识。

设计说明：本环节是对“探索”环节和“工程”环节的进一步深化认识，通过问题的深入，引导学生对知识和技能的提升和迁移，在原有设计方案上进一步拓展延伸。制作出原核生物边转录边翻译的基因表达模型，是学习内容的深化和各环节的整合提升。

教学活动6：评价

教师指导活动：（1）组织学生展示作品。（2）展示评价量规，教师根据学习表现，组织学生自评与互评，并对各小组点评。（3）完成诊断性作业，检测目标达成情况。

学生活动：（1）各小组展示模型并开展模型评价分析和教师点评。（2）组织学生自评、互评，依据参与度、积极性，进行打分，满分100分。（3）学生完成诊断性作业，检验学习效果。

设计说明：本评价以过程性评价为主，总结性评价为辅，检验学生的学习效果，通过学生自评、生生互评、教师点评、自我检测和教学反馈等过程，检验学生知识技能目标的达成情况。

表1.2.3.3　mRNA指导蛋白质合成过程的评估表

评估项目	16—20分	11—15分	6—10分	1—5分	自我评分	生生评分	教师评分
知道什么	清楚翻译过程的基本过程及条件	基本知道翻译的基本过程及条件	能说出部分翻译的基本过程及条件	不能说出翻译的基本过程及条件			
理解什么	设计方案与设计图新颖有创意，对翻译过程理解完整	设计方案与设计图有创意，对翻译过程基本理解	设计方案与设计图基本符合要求，对翻译过程有一定的完整	设计方案与设计图不准确，翻译过程理解不到位			
能做什么	模型制作精美，完全实现设计要求	模型制作完成，能实现设计要求	模型制作完成，部分实现设计要求	模型制作没有完成或不能实现设计要求			
想做什么	能合理利用器材和资源，并提前完成任务	能合理利用器材和资源，能按期完成任务	对器材和资源的利用能力有待于提高，有的项目没有按期完成	对器材和资源的利用能力薄弱，大部分项目没有按期完成			

续表

评估项目	16—20 分	11—15 分	6—10 分	1—5 分	自我评分	生生评分	教师评分
团队合作意识	各成员分工明确，合作完成设计、制作和展示	大部分成员参与完成设计、制作和展示	部分成员参与设计、制作和展示	少部分成员参与设计、制作和展示			

STEAM 教学模式是以情境、项目、问题和写作学习为基础，淡化学科界限，将真实的问题情境与科学探究、工程设计等活动结合起来，解决问题任务的新型学习模式。[3] 这一教学模式，容易出现学科知识的结构性缺失、伪探究、伪问题解决等不足，可能会造成学生学习过程中产生挫折感，导致教师主导地位缺失等问题。针对问题，本文在设计意图中，细化和强化各环节的要求，落实学生的知识技能目标和素养目标，为 STEAM 教学提供参考。作为一种新型教学模式，还需要广大一线教师通过教学实践，发现问题、总结经验，形成一套适合 6E 学习模式的 STEAM 教学的理论和方法，指导新课改实践。

参考文献

[1] 余胜泉、胡翔:《STEM 教育理念与跨学科整合模式》,《开放教学研究》, 2015 年第 4 期。

[2] 李春密、赵芸赫:《STEM 相关学科课程整合模式国际比较研究》,《比较教育研究》, 2017 年第 5 期。

[3] 李克东、李颖:《STEM 教育与跨学科课程整合》,《教育信息技术》2017 年第 10 期。

新一轮课程改革的主要任务是培育学生的核心素养，准确把握基于核心素养的课堂教学设计是教师教学的起点和归宿。本章阐述了课堂教学目标的内涵，指出课堂教学设计的问题现象，提出核心素养视角下的课堂教学设计的制订原则，并举例分析课堂教学目标的设计；阐述了核心素养背景下教学目标的设计原则与分析；阐述了基于大概念设计教学内容。

第三章　基于核心素养的教学目标与内容设计①

第一节　教学目标设计

2016年9月颁布的《中国学生发展核心素养》，标志着基于核心素养的课程教学改革已拉开了序幕，2018年1月印发的《普通高中课程方案和语文等学科课程标准（2017年版）》，标志着以发展学生核心素养为主要任务的课程标准正式在全国推开实施。面对以核心素养为理念的课程教学，教师遇到的一个亟待解决的问题是如何设计体现核心素养培养的教学目标。准确、详实、具有可操作性的教学目标，是教师设计和组织教学的起点与归宿，也是教师在整个教学设计中能否起到统领作用的关键。因此，教学设计中教学目标的制定具有重要作用。[1]

① 肖安庆：《试论核心素养视角下课堂教学目标的制定》，《中小学教材教学》，2018年第9期。

一、课堂教学目标的内涵

课堂教学目标是教学活动的主体在具体教学活动中所期望达到的预期结果，它表述了教学过程中主体和客体共同完成的教学任务，是人们对教学活动结果的一种主观上的愿望与标准。从结构上看，每一课堂教学目标分为若干个子小目标，全部课堂教学目标就组成了一个课程的教学目标体系，具有指导教学评估、教学策略选择、指导学生学习和激励学习等功能。[2]

（一）课堂教学目标的特点

1. 课堂教学目标具有重点突出的特点

以布鲁姆为代表的美国心理学家将教学目标分为认知、情感和心理运动。修订后的认知领域分为创造、评价、分析、应用、理解和识记（见图 1-3-1-1）。尽管每堂课都包含多种教学目标，但某一方面的子目标在不同内容上体现的程度上是不同的。"细胞中的元素和化合物"注重识记，"光合作用的原理与过程"强调理解和应用，"孟德尔的豌豆杂交实验（二）"对理解和分析要求较高。可见，课堂教学目标具有多元性，并不是不分主次、不分内容。

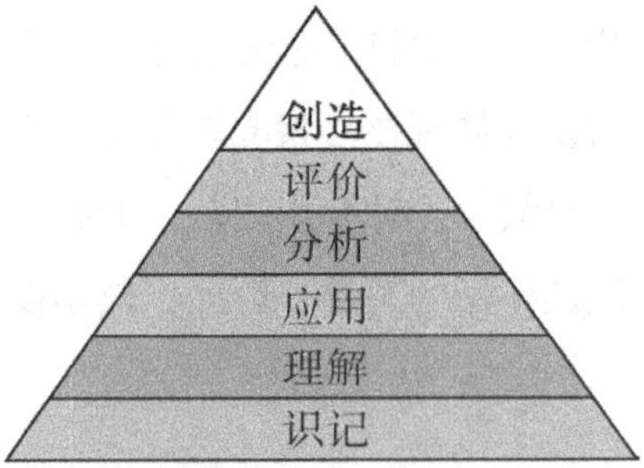

图 1-3-1-1　教学目标中的认知领域

2. 课堂教学目标要有具体的行为动词来描述

教学中应该使用动词来描述课堂教学目标，增强教学目标的可观察性和可测量性。如“基因工程的基本操作程序”的教学目标可以这样书写：①说出目的基因获取的 3 种方法及适用范围。②阐述基因表达载体构建的要求与意义。③说出转化的含义以及 3 种导入受体细胞的方法。④说明 3 种分子杂交的原理和个体水平的检测方法。

（二）核心素养与课堂教学目标的关系

仅仅从课程改革的时间上来看，双基是教学目标 1.0 版，三维目标是 2.0 版，核心素养是 3.0 版，核心素养是双基和三维目标的整合与提升。[1] 但这种理解不够深刻，甚至是错误的。因为核心素养是学生应具备的最关键、最必备的能力和素养，是一个状态量；而教学目标是课堂教学中学生应达到的心理和行为的变化过程，是一个过程量，不能简单地将教学目标“伪装”，就简单变成了核心素养。为此，核心素养与教学目标的关系可以从以下 3 个视点来理解。

1. 核心素养不是教学目标

核心素养是课程和教学的基本结构、要求、目标，是对教学本身的主要描述，而教学目标是课堂教学中所要完成的程序性工作，如同建造房子过程中，打地基、建筑框架、砌墙粉刷、安装线路、装饰布局等。如果没有课堂教学目标，核心素养就无从落实。

2. 二者的特质不同

核心素养在不同阶段、不同层次的学生中，具有明显的差异，对学生生物核心素养的培育具有阶段性、持久性，是一个长期的过程，不仅有助于生物学知识的理解和把握，还要考虑到学生今后学习生物学知识的能力和素质。而课堂教学目标具有具体性和短暂性，在具体的时间内，使用特定的教学方法和策略，共同完成特定的教学任务。因此，课堂教学目标是以核心素养的培育为指导，提升教学目标的内涵而设计的。

3. 二者的着重点不同

核心素养重在“悟”，课堂教学目标重在“做”。同样的教学目标实施在不同的学生上，学生的水平和效果是不一样的。这不仅仅是教师的“教”就可以改变，学生的领悟差异也是不可忽视的。学会“用生命观念看”“用理科思维想”“用生物语言探究”和“以生物学情感和责任思考”是学生一个个具体而细化的教学目标内化而获得的。

（三）学科核心素养与三维目标的意义[2]

1. 核心素养继承了三维目标价值

核心素养是对三维目标的继承。三维目标的提出，是在针对传统教学过分关注知识与技能的要求，忽视学生应用方法解决问题的能力培养和正确情感态度价值观的背景下形成的。与三维目标提出的背景一脉相承，核心素养的提出也是为了提高学生科学素养，提高创新精神和实践能力，避免单纯追求分数与升学率，达到知识与技能、过程与方法、情感态度与价值观相统一的目的。生物学科核心素养是学生通过生物课程的学习，具备今后处理生物领域实物的必备品格和关键能力，在价值取向上与三维目标一脉相承。

从具体内容来看，二者的内涵保持一致性。学科核心素养源于三维目标，都包括学科观念、学科思维、科学精神与科学探究。生物学科的三维目标中，知识目标“获得生物学基本事实、概念、原理、规律和模型等方面的基础知识”对应生物核心素养中的素养 1“生命观念”和素养 2“科学思维”，情感态度价值观目标“提高对科学和探索未知的兴趣；养成科学态度和科学精神，树立创新意识，增强爱国主义情感和社会责任感；认识科学的本质，理解科学、技术、社会的相互关系，以及人与自然的相互关系，逐步形成科学的世界观和价值观”对应素养1“生命观念”、素养3“科学探究”和素养4“社会责任”，能力目标“初步学会生物科学探究的一般方法，具有较强的生物学实验的基本操作技能、搜集和处理信息的能力、获取新知识的能力、批判性思维的能力、分析和解决实际问题的能力，以及交流与合作的能力”对应素养1“生命观念”、素养2“科学思维”、素养3“科学探究”。分析二者的内涵，对应关系如图1-3-1-2所示。

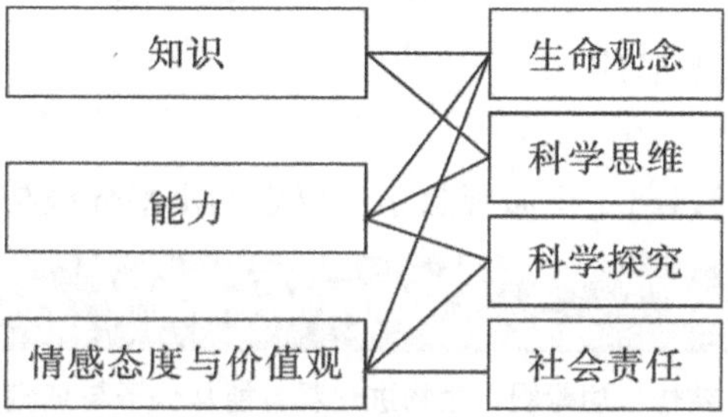

图1-3-1-2　生物三维目标与生物核心素养的对应关系图

2. 学科核心素养发展和超越了三维目标

核心素养是对三维目标的进一步提炼和整合，体现在课程内容、评价和性质3方面。在课程内容上，尽管课程标准阐述了三维目标的内容，但是比较模糊、不易操作，在实际教学有一定的困难。知识目标“获得生物学的基本事实、概念、原理、规律和模型”，究竟要达到什么程度，没有表述。关于能力目标和情感态度价值观目标的阐述，也比较模糊，很难把握。本轮课程改革的特点是学科核心素养的研制，是对三维目标的肯定和审视，确定了少而精的核心观点，如生命观念中的结构功能观、物质能量观、进化适应观、稳态平衡观，具有较强的操作性和针对性。

在评价方面，三维目标虽然设置了培养目标，但整体上缺乏对表现水平的划分和描述，这对教学评价带来了一些问题。如知识目标“获得生物学的基本事实、概念、原理、规律和模型”也没有划分水平要求，很多老师认为对这些要求都是相同的，没有差异，而每个学生心理发展水平是存在差异的，学生的科学素养不可能是相同的。学科核心素养对表现水平进行了水平划分，具有阶段性和连续性。2017 版生物课程标准从思想和观念的角度、情景复杂程度、应用水平 3 方面，将核心素养水平划分为 4 个层次。其中水平 1 和水平 2 比较简单，核心内容仅限于必修课程，水平 3 和水平 4 相对较复杂，主要内容包含了必修课程和选择性必修课程，整体遵循了循序渐进的原则。表 1.3.1.1 是对素养 1 生命观念的水平描述。

表 1.3.1.1　生命观念素养要素的水平分级与描述

素养水平	素养 1：生命观念
水平 1	初步形成结构与功能观、生物进化观，能从分子与细胞水平认识生物体的结构与功能是相适应的，适应性是长期进化的结果；初步形成物质和能量观
水平 2	形成结构与功能观念和生物进化观，能分析和解释简单情境中的生命现象；形成物质和能量观，结合简单情境说明生命活动中物质代谢和能量代谢的维持
水平 3	形成结构与功能观和生物进化观，能运用这些观念分析和解释较为复杂情境中的生命现象。综合物质和能量观以及稳态与平衡观，在特定情境中说明生态系统中时刻存在着物质循环和能量流动
水平 4	形成结构与功能观和生物进化观念，能用这些观念识别身边的虚假宣传和无科学依据的传言；形成物质和能量观，能指导、解决生产和实践中的具体问题；形成稳态与平衡观，能指导人的健康生活方式，指出某一生态系统中的构成要素及影响其平衡的因素

在性质方面，是对三维目标的发展和超越。教学中，教师尽管能接受三维目标的基本理念，但在教学设计过程中，设计教学目标存在相互割裂、缺乏联系的现象，过分强调知识目标；在确定能力目标和情感态度价值观目标时，经常与知识目标孤立起来，导致能力、情感态度价值观被忽视。针对这些问题，

学科核心素养的制定，得到审视和重新认识，将核心素养要素，如生命观念、理科思维、科学探究和社会责任的要求融合成整体，使三维目标得到全面发展，并使它们得到协调发展、相互渗透。

可见，生物核心素养是对三维目标的继承，更是对三维目标的发展和超越，反映了课程理念的更新与进步，有利于对三维目标理解和把握。但三维目标并不过时，仍然存在，学科核心素养并不是，也不应该替代三维目标全部。

（四）学科核心素养与学业质量标准的关系

2017 版课程标准的特色是将核心素养和学业质量标准写入课程标准之中，因为上一轮课程改革中，课程标准没有写入“学业质量标准”，教师在教学评价特别是考试评价时，常常采用考试大纲和考试说明为依据，这在一定程度上弱化了生物课程标准的地位。新一轮课程改革中，首次在课程标准中写入学业质量标准，是对上一轮课程改革的反思与修正。学业质量是学生在完成本学科课程学习后的学业成就表现，学业质量标准是以本学科核心素养及其表现水平为主要维度。那么核心素养与学业质量标准是何种关系呢？

1. 核心素养是学业质量标准的制定依据

2017 版课程标准依据不同水平学业成就表现的关键特征，学业质量标准将学业质量分为不同水平，描述了不同水平学习结果的具体表现。表 1.3.1.2 是生物学业质量水平 1 的质量描述。[3] 表中每个水平均包含生物核心素养的 4 个要素，分别划分为 4 个条目，每个条目分别对应一个素养，如“1–1”对应生命观念。等级越高，学业成就水平也越高，是分水平呈现的可测性结果，直接指导教师的教学评价。因此，核心素养是学业质量标准的制定依据与基础。

表 1.3.1.2　学业质量标准水平 1 的描述

水平	学业质量标准描述
1	1-1 能初步以结构与功能观、物质与能量观等观念，说出生物体组成结构和功能之间的关系、光合作用和呼吸作用中的物质与能量转换、遗传与变异的物质基础和规律等；初步运用进化与适应观，说出生物的多样性和统一性；在给定的问题情境中，能以生命观念为指导，分析生命现象，探讨生命活动的规律，设计解决简单问题的方案
1	1-2 能认识到生物学概念是基于科学事实，经过归纳与概括、演绎与推理等方法形成的；能理解分子与细胞、遗传与变异等相关概念的内涵；能用上述概念和科学思维方法解释简单情境中的生命现象。 1-3 能针对给定的分子与细胞、遗传与进化等相关的生物学问题，根据实验计划，使用简单的实验器具，按照实验操作步骤进行实验，如实记录实验数据，并分析得出结论，写出实验报告并与他人进行必要的交流；认同在生物学的探究过程中开展合作的必要性。 1-4 形成热爱生命、人与自然和谐共处的基本观念，认同环境保护的必要性和重要性；认同健康的生活方式，远离毒品；能对有关生物学的社会热点议题进行理性判断

2. 学业质量标准可衡量学生核心素养水平的达成

不管核心素养还是学业质量标准，显示的水平是“表现”不是“要求”，研究的对象是“行为”不是“答案”，二者具有相同的尺度，具有非常相似的对应关系。表 1.3.1.3 为 2017 版课程标准中素养 2“科学思维”的水平划分和学业质量水平划分。可以看出二者存在明显的对应关系。学业质量标准是学生完成核心素养的程度和水平，是可测的学习结果，核心素养水平是以陈述的方式揭示每个素养要素构成维度与特征。因此，与核心素养水平相比，学业质量标准更加贴近课程教学，更加具体，更加具有可操作性，是教师教学、编制试题和诊断评价的重要依据，是衡量学生核心素养水平的达成。[3]

表 1.3.1.3　“科学思维”的水平和学业质量水平描述

核心素养水平的划分	学业质量水平划分
1 能够认识到生物学概念都是基于科学事实经过论证形成的，并能用这些概念解释简单的生命现象	1–2 能认识到生物学概念是基于科学事实，经过归纳与概括、演绎与推理等方法形成的；能理解分子与细胞、遗传与变异等相关概念的内涵；能用上述概念和科学思维方法解释简单情境中的生命现象
2 能够以特定的生物学事实为基础形成简单的生物学概念，并用文字或图示的方式正确表达，进而用其解释相应的生命现象	2–2 能基于特定的生物学事实，采用归纳与概括、演绎与推理等方法，以文字、图示的形式，说明分子与细胞、遗传与变异等相关概念的内涵；针对生物学相关问题，能运用科学思维方法展开探讨；在面对有争议的社会议题时，能利用生物学重要概念或原理，通过逻辑推理阐明个人立场
3 能够从不同的生命现象中，基于事实和证据，运用归纳的方法概括出生物学规律，并在某一给定情境中，运用生物学规律和原理，对可能的结果或发展趋势作出预测或解释，并能够选择文字、图示或模型等方式进行表达并阐明其内涵	3–2 能基于给定的事实和证据，采用归纳与概括、演绎与推理等方法，以文字、图示或模型的形式，说明分子与细胞、遗传与变异、稳态与调节、生物与环境等相关概念的内涵，举例说明生物工程与技术的原理及其与社会之间的关系；针对生物学相关问题，能运用科学思维方法展开探讨、审视或论证；在面对有争议的社会议题时，能利用生物学重要概念或原理，通过逻辑推理阐明个人立场，作出决策
4 能够在新的问题情境中，基于事实和证据，采用适当的科学思维方法揭示生物学规律或机制，并选用恰当的方式表达、阐明其内涵。在面对生活中与生物学相关的问题并作出决策时，利用多个相关的生物学大概念或原理，通过逻辑推理阐明个人立场	4–2 能基于事实和证据，采用归纳与概括、演绎与推理、模型与建模等方法，以恰当的形式阐释分子与细胞、遗传与变异、稳态与调节、生物与环境等相关概念的内涵，论述生物工程与技术的原理及其与社会之间的关系；在面对生产、生活中与生物学相关的新问题情境时，能熟练运用科学思维方法展开探讨、审视或论证；在面对有争议的社会议题时，能利用生物学重要概念或原理，通过逻辑推理阐明个人立场，作出决策并解决问题

新一轮课程改革即将在全国全面推开，如何正确理解和把握核心素养的内涵，是课程改革的关键。只有处理好学科核心素养与学生发展核心素养的关系、学科核心素养与三维目标的关系、学科核心素养与学业质量标准的关系，才能更好地落实学科核心素养的本质和精神。

二、课堂教学目标制定过程中存在的问题

1. 形式主义盛行

为保证教学设计的完整性，一些教师在制定教学目标时，停留在形式上的制定教学目标，过于随意，缺乏系统性和真实性，如教学过程的设计中根本就没有表现出教学目标的要求。还有不少教师为了应付学校的检查，直接从一些教案上摘抄教学目标，并没有考虑课堂教学的实际，让课堂教学目标成为“摆设”。

2. 三维目标泛滥

第八轮课程改革倡导知识与技能、方法与过程、情感态度与价值观的三维目标，推行效果明显。在本轮课程改革中，很多教师在制定课堂教学目标时，不论何种课型、何种内容，均以三维目标这样的“三段式”设计教学目标，狭义地理解了三维目标，限制了学生核心素养的培养。

3. 不规范使用行为动词

有的教师制定课堂教学目标，使用动词描述时，没有注意到子目标对应的能力水平，以至于张冠李戴现象时有发生。事实上，即使使用布鲁姆教学目标分类法，由于这一分类法具有抽象性，有时使用某一动词也难以匹配教学内容。盲目套用又不变通使用行为动词，容易使课堂教学目标层次混乱。

4. 核心素养噱头十足

第九轮课程改革提倡核心素养的培养，部分教师在教学设计时按照核心素养四个方面逐步陈述，但不少教师仅仅是借核心素养之名，简单包装已有教案并未有真知灼见。由原本的“三段式”变成了“四段式”，换汤不换药，这不利于课程改革的实施。

因此，课堂教学目标的制定需要实事求是，准确规范，做到内外兼修，避免为了核心素养而设计教学目标的虚假现象发生。

参考文献

[1] 张金玉、张艳燕:《基于物理课程标准的教学目标设计与案例分析》,《物理教学》,2017 年第 12 期。

[2] 陈野、黄开智:《核心素养视角下高中物理课堂教学目标的制定》,《物理教学》,2017 年第 12 期。

[3] 中华人民共和国教育部:《普通高中生物学课程标准(2017 年版 2022 修订)》,人民教育出版社,2020,第 23-25 页。

第二节　教学目标设计的原则与分析①

一、课堂教学目标设计的原则

1. 注重过程性的体现

有的教师，制定教学目标时，习惯使用“知道”“理解”“得到”等状态量，忽视了“探究”“体验”和“经历”等过程量，不利于学生核心素养的形成。其实，只有像科学家面对生物学问题时的那样思考问题，历经思维的碰撞，体验成功的喜悦，才能获得对终生有意义的思维和素养。[1]

2. 尊重核心素养的实事求是性

每堂课不分青红皂白，都按照核心素养的四个方面去造教学目标，这是不太现实的。教师教得辛苦，也影响了学生的学习。在设计教学目标时，应该根据教学内容的实际，实事求是，有所侧重，而不以条框式地罗列核心素养的四个方面书写教学目标。[2]

3. 遵循教学目标的可观察性和可检验性

制定教学目标时，应该用清晰准确的语言陈述可观察到的行为，如知识水平、方法过程和情感态度价值观等变化。这些行为的发生，应该是可以用眼睛观察、书面检测获得的。

---

① 肖安庆，颜培辉，吴志强：《核心素养视角下课堂教学目标的制定》，《中小学教材教学》，2018年第10期。

4. 注重整体性的关联

教师在设计教学目标时，不能仅看一节课，而应结合单元教学目标，将每节课的逻辑体系前后联系起来，设置成整体性的课堂教学目标，思考每节课的教学目标的重点、联系和实现途径。

5. 结合三维教学目标

三维教学目标注重知识技能的获得，有过程、有方法、有情感态度价值观，也有责任。我们不能因为培育核心素养而盲目地丢弃三维目标，而应该在三维目标的基础上，提升学生的关键能力和必备素养。

此外，在撰写教学目标时，还应注意以下几点：①注意课堂教学目标的数量。一般来说，一堂课 40 分钟，3 至 5 个子教学目标比较合适，太多不容易讲清楚。②教学目标应具有层次性。教学目标是学生通过一堂课的学习活动后应该达到的程度，不同学生的学习能力不同，教师只有充分了解学生基础和能力，才能准确制定本班学生的预期。③教学目标应明确具体，具有可操作性和指导性。④在明确指向核心素养培养的同时，教学目标应具有结构性和灵活性，注意设计如“评价”“创造”等高认知水平的学习目标。[3]

二、基于核心素养的课堂教学目标设计分析

以“伴性遗传”为例设计分析核心素养背景下的课堂教学目标。

对于“伴性遗传”的课堂教学目标设计，不同时期的风格与要求不同，见表 1.3.2.1 和表 1.3.2.2。

表 1.3.2.1 知识与技能视野下教学目标设计

①知道“伴性遗传”的概念； ②理解伴 X 染色体隐性遗传及显性遗传的特点； ③掌握遗传系谱的分析方法； ④运用知识预测某家庭中后代患病的风险

表 1.3.2.2 三维目标视野下课堂教学目标设计

三维目标	目标要求
知识目标	①了解红绿色盲的遗传现象； ②理解伴性遗传与遗传基本规律的关系； ③理解伴性遗传的原理和遗传规律
方法与能力目标	①通过红绿色盲的调查培养学生收集、处理信息的能力； ②通过探究活动培养学生运用已有知识进行分析、提出假设、设法求证的科学探究能力； ③通过对伴性遗传规律的总结培养学生对知识的概括、总结能力
情感、态度与价值观目标	①通过红绿色盲家系图谱的分析，对学生进行科学方法的训练，培养学生实事求是、严谨踏实的工作态度； ②在了解常染色体遗传病及伴性遗传病传递规律的基础上，使学生理解近亲婚配对人口素质产生的危害

从表 1.3.2.1 看，知识与技能视野下，“知道”“理解”“掌握”是学生脑部心理活动，教师很难监控到目标的达成，教学预期很难评估，不利于指导教学评价。从表 1.3.2.2 看，三维教学目标视野下，用行为动词表述了课堂教学的目标，增强了教学可测性、阶段性、层次性和可操作性，通过学生学习的行为和思想变化，明确告知学生应该学到什么，达到什么效果；教师在教学过程中，抓住了这些关键词，使动词的行为指向更明确，操作性更清楚。但在形成必备品格和关键能力的培养上，三维目标的指向性明显不够。为此，笔者对必修 2“伴性遗传”一节进行设计 [4]，课堂教学目标清单如表 1.3.2.3。

表 1.3.2.3 核心素养视野下课堂教学目标清单

素养维度	设计方面	目标要求
生命观念	结构与功能观	结合“基因在染色体上”的知识，领悟伴性遗传中基因和性状之间的关系
	信息与调控观	通过分析X染色体上基因的显隐性，说出伴性遗传现象的定义、类型与特点；通过系谱图的分析，能阐明伴性遗传与遗传规律的关系，说出伴性遗传现象的原理与遗传方式
理科思维	批判性思维	从道尔顿发现红绿色盲的故事，渗透敢于批判、大胆质疑的科学态度
	归纳与概括	结合系谱图，分析伴X染色体显性遗传和隐性遗传以及伴Y染色体遗传，分别归纳各自的遗传规律和特点
	演绎与推理	结合伴X染色体显性遗传特点，推导6种遗传方式规律
	模型与建模	通过红绿色盲的特点分析，结合基因和染色体的关系，建构模型
科学探究	问题	明确提出探究问题：红绿色盲的发病率为什么男性多于女性?
	假设	从道尔顿不能辨别红色和绿色的故事，提出假设：控制眼色的基因位于X染色体上，眼色正常与色盲由显隐性基因控制
	实验设计	设计6种遗传方式
	交流与合作	分成6个小组，分工合作探究，写出各种遗传方式，小组内归纳遗传方式，小组间交流，共同评价
社会责任	态度与责任	认同大胆质疑、敢于批判的科学态度；认同观察实验、科学探究在生产生活中的作用

该教学设计清单，从形式上看，貌似前面提到的“四段式”，但是经过了精心设计，每项目标与实际教学前后呼应，可操作性强；从内容上看，凸显核心素养的培养，对目标要求作出了明显的建议；从过程上看，设计灵活，又有变动性，可观测和可检测；从三维目标看，基于三维目标，但又将知识与技

能、过程与方法、情感态度价值观进行了有机整合。

综上所述，指向核心素养的课堂教学目标就其本质而言，是教师在备课时确定的教学目的，强调的教学行为，是现代教学观的具体体现。由知识技能目标到三维目标，再到核心素养目标，这是一场新的课堂革命。这一革命，从根本上看，是以学生主体，不仅体现在知识与技能上，而且关注过程方法、情感态度与价值观的整合，尤其要发展以生命观念、理科思维、科学探究和社会责任为指向，促进生物教师在课堂教学中做到心中有素养，教学中落实，评价中反馈。

参考文献

[1] 陈野、黄开智:《核心素养视角下高中物理课堂教学目标的制定》,《物理教学》, 2017 年第 12 期。

[2] 吴世银:《“性别决定与伴性遗传”一节的教学设计》,《生物学教学》, 2007 年第 7 期。

[3] 张金玉、张艳燕:《基于物理课程标准的教学目标设计与案例分析》,《物理教学》, 2017 年第 12 期。

[4] 肖安庆、李贤:《基于核心素养的高中生物教学设计——以“伴性遗传”为例》,《中学生物教学》, 2017 年第 12 期。

学生对生物学概念学习常出现离散学习、低位理解和浅层学习等现象。基于大概念的整体教学为这些问题的解决提供了新的教学视角。由于大概念是处于核心地位、具有更高层次与更深层次的，富有认识论方法论和价值论意义的、广泛迁移的活性观念，基于大概念的整体教学能精简容量、突出重点，让学生深刻理解和应用重要的生物学概念，开辟了综合育人新路径，从而促进核心素养的落地。以“光合作用的原理与应用”一节为例，阐述“大概念—外显大概念—活化大概念—建构大概念—评价大概念”的教学范式，阐述高中生物整体教学途径。

第三节　大概念背景下的教学内容设计①

生物学教学强调概念教学。教学实践中，高中学生学习生物学概念普遍存在三个问题：一是“散”，如果教师习惯上离散性而非整合性地帮助学生建构知识，学生经常难以将零散的知识点串联成线；二是“低”，如果教师平视而非从高层次俯视教学，学生也就用低位思维理解知识；三是“浅”，如果教师表层而非深度教学，学生学到的多是形式化、符号化知识，难以理解知识背后的逻辑关系和思想价值。以上现象由于教师缺乏整体教学思想，导致学生学到的是无意义的惰性知识。这些问题的解决，亟待需要教师以大概念（或“大观念”，big concepts or big ideas）的视角统领概念教学。[1]

---

① 肖安庆：《基于大概念的高中生物整体教学何谓、为何和何为》，《中小学教师培训》，2021 年第 3 期。

一、何谓大概念

大概念究竟是怎样的概念？不同学者的回答有所不同。美国认知教育心理学家奥苏泊尔（David Pawl Ausubel, 1918—2008）认为大概念是“要领概念”，教育心理学家布鲁纳（Jerome Seymour Bruner, 1915—2016）认为是“一般概念”，教育家布卢姆（Benjamin Bloom, 1913—1999）认为是“基本概念”，英国教育理论家怀特海（Alfred North Whitehead, 1861—1947）认为是“惰性观念”，青年学者郎骁谋认为是“高层次概念”（或“上位概念”），美国发展心理学家埃里克森（Erik Erikson, 1902—1994）等认为是学科核心，是“核心概念”，我国学者余文森等认为是“一种有意义的模式”。2013 年公布的《美国新一代科学教育标准》，对研究大概念影响较大，对确定大概念具有较强的可操作性。[2]它提出了大概念的知识结构金字塔，指出大概念包括核心概念、跨学科概念、哲学概念，如图 1-3-3-1。其中，底层为小概念，包括一些事实性知识和学科分解概念；第二层是核心概念（基本概念），它与小概念都是基于学科视角的概念；第三层是跨学科概念；顶层是哲学概念。与小概念相比，位于第二、第三和第四层的概念都属于大概念范畴。

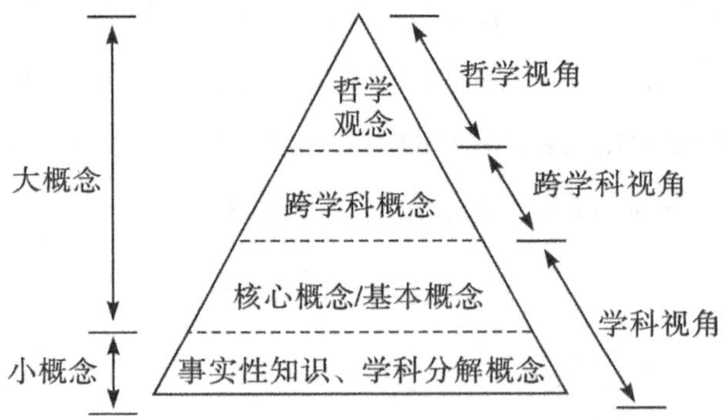

图 1-3-3-1　基于大概念的学科知识结构金字塔

综上所述，学者们对大概念的认识有三个共识：一是大概念是在生物学事实和分解概念的基础上抽象概括而来；二是大概念是各种概念的集合，能够将各种概念连贯成整体；三是大概念具有广泛迁移性，是在知识和技能的基础上迁移而来的、具有整合作用的概念。[1]

正确认识大概念，可从认识论、方法论和价值论三个视角进行理解。从认识论的角度看，大概念是事实性知识和经验基础上的抽象概括，是学科课程的核心与本质；从方法论的角度看，大概念是人们认识事物建构知识的认知框架，是沟通事实性知识与经验的纽带，是促进学生记忆持久、广泛迁移和深度理解的重要途径；从价值观的角度看，大概念蕴藏了大量的学科情感态度价值观。总之，大概念是指处于核心地位、具有更高层次与更深层次的、富有认识论方法论和价值论意义的、广泛迁移的活性观念。

二、大概念设计教学内容的意义

如何让核心素养在高中生物教学中落地？这需要从学科核心素养的基本特性和生成逻辑来分析。学生学习了本学科后将会要获得学科知识与技能、能力与品格等具体素养，这些素养是可以零散存在的。核心素养则是统领和整合各种具体素养，是各种关键能力和必备品格以及价值观构成的集合体。它不是具体素养的简单相加，而是所有具体素养成分有机融合的整体。只有开展整体教学，才能更好地发展学生的核心素养。

聚焦大概念，精简容量、突出重点，能让学生深刻理解和应用重要的生物学概念。[3] 基于大概念的整体教学为高中生物教学提供了新样态途径。这种新教学样态对学生的学习和发展具有整合性，因为大概念是处于核心的、高阶的、灵活性的、深刻的概念，它能够向上整合下位概念，向下整合表层概念，向里整合外围概念，向外整合实践经验，较好地连接课程知识和核心素养，统领着学生的关键能力、必备品格和情感态度价值观。

基于大概念的整体教学，开辟了综合育人路径。这种教学范式，能促进学生对课程整体框架的把握和理解，引导学生用整体性思维理解单元内容与框架，渗透学科思维和认识学科价值，解决真实情境的现实问题，全面理解概念知识。这种教学范式，有利于整体把握教学目标、教学内容和学生学情，通过适当的过程、方式和策略，尊重整体学生、建构统整的课程和实施完整的教学，将整体教学升华到普通高中教学转型和育人方式的变革。[4]

三、基于大概念设计教学内容的策略

大概念是连接知识技能向学科素养转化的桥梁。在其转化过程中，大概念发挥纽带和促进转换的作用：一方面，大概念将知识技能与学科素养二者联结在一起，成为重要桥梁，促进知识技能向学科素养转化；另一方面，大概念将教师的经验转化为知识论、方法论和价值论的认知结构，向外又将认知结构转化为学生的关键能力和必备品格。因此，基于大概念的整体教学，可以尝试开展“确定大概念—外显大概念—活化大概念—建构大概念—评价大概念”的概念教学范式，帮助学生建构学科大概念。下面以“光合作用的原理与应用”一节教学为例，[5] 阐述基于大概念的整体教学路径。

（一）确定大概念

确定大概念，要从大概念的特征与形式、类型与结构、筛选与确定三方面进行斟酌。大概念的特征包括根本特征和基本特征。学科概念的意义性是大概念的根本特征，而处于学科概念中层次的高阶性、位置的中心性、效果的深刻性、迁移方式的灵活性是大概念的基本特征，它们分别从向上、向下、向里和向外四个方向表征大概念。大概念的表现形式，可以是一个概念（如“植物细胞的叶绿体从太阳光中捕获能量，这些能量在 CO_2 和 H_2O 转变为糖与 O_2 的过程中，转化并储存为糖分子中的化学能”）、命题（“能量是动力”“结构决定功能”）、观念（“物质与能量观”“结构与功能观”）、问题（“O_2 释放量等于叶绿体产生量吗”)、观点(“光合作用是地球上最重要的化学反应”)或者是公式(“光合作用反应式”)等等。

而大概念的类型与结构可从层次和属性来确定,见表1.3.3.1。从表格的纵向看,涉及大概念的四个层次分别是课时内、单元内、单元间和跨学科。根据属性,横向上大概念又分为三类:一是结论与结果类,为最终的知识成果类,如课时内的大概念“光合作用的过程”;二是方法与思想类,指知识如何被建构或发现,如课时内的大概念“用同位素标记法标记碳,追踪碳元素在暗反应过程中转化途径”“叶绿体的结构决定功能”“物质与能量观”;三是作用与价值类,为知识的应用迁移,如课时内大概念“光合作用是绿色植物通过叶绿体,利用光能,将 CO_2 和 H_2O 转化为储存着能量的有机物,并释放 O_2 的过程”。

表 1.3.3.1 “光合作用的原理与应用”一节大概念的类型与结构

层次	结论与结果	方法与思想	作用与价值
课时内(“光合作用的原理与应用”)	光合作用的过程	同位素标记法;物质与能量观	光合作用是绿色植物通过叶绿体,利用光能,将 CO_2 和 H_2O 转化为储存着能量的有机物,并释放 O_2 的过程
单元内(“光合作用与能量转化”)	同化作用	物质与能量观;叶绿体的结构决定功能	植物从外界吸收物质转化成自身成分,并储存能量;叶绿体的结构决定光合作用光反应发生在类囊体薄膜,暗反应发生在基质
单元间(“细胞的能量供应与利用”)	细胞的能量供应与利用	物质与能量观;结构功能观	细胞的功能基于细胞的特定区域化学反应;叶绿体是植物细胞的“养料制造车间”
跨学科	化学反应的物质变化和能量变化	物质与能量观	化学变化的本质是新物质的形成,并伴有能量转化

准确把握大概念，可从以下方法来筛选与确定：一是利用课标中的高频语句捕捉大概念，如《普通高中生物学课程标准（2017 年版 2020 年修订）》中关于本节的高频词句有“物质与能量观”“结构与功能观”“模型与建构”等，[3] 捕捉这些词句，斟酌本节的大概念。二是深度理解教材，挖掘藏匿于教材的深处与内核，如从知识的来源（如光合作用的生物学史）、生物学事实的本质与规律（能量守恒定律与光合作用能量变化）、学科的方法与思想（物质能量观、结构功能观）、知识的关系与结构（光合作用与呼吸作用都涉及物质与能量变化）和知识的作用与价值（通过光合作用过程的学习，建构物质与能量观）等五方面，理解本节知识的大概念。三是抽象概括大概念，可从以下 4 个路径理解概括:（1）从现象到本质。如不同植物对光照、温度和 CO_2 的需求存在差异，但本质就在于细胞代谢导致物质与能量的变化。（2）从事实到价值。如植物光合作用需要光照的事实，蕴含的价值则是光合作用是生态系统的能量来源。（3）从特殊到一般。如解释硝化细菌的化能合成过程，说明自养型生物的物质和能量变化。（4）从部分到整体。如用 $^{18}O_2$ 分别标记 H_2O 和 CO_2，检测 O_2 的来源；用 ^{14}C 标记 CO_2，追踪 ^{14}C 的去向，探明 CO_2 如何转化光合作用过程中的各种含碳有机物，从而揭示了光合作用暗反应的整个过程。

准确把握教材和课程标准之后，抽象概括并合理论证大概念。本节课教学中，为了培育“物质与能量观”这一生命观念，先讲解光合作用叶绿体利用 CO_2 和 H_2O 转化为有机物释放 O_2，储存能量的过程，概括出光反应和暗反应的物质变化和能量变化，抽象概括出光合作用的原料和动力，再以光照强度影响光合作用强度为例，概括出能量变化影响物质变化，从而得出本节课的大概念为物质与能量观。

（二）外显大概念

对大概念外显化，即对大概念进行表征和描述成可见的学习目标。本节课的大概念外显化描述为：一是“知道什么”，即学生知道光合作用光反应和暗反应阶段的过程；二是“理解什么”，即学生从物质变化和能量变化的角度，阐明光合作用的过程；三是“能做什么”，即从光合作用过程，探讨环境因素对光合作用的影响；四是“想做什么”，即关于本节课的情感态度价值观以及本节课的生活价值和应用。

（三）活化大概念

活化大概念根据大概念，设计教学问题，引导学生解决实际中的问题。其基本操作是依据大概念设计核心问题，根据核心概念设计问题串。本节课的大概念为“物质能量观”，设计的核心问题为“光反应和暗反应阶段各有什么物质变化和能量变化”。围绕“物质变化”这一核心问题，设计问题串：（1）光合作用释放的 O_2，是来自 H_2O 还是 CO_2？（2）CO_2 中的碳元素如何追踪，如何进到葡萄糖中？（3）光反应和暗反应有何联系？（4）CO_2 如何影响光合作用强度？围绕“能量变化”这一核心问题，设计问题串：（1）光反应中的光照可以是红外光吗？（2）ATP、NADPH 中的能量来自哪里，在暗反应有什么变化，最终能量形式是什么？这些问题分别指向“光反应的物质变化”“光反应的能量变化”“暗反应的物质变化”“暗反应的能量变化”四个小概念。

（四）建构大概念

根据大概念设计核心问题及问题串，帮助学生解决核心问题和建构大概念。本节课中设计以下教学活动：（1）激趣生疑，提出问题。如在阐释 O_2 的来源，提出如下问题：光合作用过程中，植物利用 CO_2 和 H_2O，生成有机物和 O_2，O_2 来自 CO_2 还是 H_2O，还是二者都有？（2）动手分析，解决疑惑。教师先要求学生从光合作用反应的角度分析 O_2 的来源和去路，再解释希尔反应和 O_2 的来源。（3）追究事理，领悟观念。叶绿体中吸收光能，将 H_2O 分解成

O_2 和 H^+，H^+ 与 $NADP^+$ 结合形成 NADPH。后者作为还原剂，参与暗反应阶段的化学反应，储存能量供暗反应阶段利用。另一方面在酶的催化下，提供能量促进 ADP 与 Pi 反应生成 ATP，将光能转化为储存在 ATP 中的化学能，参与暗反应的化学反应。（4）抽象概括，迁移应用。教师可以引导学生从外围概念到核心概念、从表层概念到深层概念和从下位概念到上位概念的三种路径构建大概念。

（五）评价大概念

借鉴澳大利亚当代学者克里斯提那·查莫斯（Christina Chalmers）的评价工具，[6]依据"知道什么""理解什么""能做什么""想做什么"与"团队合作意识"五个维度，设计评价大概念的细则和框架，设计出大概念评价工具（见表 1.3.3.2）:（1）收集，收集学生完成既定学习任务的作品。（2）展示，学生向组内和组间展示出本节课作品。（3）呈现，根据学生的理解，用外部表征工具外显出本节课大概念和理解的程度。（4）论证，用测评、访谈和观察等方法论证学生对本节课大概念的理解程度。（见表 1.3.3.2）

教师指导活动:（1）组织学生展示作品，陈述使用方法。（2）展示评价量规，根据学习表现，组织学生自评与互评，教师对各小组点评。（3）完成诊断性作业，检测目标达成情况。

学生活动:（1）展示作品，听取其他小组的评价分析和教师点评。（2）根据参与度、积极性，开展自评、互评。（3）完成诊断性作业。

设计说明：依据评价量规，检测学习效果，开展自评、互评、点评、检测和反馈，整个过程中，以过程性评价为主，总结性评价为辅，重在问题解决能力、协作能力和创新能力的评价。诊断性作业的检测，作为作业，检测了学生知识技能目标的达成情况。

表 1.3.3.2　“光合作用的原理与应用”一节的评价表

评估项目	16—20 分	11—15 分	6—10 分	1—5 分	自我评分	同学评分	教师评分
知道什么	清楚光合作用的基本过程及影响因素	基本知道光合作用的基本过程及影响因素	能说出部分光合作用的基本过程及影响因素	不能说出光合作用的基本过程及影响因素			
理解什么	对光合作用过程和应用理解完整	对光合作用过程和应用理解基本理解	对光合作用过程和应用有一定的理解	对光合作用过程和应用的理解不到位			
能做什么	能合理熟练利用本节课的知识完成诊断性作业	基本能利用用本节课的知识完成一部分诊断性作业	能小部分利用本节课的知识完成部分诊断性作业	基本不能利用本节课的知识完成诊断性作业			
想做什么	能设计实验探讨光合作用影响因素，熟练应用光合作用原理解决实际问题	基本能设计实验探讨光合作用影响因素，基本能应用光合作用原理解决实际问题	能部分设计实验探讨光合作用影响因素，应用光合作用原理解决部分实际问题	不能设计实验探讨光合作用影响因素，不能应用光合作用原理解决实际问题			
团队合作意识	各成员分工明确，合作展示	大部分成员参与展示	部分成员参与展示	小部分成员参与展示			

大概念观照下的整体教学，通过“确定大概念—外显大概念—活化大概念—建构大概念—评价大概念”教学范式，开辟整体教学的教学新样态，尊重学生学习过程的整体性，促进其个性学习从而全面地发展。但是，作为新事物，“大概念”“整体教学”仍有很多问题需要进一步阐明与探讨。如科学凝练

"大概念"，准确把握"整体教学"，构建基于大概念的整体教学的学理框架及教学策略等，还需要广大一线教师通过教学实践，发现问题、总结经验，形成一套适合基于大概念的整体教学理论，指导新一轮课改教学实践。

参考文献

[1] 李松林:《以大概念为核心的整合性教学》,《课程·教材·教法》, 2020 年第 40 期。

[2] 郭玉英、姚建欣、彭征:《美国〈新一代科学教育标准〉述评》,《课程·教材·教法》, 2013 年第 8 期。

[3] 中华人民共和国教育部:《普通高中生物学课程标准(2017 年版 2020 修订)》, 人民教育出版社, 2018, 4–5 页。

[4] 孙杰:《大概念引领下的整体教学——立德树人背景下普通高中育人方式改革的可能路径》,《中小学德育》, 2019 年第 10 期。

[5] 朱正威、赵占良:《普通高中生物教科书　生物学：必修 1 分子与细胞》, 人民教育出版社, 2019, 102–106 页。

[6]Chalmers C, Nason R:*Systems Thinking Approach to Robotics Curriculum in Schools*, In Khine M S. Robotics in STEM Education: Redesigning the Learning Experience. Cham, Switzerland: Springer, 2017, PP.33–57.

设计理念是教师在教学设计构思过程中所确立的主导思想，它赋予作品文化内涵和风格特点。教师可从课程观、教学观和学习观的视角开展教学设计；教师要在学生参与度、教学适切度和评价延伸度3个维度调控教学，从学生的参与的深度、广度和效度，提升学生的参与情况；从学情、目标、教材二次开发和策略方面，强化教学的适切度；从评价主体、形式和价值层面拓展评价延伸度，着力培养适应未来和社会发展需求的必备品格和关键能力。

第四章　基于核心素养的设计理念①

生物教学设计是教师根据课标的要求和教学对象的特点，科学设计教学目标、重难点、方法步骤等环节，制定合适的方案和计划。核心素养背景下，教师可从课程观、教学观和学习观的视角开展教学设计。

第一节　设计视角

生物核心素养是学生在解决真实情境中的生物学问题过程中，所表现出来的必备品格和关键能力，主要包括生命观念、理性思维、科学探究和社会责任。[1] 生物教学设计是教师根据课标的要求和教学对象的特点，科学设计教学目标、重难点、方法步骤等环节，制定合适的方案和计划。核心素养背景下，

① 肖安庆，李贤，吴志强：《“三观”视角下的高中生物学教学设计》，《生物学教学》，2018年第6期。

教师可从课程观、教学观和学习观的视角开展教学设计。

一、教学设计的课程观

教学设计的课程观是指从课程的视角，根据高中生物课程标准的基本理念、目标要求，思考和开展教学设计。

（一）明确课程性质、目标和理念

《普通高中生物课程标准》已经修订，对高中生物的课程性质、课程目标和基本理念进行了明确的阐述，即将在2017年下半年正式发布。教师应认真学习高中生物课程的实施建议和学业质量标准，依据课程标准的课程结构与标准，对课程内容进行统筹安排，领会必修课与选修课的地位与关系，领会各模块之间的地位与关系，从课程的视角进行教学设计。[2]

课程目标是指课程实施的具体目标和意图，是确定课程内容、教学内容和课程方法的基础，是教学目标的实施方向。高中生物课程目标主要包括树立生命观念、形成理性思维习惯、学会科学探究和培养社会责任感等方面，旨在提高学生生物学核心素养，树立社会主义核心价值观、实现“立德树人”为根本任务。[1] 课程目标的设计，一方面，要把握好各章节、各模块、必修课和选修课的教学目标设计，它们具有阶段性；另一方面，要从阶段性教学目标统领课时目标，结合教学实际，设计出准确的、清晰的课时目标。可以说，课程目标的落实，是课时目标、章节模块目标、选修与必修模块课程目标层层落实的必然结果。

教学目标是指教学活动实施的方向和预期，是教学活动的出发点和归宿。教学目标是教学设计的重要环节。教学目标的设计，不能只限于课时片段的设计，而应从教学目标的视角深入思考、整体设计。

为帮助学生构建“细胞具有相似的基本结构，但形态与功能有所差异”这一概念，可开展下列教学活动：“细胞形态和功能多样，基本结构相似”“描述原核细胞与真核细胞的根本区别”两部分，使学生能从结构与功能相适应这一观点，解释细胞由多种多样的分子组成，这些分子是各项生命活动的物质基础（“生命观念”“理性思维”的素养达成），建构并制作细胞模型，形成相互协调的有机整体，完成细胞水平的各项生命活动（“生命观念”“理性思维”和“科学探究”的素养达成）。[1]

（二）理解生物核心素养的内涵

《普通高中生物课程标准（征求意见稿）》明确指出了生物学科的核心素养，阐述了生物学科的课程目标。教师应根据生物核心素养和课程目标，开展教学设计。表 1.4.1.1 是“细胞呼吸”教学目标的制定。

表 1.4.1.1　“细胞呼吸”教学目标的制定

目标	素养目标
①	通过实验的设计、观察与分析，能用物质与能量观、结构与功能观，理解有氧呼吸和无氧呼吸的过程与联系
②	通过对有氧呼吸和无氧呼吸过程的讨论比较、归纳概括、综合分析，阐述细胞呼吸的现象及原理
③	通过探讨细胞在不同条件下呼吸的实验设计，进行小组合作并进行评价交流
④	尝试利用细胞呼吸的原理，理性解释生活生产中的生物学问题，并能科学锻炼与生活

培养核心素养的是新形势下高中生物教学的根本目标。教师备课时，习惯于采用三维目标来阐述教学目标和意图。表 1.4.1.1 依据课程内容和学业质量标准，围绕核心素养来制定本节课的教学目标。目标①体现了生命观念的要素；目标②反映了理性思维的要素；目标③指向科学探究的要素；目标④属于

社会责任的要素。4个目标彼此独立又互相联系，是学科素养和课程目标的细化与要求。教学设计中，凸显核心素养各个要素，是协调发展学生品格和必备能力的具体表现，是制订教学目标的出发点和实施课堂教学的归宿。

二、教学设计的教学观

为提高学生素养，应以教学观为指导，依据一般的教学理论，采取合理的教学策略，开展教学设计。

（一）依据教学理论设计教学流程

教学理论是指在教学本质及规律的基础上，组织教学所遵循的教育教学规律，是对教学本质及教学规律系统性进行研究和阐述。教师开展教学设计时，既要从经验出发，更要重视教学理论的应用，设计合理的教学流程。如基因分离定律的新授课教学，可以按照“创设情境提出问题—分析问题探索遗传规律—讨论遗传规律本质及范围—综合运用遗传规律”的教学流程组织教学。

（二）结合实际采取合理的教学策略

教师应结合实际，选择合理的教学策略，达到培养学生核心素养的要求。教学设计时，可以创设熟悉的情境快速导课，采用创新实验的方法突破教学重难点，采用思维导图的策略开展复习课教学，等等。

关于“染色体的变异”一课，染色体结构变异、染色体组、二倍体、多倍体、单倍体、一倍体这几个概念，是学习染色体变异及其相关内容的重要基础。它们既有区别又有联系，极易混淆。[3] 以往，教师常常采用讲授法讲解“染色体组”概念和特征，然后逐一讲解各个概念，教师辛苦，学生也未必理解。为突破本节课内容的重难点，教师采用模型建构的策略，让学生利用彩色卡纸完成二倍体生物染色体模型的制作，并以此为基础，开展多倍体、单倍体等概念的教学，最后小组合作，绘制染色体变异思维导图，诊断教学效果。

三、教学设计的学习观

为提高学生核心素养，教学设计过程中，应满足学生终身发展的需求，提高学生的自主学习能力。

（一）依据已有基础指导学习

生物课程承担着既要让学生获得基础生物学知识，又要让学生领悟生物学家在研究过程中所持有的观点，以及解决问题的思路和方法的任务；既要促进学生主动参与学习过程，在亲历提出问题、获取信息、寻找证据、检验假设和发现规律等过程中习得生物学知识，又要养成理性思维的习惯，形成积极的科学态度，发展终身学习的能力的任务。[1] 因此，教师教学设计时，应根据学生的已有的水平和基础，创设学习任务和问题，使学生在任务驱动下有计划、有目的地学习，提升学习能力。

如在“伴性遗传”教学中，为得出伴 X 染色体隐性遗传规律的特点，教师可设计这样的教学片段：先从填写男女色觉基因型和表现型的表格入手，之后小组合作写出各种婚配方式的遗传图解，最后归纳伴 X 染色体隐性遗传规律特点。通过这种循序渐进，逐步构建伴性遗传规律的特点，既能够发展学生的科学探究素养，又能培养学生的理性思维能力，这显然比单纯讲解规律的效果会好得多。

（二）依据认知规律引领学习

认知是个体在认识事物过程中所表现出的感知、记忆和思维等活动，遵循从简单到复杂，从具体到概括，从感性认识到理性认知等规律。生物学的研究学科经历了从现象到本质、从定性到定量的发展过程，朝向微观和宏观方向迅速发展，并对社会、经济产生越来越大的影响。依据中学生认知规律和生物学科的特点，教师教学设计时，应积极创设问题情境，注重思维方法的培养，优化认知结构，提升学习能力。

教学中，有的章节不好理解，如蛋白质的空间结构、孟德尔遗传规律、兴奋的传导和传递等，教师如果仅仅是简单地讲解概念，很容易使课堂枯燥无味，难以发展学生的核心素养。为避免这样的情况发生，教师可先导入学生感兴趣的情境，给学生认知过程一个阶梯，慢慢地螺旋式开展教学。

教学中，教师常常碰到这样的问题：教师提问，很多学生常常不是认真思考，而是马上翻阅教材的方式来寻求答案。这问题的背后，教师既要关注所提问题的科学性，又要结合学生已有知识和认知基础，创设出合理的问题情境，优化学生的学习过程。只有学生掌握了学习的方法，才能取到事半功倍的效果。

总之，教师在教学设计及实施过程中，应加强核心素养的学习，明确课程性质、目标和理念，理解生物核心素养的内涵；依据教学基本原理设计教学流程，结合实际采取合理的教学策略；根据学生的已有的知识和认知规律，创设学习任务和问题，使学生有计划、有目的地学习，提高教学设计的科学性、针对性和实效性，将生物核心素养教育落到实处。

参考文献

[1] 普通高中课程标准修订组:《普通高中生物课程标准（2017 年版）》，人民教育出版社，2016。

[2] 高杰:《积极开展基于核心素养的物理教学设计》,《物理教学探讨》，2017 年第 7 期。

[3] 韦红群:《“染色体变异及其应用”（第一课时）的教学设计》,《生物学教学》，2017 年第 42 期。

调控课题深度教学有助于核心素养的落实。教师要在学生参与度、教学适切度和评价延伸度 3 个维度调控教学，从学生参与的深度、广度和效度，提升学生的参与情况；从学情、目标、教材二次开发和策略方面，强化教学的适切度；从评价主体、形式和价值层面拓展评价延伸度，着力培养适应未来和社会发展需求的必备品格和关键能力。

第二节　深度设计[①]

2018 年秋，我国已在全国实施以核心素养为首要任务的新一轮课程改革。课程改革的重点在课堂教学，课堂教学实施深度教学有助于核心素养的达成。核心素养的达成，关键是要正确理解核心素养与深度教学的内涵和准确调控深度教学。

一、正确理解核心素养与深度设计的内涵

核心素养是关于教育目标的新角度，具有时代性、综合性、基础性和主体性，注重知识、技能和态度综合的同时，更强调态度的重要性，可用“$C=(S+K)A$”表示，即核心素养是知识与技能的和与态度的乘积，不是三者简单相加，见图 1-4-2-1 所示。

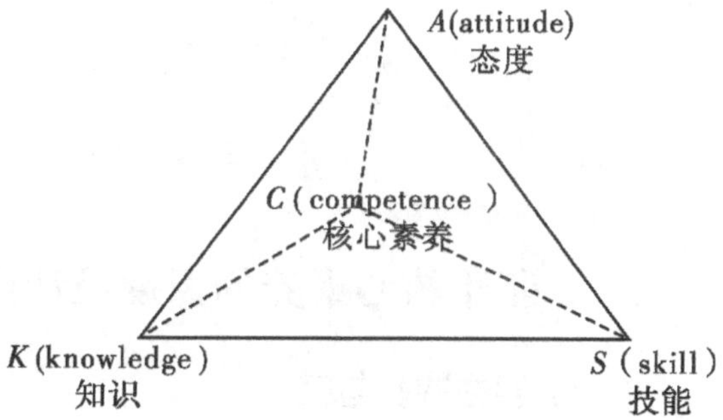

图 1-4-2-1　核心素养的结构

① 肖安庆，颜培辉：《基于核心素养调控课堂深度教学的策略》，《中小学教师培训》，2019 年第 7 期。

各学科的核心素养已经确定。如何在课堂教学中提升学生的核心素养？基于核心素养开展深度设计是关键。关于深度教学的研究，我国学者百家争鸣、百家齐放。李松林教授较早地指出："深度教学是触及教学本质的教学。"[1]郭元祥教授认为："深度教学是超越表层的符号教学，由符合教学走向逻辑教学和意义教学的统一。"[2]郭子其教授提出，深度教学是将学科核心概念与思维方法的融合，重点培育学生精神信仰。[3]罗祖兵教授则强调，深度教学是深度参与教学过程和深刻掌握学习内容的教学。[4]

因此，核心素养视角下的深度设计是学习、教学和评价融合的整体，即关注学生学习的参与度、教师教学的适切度、评价的延伸度（见图 1–4–2–2）。从学习、教学和评价 3 方面设计教学内容，将核心素养的培育融入教学各个环节，促进学生关键能力的全面发展。

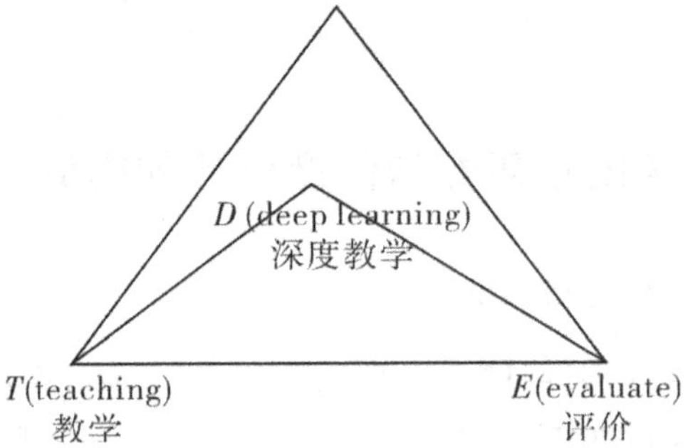

图 1–4–2–2　核心素养视角下的深度设计

二、基于核心素养的深度设计策略

（一）学生的参与度

学生的参与度，是指教育质量评价实践中，设计对学生学习和生活体验方面的调查量表，测量学生参加教学活动的指标。学生参与到教学活动，关注教学过程与结果。以学生为中心是深度设计的首要维度。那么，学生参与课堂，有哪些指标？崔允漷教授从学生的准备、倾听、互动、自主和达成5个视角，研制学生学习中参与情况知情表，[5] 见表1.4.2.1。

表1.4.2.1　学生学习中参与情况知情表

视角	观察点举例
准备	课前准备什么？哪些同学做了准备？如何知道学生做了准备？应培养学生哪些准备习惯？任务完成的正确率情况如何？
倾听	教师上课学生倾听情况如何？维持多长时间？学生倾听其他同学发言的情况如何？学生能否复述同学的发言？学生倾听时，有没有做笔记的习惯？
互动	哪些学生有互动合作的行为和习惯？参与提问、回答的人数、过程、对象、时间的情况如何？参与小组讨论或全班讨论的人数、过程、对象、时间的情况如何？
自主	有多少时间自主学习？参与互动的人数、情况如何？自主学习的形式、情况怎样？学优生和学困生有哪些表现？
达成	学生知道所上课的学习目标吗？课堂上从观察、练习、表情、演示等细节显示目标完成的情况如何？课后检测有没有完成目标？有哪些问题？

简而言之，学生的参与度需要从三方面衡量：①学生参与的深度，指描述学生参与的时间和内容。如课前学生有计划地预习新课，课中积极倾听老师的讲解和同学发言，积极应对教师的提问，课后开展总结、归纳与反思，等等。②学生参与的广度，指课堂教学中学生参与面的问题，如教学中，参与提问与回答问题的人数、时间、过程和结果的情况，自主学习形式和参与状况。③学生参与的效度，指学生的学习效率，如学生通过自己的学习行为是否得到有意义的进步。总之，教师以学生参与的深度、广度和效度考察教学行为，以学生为中心设计教学内容，是培养学生核心素养的前提。

（二）教学的适切度

教学的适切度，是指教师在教学实践中，切实关注教学实情，从整体和操作层面设计合适的教学目标，对教材二次开发，巧妙运用教学策略，促进教学的动态生成。

1. 教学学情的调研

教学实践中对学生的学情分析，是教学的关键与基础。有的教师忽视学生的基础与认知差异，不管学生愿意不愿意，总是用自己意愿要求每一个学生被动接受。为解决这一问题，教学评价中要以学论教，把学生作为课堂教学评价的主体，用学生在课堂教学中的行为表现、态度及结果作为评价的主要内容，来衡量教学的效果。

学情的调研是教学的起点。学情的调研，通过两种途径实现：①用练习测评学生的学情。通过练习测评，分析选项，探知学生的学习障碍点、误区和薄弱点，为后续教学有的放矢，为合理设置教学目标做准备。②通过问题简单了解学情。课前预习时，学生提出这节课的疑问，教师收集筛选有价值的问题，准确把握学生的障碍，预设教学情境，确定本节课的重难点和疑点。通过摸清学生“学”的问题，来辅助教师“教”的实施和评价。总之，通过习题测评和问题单这两种途径，结合素养目标，精准定位，为课堂教学做好准备。

2. 课堂教学目标的制定

课堂教学目标的制定，既是教学的出发点，也是教学的归宿和灵魂。教师备课时，应研究课程标准、学情、教材和考试大纲，从两方面设计课堂教学目标。

首先，制定教学目标要有整体性。课堂教学目标的制定，要根据课程标准的建议，整体把握教学内容，制定具有可操作性的教学目标。可从四方面设计出合理的教学目标：①从课程层面，列出模块的素养要求，分析模块之间的关系。②从模块层面，分析模块内容，画出本模块的核心概念和学科观点。③从单元层面，写出本单元的重要概念，区分事实和概念，设计单元的核心问题。④从课的层面，围绕一节课的核心概念，组织课堂教学，努力构建每个单元的重要概念。[6]

其次，制定教学目标要有层次性。根据教学内容的课型、学生的差异性和认知基础，关注相关细节，从问题清单出发，设计目标要有层次性。如新授课应以讲解具体的知识点为主，复习课关注各模块间的联系，至于单元小结课，则是新授课和复习课的纽带桥梁，制定的教学目标介于二者之间。

3. 教材的二次开发

教材包括教科书和教师教学用书等。教材是教学中最基本的教学材料。深度设计指导下的教材处理，教师要树立“用教材教”的思想，用“加”“减”“换”“移”“创”五种策略完善教学内容。

所谓的“加”，是立足教材的不足，在某些环节补加一些教学内容，如学生疑难处、重难点和教材留白处；“减”，是删除教材中的重复知识、课标不要求掌握的知识、教材的繁冗处等；“换”，是更换不合理不合时宜的内容；“移”，是指迁移知识，包括学科内和学科外的迁移；“创”，是指打破教材内容的顺序，创立新的教学框架。

4. 策略的运用

深度设计要求教师根据课堂的实际，调整教学计划，适当处理突发事件，在预设的基础上动态生成教学。这种课堂，需要教师合理地应用教学策略，考验着教师的教学智慧。

崔允漷教授认为：“教学就是对话，没有对话就无从教学。”崔允漷教授聚焦“对话”，提出“发问—候答—叫答—理答”教学策略：[5]①发问策略，根据教学目标设计问题，统筹班级认知水平，通过清晰的问题、精炼的措辞，对全体学生提问。②候答策略，根据问题的具体情境和难易程度，教师发问后，不是马上给出答案，而是等候 7 秒钟左右，学生能够精心组织语言，深度思考。③叫答策略，根据学生思考情况，请学生回答问题。叫答过程中，不是只叫成绩好的学生，应该让每一位学生都有机会站起来回答。④理答策略，根据不同学生的回答，采取不同的反应，如对于回答精准的同学，给予肯定并重复其答案，对于回答考虑不周的同学，给予分析和鼓励等。

（三）评价的延伸度

学业评价是以学科核心素养为目标，运用合适有效的评价工具，系统地收集学生学科认知水平的信息和证据，对学生的知识和能力进行价值判断的过程。只有科学有效地开展学业评价，才能促进教学的深度进行，将学业评价发挥到极致。美国教育心理学家斯蒂金斯通过观察成功的学生和失败的学生的表现，总结了评价对学生情绪上的影响，[7] 见表 1.4.2.2。

表 1.4.2.2　评价对学生情绪上的影响

	对成功的学生	对失败的学生
学生的想法、感受	一切很好，我做得很好；像往常一样成功；我要更成功；大家关注我做得好的事情；我知道下一步做什么；反馈能帮助我；成功被公开的感觉真好；乐观；激励	太受打击了，这里不安全；我做不了；我不喜欢这里；为什么总是关注我做不了的事；我不去尝试做什么了；反馈就是批评；失败被公开的感觉很糟糕；无助；恐惧
行动的后果、后续行为	自我强化；积极地自我实现预言；承担责任；压力可管理；成功是一种奖励；好奇、投入；不断适应，容易恢复；获得了未来成功的基础；寻求挑战；寻求兴奋的新观点；勇于尝试；追求创新；遇到挑战就坚持；冒险、有弹性	挫折；消极应付预言；拒接责任；压力太大；没有成功感；厌倦、恐惧；缺乏适应能力，容易被击垮；不愿为将来打基础；寻找易做的事情；躲避新观点、方法；对所做的事情很迷茫；躲避创新；遇到挑战要放弃；退缩、逃避
评价反馈的结果	持续成功	持续失败

由表 1.4.2.2 可知，教师对学生的评价会产生明显不同的效果。这主要是受评价主观性，以及观察时间、观察角度的局限，教师评价存在一定的偏差。

如何拓展评价的延伸度，使其客观反映学生的学业水平？可从评价的主体、形式和价值三个层面，进行深度挖掘。

首先，增加评价主体。传统的学业评价，仅仅是教师的专属权限。核心素养背景下，要敢于突破教师评价的唯一性，增加评价主体，引入学生、家长和教育主管部门等评价主体，开展多方评价：①学生相互评价，突出学生学习的主体性，调动学生的积极性，形成学生评价共同体，延伸评价的深度。②家长评价，发挥家庭的监管地位，避免教师对家庭表现的盲区，形成家校评价共同体，形成学生成长的合力。③教育主管部门的评价，延伸评价的维度，多维客观评价。

其次，丰富评价形式。单一的评价制约学生的健康成长。教师应更新自己的教育理念，以开放的活动丰富评价形式，利用社区综合实践资源，采用STEAM 教学模式，打破学科界限，多形式推进核心素养在教学中的落地。

最后，开发多元智能。霍德华·加德纳多元智能理论指出，每个人都有一种或几种能力组合，不存在单纯的某种智力和达到目标的唯一方法。因此，教师在制定评价标准时，应让每个学生发现自己的优点，使其在科学评价标准下也能丰富多彩。

总之，只有客观与灵活、激励与发展的学业评价，增加评价主体、丰富评价形式、注重多元智能，才能切实有效地提升学生的核心素养。

郭元祥教授指出：“实施深度教学是课堂教学改革的根本基础和方向。”[2] 教师要在学生参与度、教学适切度和评价延伸度 3 个维度调控教学，从学生的参与的深度、广度和效度提升学生的参与情况，从调研学情、目标制定、教材的二次开发和策略运用，强化教学的适切度，从评价主体、形式和价值层面拓展评价延伸度，用学科核心素养观察世界，用学科思维思考现实世界，用学科语言描绘世界，切实培养未来适应终生发展和社会发展需求的必备品格和关键能力。

参考文献

[1] 李松林:《教学的四个实践着力点——兼论推进课堂教学纵深改革的实质与方向》,《教育理论与实践》, 2014 年第 31 期。

[2] 郭元祥:《知识的性质、结构与深度教学》,《课程·教材·教法》, 2009 年第 11 期。

[3] 郭子其:《先学乎? 少教乎? ——基于深度教学的辨证思考》,《教育科学论坛》, 2016 年第 5 期。

[4] 罗祖兵:《深度教学:"核心素养"时代教学变革的方向》,《课程·教材·教法》, 2017 年第 4 期。

[5] 崔允漷:《有效教学》, 华东师范大学出版社, 2009, 第 159—160 页。

[6] 安军:《围绕生物学科思想和核心概念的教学》,《课程·教材·教法》, 2017 年第 4 期。

[7] Stiggins, R: *Assessment Through the Students Eyes*, *Educational Leadership*, 2007 年第 8 期。

教学设计需要情境和活动来支撑，情境在教学中具有重要的价值和特点，设计情境，可从明确情境四维价值、定位情境目标等级、拓展问题空间和关注情境的阶段性与综合性特征等四个方面展开；活动的设计程序包括课堂教学活动的研制、班级学习活动小组的建立、活动模型的设计与执行、课堂教学效果的反馈与评价等。

第五章　情境与活动设计

高中生物学业质量水平分为四级，是学生学业成就表现和教学评价的重要依据。学业观照下创设问题情境，对培养学科核心素养具有关键作用，可从明确情境四维价值、定位情境目标等级、拓展问题空间和关注情境的阶段性与综合性特征等四个方面展开。

第一节　情境设计[①]

德国学者对情境与知识的关系做过这么一个比喻：直接食盐，难以下咽；若把盐加入肉汤中，盐能全部吸收，肉汤也更美味。知识就是盐，教师的教学艺术，创设的教学环境就是那碗美味的肉汤。其实试题的知识与情境也是如此：当具有生活性、问题性、情感性、形象性和学科性的情境巧妙地融入试题

① 肖安庆，颜培辉：《学业质量观照下创设情境的策略研究》，《中学生物学》，2021年第9期。

之中，知识的考查便能更好地显示出活力与美感。可见，试题的情境具有重要的意义与价值。

一、情境特点与价值①

《普通高中生物课程标准（2017年版）》对高考命题情境要求是：“根据考生的生活经验和理解程度选择有关的知识内容设计情境，尽量做到情境真实、科学、适切；情境要新颖，有相当的信息量和一定的复杂性，注意考查知识点与核心素养的对应，将考查的知识点置于情境之中”。[1] 因此，2017年版课标要求试题的命制情境材料和来源要真实新颖、富含价值。

学业质量是学生完成本学科课程学习后的学业成就表现。[2] 高中生物学业质量标准是以生物学科核心素养及其表现水平为主要维度，结合生物课程内容，对学生学业成就表现的整体刻画[1]。《普通高中生物课程标准（2017年版）》首次出现“学业质量标准”这一概念，根据不同复杂程度的情境，应用重要概念和方法解决问题的程度，将学业质量标准划分为4个等级，对培养学生核心素养具有关键作用。[3]

二、创设问题情境的“初心”与“困境”

创设问题情境的“初心”是在问题情境的真实性、诱发性、层次性基础上，激发学生的学习兴趣和为学生提供认知的支点。[4] 教学中，多数教师能关注问题情境的价值特征，但也出现了一些问题：一是情境价值观产生偏差，割裂了问题情境与课堂教学目标的关系，盲目放大情境的认知与价值观；二是师生观错位，脱离了问题情境与学生认知水平与差异，导致问题情境与教师的

---

① 肖安庆：《2019年高考全国Ⅰ卷理综生物试题的情境分析及教学建议》，《中学理科应试》，2020年第2期。

预期教学目标错位；三是课程观的固化，隔离了问题情境与课程内容之间的关联，忽视了教学重点难点，固化了知识点之间的关系；四是教学观缺乏生命气息，背离了问题情境与开放教学方式的追求，使教学的呈现方式、启发思维僵化，导致问题情境成为 PPT 展示的帮凶。[5]

三、学业质量观照下问题情境的创设策略

学业质量观照下创设问题情境，可从价值观、师生观、课程观和教学观 4 个视角入手。

（一）价值观——明确情境四维价值

学业质量视角下创设问题情境的价值观，应考虑和分析情境在生命观念、科学思维、科学探究、社会责任的价值。设计教学目标时，应以学业质量标准的四个等级，作出四维价值的情境选择。

（二）师生观——定位情境目标等级

学业质量视角下创设问题情境的师生观，可以根据学生的能力基础与发展目标，正确地定位情境目标等级。静态的师生观认为，教师是教学中的领导者，问题情境的目标是如何去评价学生达到了哪种程度，努力把情境层次化；动态的师生观则认为，课堂是协同发展的，问题情境的目标是解释和改进学生的学习环境，努力将情境连续化[2]。

（三）课程观——拓展问题空间

基于学业质量课程观是关注学生学业成就的表现，努力拓展情境的问题空间。不同的学业质量水平，学生学业成就的表现是不同的，要求学生的认知、情感价值观也是不同的。从学业成就表现来拓展问题，应拓展学生的认知、思

维和情感价值观。现代课程观主张动态的课堂教学，有效地激发问题，通过评价促进学习的目的。

（四）教学观——关注情境的阶段性与综合性特征

基于学业质量的教学观，应关注问题情境的综合性与阶段性特征，主张把课堂教学还给学生，通过教学培养高素质的人。在教学中，可考虑创设悬念情境（引入）、情态情境（激情）、信息情境（探究）、求异情境（思考），结合教学阶段性特点激发学生的兴趣，也可考虑创设生活性、实用性和时代性的情境，突显情境价值的反思性和综合性。[6]

四、学业质量观照下创设问题情境的教学实践

下面以新人教版必修2“基因是普遍有遗传效应的DNA片段”一节，按照学业质量水平2的要求，谈问题情境的创设策略[3]。

（一）学业质量观照下的情境四维目标

以高中生物学科核心素养生命观念、科学思维、科学研究和社会责任4个方面，设定本节课的教学目标。

1. 生命观念

利用转基因技术培育新品种、DNA指纹技术、程序工程师等情境形成结构与功能观。在特定问题情境中，能够用这一观念认识基因是遗传效应的DNA片段，以及生物的多样性、特异性和复杂性，并以此探究生命活动规律，解决实际问题。

2. 科学思维

能基于特定的生物学情境，采用归纳与概括的方法，以文字、图示的形式，说明基因和DNA多样性的概念；针对生物学相关问题，能运用科学思维

方法展开探讨；在面对基因工程这一社会议题时，利用基因和 DNA 特异性等概念，阐明个人立场。

3. 科学探究

能与他人合作开展探究活动，交流所得结果和存在的问题，培养学生团队意识，培养学生参与课堂讨论交流的习惯。

4. 社会责任

结合 DNA 指纹技术和基因编辑技术的情境开展科学实践，尝试解释和应用现实生活中相关的问题，进行理性判断，形成敬畏生命的态度，遵循正确的伦理道德。

设计说明：按照学业质量水平 2 的标准，把握学业质量四维素养目标，制定本节课的教学目标，结合重点难点制定本节课问题情境的教学目标。

（二）基于情境问题空间的教学过程

1. 引入情境

情境导入：我国科学家将外源生长激素基因导入鲤鱼体内得到转基因鲤鱼。与对照组相比，转基因鲤鱼生长速率更快。外源生长激素基因必须导入受体细胞才能发挥作用。为什么转基因鲤鱼生长速度会更快？导入鲤鱼体内的是一个 DNA 还是一段 DNA 片段？

学生回答：导入了生长激素基因。导入到鲤鱼体内的是一段 DNA 片段。

设计意图：在本节课中，导入的情境是为学生提供良好的暗示或启迪，通过生活中的问题情境，激发学生探索知识的热情，为解决“基因是一段 DNA 片段”“基因是有遗传效应的”“基因控制性状”作铺垫。

2. 信息情境

情境 1：大肠杆菌细胞的拟核有 1 个 DNA，长度约为 4 700 000 个碱基对，在 DNA 上分布着 4 400 个基因，每个基因的平均长度约为 1000 个碱基对。将数据填入表 1.5.1.1 中。从碱基对总数比较，结果说明了什么？

表 1.5.1.1 大肠杆菌中的 DNA 和基因的碱基数

比较	DNA 总碱基对数	基因数	平均每个基因的碱基对数目	全部基因总碱基对数
大肠杆菌				

学生回答： DNA 碱基对总数多于全部基因碱基对总数，基因是 DNA 片段。

情境 2： 将发光水母的荧光蛋白基因转入猴受精卵内，获得荧光猴，说明什么？

学生回答： 说明基因可切除，可拼接到其他生物的 DNA 上去；说明基因是特定的 DNA 片段，并有特定的遗传效应，可独立控制生物性状。

情境 3： 人类基因组计划测定的是 24 条染色体（22 条常染色体 +X+Y）上的 DNA 碱基序列。这 24 个 DNA 大约有 31.6 亿个碱基对。其中，构成基因的碱基数占碱基总数的比例不超过 2%，说明了什么？

学生回答： 人体中构成基因的碱基数比较少，这说明并不是随便一段 DNA 都是基因。

建构概念： 基因是一段 DNA 片段，但一段 DNA 片段不一定是基因。基因之间存在非基因片段，见图 1-5-1-1。

d	基因 A	e	基因 B	f	基因 C	g

图 1-5-1-1 一段 DNA 片段

从以上材料看，基因是有遗传效应的 DNA 片段，是生物体遗传的功能单位和结构单位。考虑到 HIV、新冠病毒的遗传物质，它们的基因是有遗传效应的 RNA 片段。所以，基因是普遍有遗传效应的 DNA 片段。

设计说明： 用数据情境、图片情境，帮助学生逐步建立模型，利用模型建构概念。

3. 情态情境

情境导入： 对基因测序的人员——测序工程师，他们的工作是对待测生物的 DNA 和 RNA 进行碱基测序，根据研究目的和要求序列分析，那么全世界最大的基因公司位于哪里？

学生回答： 学校附近的华大基因。

教师补充： 介绍基因编辑技术的原理和优势（见图 1–5–1–2）。深圳某科学家因以个人私利为目的，逃避监管，开展以生殖为目的的基因编辑试管婴儿活动，给公众带来焦虑：一旦潘多拉魔盒打开，将给人带来巨大灾难。因此，科学家应该弘扬学术道德和科学伦理，让科学技术趋利避害。

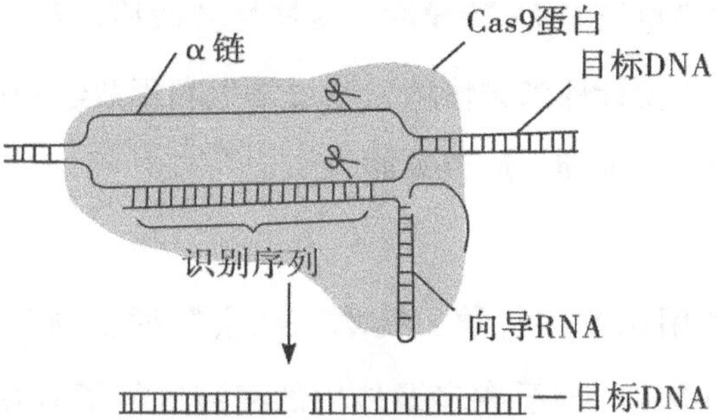

图 1–5–1–2　基因编辑技术

设计意图： 介绍华大基因程序工程师的工作，激发学生热爱家乡的自豪感；引入基因编辑技术，指出技术的两面性，通过情境开展科学伦理教育。

4. 求异情境

情境导入： 每个 DNA 有很多基因，每个基因都是特定的 DNA 片段。这说明 DNA 蕴含了大量的遗传信息。DNA 为什么能储存大量的遗传信息呢？

学生回答： DNA 骨架为磷酸和五碳糖交替排列，不同 DNA 都相同。DNA

内部的碱基对数量和排列顺序，代表 DNA 储存的遗传信息。

合作探究 1：①若 1 个基因含有 1 个碱基对，4 种碱基能形成多少种基因？②若 1 个基因含有 2 个碱基对，4 种碱基能形成多少种基因？③若 1 个基因含有 3 个碱基对，4 种碱基能形成多少种基因？④若 1 个基因含有 n 个碱基对，4 种碱基能形成多少种基因？

学生回答：若一个基因含有 1 个碱基对，4 种碱基能形成 4 种基因，分别是 A–T，T–A，G–C，C–G；如果含有 2 个碱基对，能形成 4^2 种基因；如果含有 3 个碱基对，能形成 4^3 种基因；如果含有 n 个碱基对，能形成 4^n 种基因。

合作探究 2：①假设长度为 17 个碱基对的脱氧核苷酸序列组成 1 个基因，那么 17 个碱基对可以排列出多少种基因？②如果这个基因控制的性状，你与你的同桌不同，说明什么？

建构概念：顺势总结 DNA 特异性、多样性和遗传信息的定义。

设计意图：分析设计性求异情境，通过学生利用数学知识来推导演绎，培养学生的观察、质疑、推理、反思等能力。

5. 情境应用

情境导入：利用课本“科学 · 技术 · 社会”栏目材料介绍 DNA 指纹技术的概念、原理和应用。对受害者及体内的精液进行了 DNA 指纹测试，现在对怀疑对象也进行 DNA 指纹分析，哪个怀疑对象可能是罪犯？利用了什么知识？

情境应用：应用 DNA 特异性概念，判断罪犯。

设计意图：通过观察、推理、分析、归纳，利用刑事刑侦实例巩固了 DNA 特异性知识。

五、学业质量观照下问题情境的“始终”

“不忘初心，方得始终。”创设教学情境是为了达到教学目标而创设积极的学习环境，学业质量观照下创设问题情境是立足于高中生物学业质量标准，始终围绕实现学科的育人作用和教学价值，创设四维教学目标的问题情境。如何依据学业成就表现的关键特征，完成学业质量要求，设计和反思问题情境的程度和精度，促进学生深度学习和情感共鸣，还需在教学实践中提炼和思考[4]。

参考文献

[1] 朱正威、赵占良：《普通高中生物教科书：生物学：必修 2 遗传与进化》，人民教育出版社，2019，第 57-60 页。

[2] 李政涛：《教育常识》，华东师范大学出版社，2012，第 29-34 页。

[3] 中华人民共和国教育部：《普通高中生物课程标准（2017 年版）》，人民教育出版社，2018，第 51-54 页。

[4] 周金中：《学业质量视角下问题情境的创设策略》，《物理教学探讨》，2018 年第 10 期。

[5] 肖安庆：《论高考评价体系下生物试题的创新性》，《天津师范大学学报》（基础教育版），2020 年第 3 期。

[6] 王彦：《基于高考评价体系的生物学情境化试题命题研究》，硕士学位论文，福建师范大学生命科学学院，2021，第 98 页。

第二节　活动设计①

活动教学模式是完全建立在以学生为主体的一种教学设计，与一般教学模式不同，该模式是一项系统工程，包括课堂教学活动的研制、班级学习活动小组的建立、活动模型的设计与执行、课堂教学效果的反馈与评价等。这些方面彼此之间既相互独立又存在着相互关系，每个部分都有一定的规定与目标，只有认真部署、统筹协调，才能最大限度地发挥“活动教学”模式的效益，提高课堂教学效率。[1]

一、制作行之有效的活动是打造高效率生物课堂的基础

活动就是让教师在充分掌握学生的学习情况、熟悉和理解教材内容的基础上，根据学生的发展和教材的本身特点以及教学大纲的要求，设计能够引导学生自主学习的活动设计内容。一般采用“活动”教学都是以小组形式，好的活动设计往往让课堂的效果事半功倍。[2]纵观全国的生物教学方式，大多属于单一、枯燥的方式，效果不佳，而且教师总是开门见山讲解内容，忽视了一个重要的活动——“预习”。如果上课之前教师将自己所设计好的活动内容告诉每个小组成员，让学生明白本节课所要达到的教学目标，进而让每个小组的学生进行有目的的预习活动。这样不仅可以培养学生小组内自主学习、团结合作、共同探讨问题和分析问题的能力，同时丰富多彩的“活动”内容也有利于激发学生学习的兴趣，进一步提高生物课堂的效率。教师进行备课时，课前的教学策划十分重要，怎样上好这节生物课，决定了整个课堂的实效性。教师设计一个符合教学内容、符合学生情况的活动，采用灵活多变的教学方式来组织课堂，才能达到实现生物课堂高效率的目标。[3]

---

① 肖安庆：《活动单教学模式在高中生物教学中的应用》，《生物教学与实验》，2015 年第 3 期。

例如在教学“现代生物进化理论的主要内容”时，可以在生物论坛网上找相关资料，仔细钻研教材，结合本班学生的思维发展特点和知识接受能力水平，最终设计出以学生“活动”为主体的活动，并事先将活动内容交予学生预习，课堂效率就会非常高，学生接受知识的能力也会更快。所以说，制作行之有效的活动，是打造高效率生物课堂的基础。[4]

二、学生的课堂活动是打造高效率生物课堂的重要因素

以班为单位，将学生分成几个小组进行活动是活动教学模式的一个主要形式，其目的在于通过活动培养学生各方面的能力，促进学生的全面发展。但是根据调查，龙南学校里的生物课堂上一些教师只是为活动而活动，很少结合学生的实际情况，只追求形式上的“活动”。这种“活动”无目的、无计划，只会让学生停留在表面的“活动”。“活动”的设计应该让学生有计划、有目的地进行思考。特别是一些学生难以理解的知识点、概念等。教师让学生在不断思考的过程中产生思维的激烈碰撞，形成一个“辩论”的局面，在这个过程中学生能够不断完善自己。

例如在讲解“细胞的分化”这一节内容时，可以让学生思考回答：能不能用肌细胞代替干细胞进行器官移植？有几个小组产生分歧，就能让他们进行一场辩论赛，让每个学生都说出自己的观点，在不断地“辩论”过程中完成对知识点的认识：肌细胞不具备再分化成其他组织的能力，所以不能替换。由学生自己来概括得出结论远比教师自己讲要好得多。所以说，学生的课堂活动是打造高效率生物课堂的重要因素。

（一）教师是活动的组织者、引导者，必须确保活动的有效性

高中生的纪律自觉性和对学习的注意能力各不相同，有时候在小组交流的时候，如果教师控制能力和引导能力不够，就会适得其反，熙熙攘攘的课

堂顿时就会变成“菜市场”。这样的“交流活动”不是生物课堂所需要的高效率“交流活动”，这样的交流也脱离了活动教学模式的主旨。要想保证学生活动的质量，教师必须发挥一个引导者的作用。例如在“观察植物有丝分裂的实验”中，学生对产生的现象——看到的细胞多数为间期的细胞，产生不解，笔者就充分把握课堂的时间，给予学生一定的交流活动时间，让学生对问题产生讨论、思维的碰撞；同时，笔者还深入学生的交流活动中，倾听他们的讨论，适时给予引导，最后再让每个小组代表发言，加上自己的引导，让学生自己找到问题所在。通过一系列的引导、交流，学生也终于明白这是因为细胞还没分裂；但所有的细胞都是完整的，分裂期反而不会全都是完整细胞，有些细胞膜不完整。这样的活动效果也就有效多了。[5]

（二）进行分组活动要充分体现合理分组的原则，这是保证学生活动有效进行的基础

教师在进行分组的时候，必须考虑学生的心理特点、学习情况、性格等多方面因素进行分组，最后每一组都有不同学习能力的学生，目的就是为了让学习好的学生能带领成绩稍差的学生进行活动，为活动的有效进行打下基础。

三、充分利用教师的引导作用，是打造高效生物课堂的重要条件

如果说学生是课堂的主人，那么教师就是学生的引导者，在设计“活动”时，不可忽视教师的引导作用。高中生物具有理论性、实践性强的特点，有些抽象的问题学生难以理解，所以在学生进行互动活动过程中，教师要关注学生的讨论，并及时进行引导、评价。

例如在教学“伴性遗传”时，笔者提出问题“外耳道多毛症为什么传男不传女？”，首先让学生自己讨论、交流，然后进行引导：“外耳道多毛症基因位

于什么染色体上？女性有哪些染色体？”学生顿时明白“外耳道多毛症基因只位于Y染色体上，由于女性没有Y染色体，所以该病传男不传女”。笔者连忙对学生进行夸奖：“棒！棒！”课上学生的学习氛围很好，教学效果也比较好。但是，教师在引导学生活动的时候同时也要注意以下几点。

（一）活动教学模式的教学方式手段要灵活多变

活动教学模式为生物课堂带来了生机勃勃的课堂，但是如果教师长时间都是采用一种活动设计的模式，学生就会由刚开始的兴趣盎然，慢慢地变得没兴趣。教师要设计多种多样的活动教学模式，才能保证学生的兴趣。教师的教案设计和活动的设计是密不可分的，但教师不能仅仅只限于自己的教案之中，例如在“细胞的生活环境”活动中不可能把课堂中所有的活动场景都一一设计出来。所以在教学过程中教师就要灵活多变，及时搜集学生活动的信息，灵活地采用活动教学模式。[6]

（二）利用“活动教学模式”时，需要做到因材施教

由于学生的认知能力水平高低不同、心理和性格方面的不同，所以即使在同一个班级也会出现学习成绩参差不齐的状况。教师在采用活动教学模式时，要善于引导学生，在学生对问题似懂非懂，想表达又不知道该如何表达时，这正是教师引导学生的最佳时期，教师如果善加利用，恰当地给予引导，因材施教，那么就会提高教学效果。

活动教学模式是新型的教学模式，也许它的本身还存在着许多的不足，但不可否认，它对于促进学生全面发展，培养学生各方面能力有着它独特的作用。其实不管使用什么教学手段，最终目的都是力求做到因材施教，并使每个学生都获得知识，这样才能实现高效率的生物课堂。

参考文献

[1] 刘小燕:《"活动单导学"模式下高中化学新授课活动单的设计》,《理科考试研究》,2013年第23期。

[2] 徐宾:《化学"导学案"的有效编制与使用》,《中学化学教学参考》,2012年第8期。

[3] 薛小兰:《高中化学"活动单导学"模式之"活动单"的设计研究》,硕士学位论文,上海师范大学化学与材料科学学院,2012,第11-17页。

[4] 许传利:《教育,细节的深度反思》,西南师范大学出版社,2011,第71-73页。

[5] 崔允漷:《有效教学》,华东师范大学出版社,2009,第45-49页。

[6] 陈宽林:《例谈高中化学"活动单"的设计》,《化学教与学》,2014年第12期。

如何设计教学过程、组织形式？这是教学设计的中心环节。本章将从批判性思维培养、模型建构概念、“滑过”现象分析与矫治、教学案一体化、作业设计、教学反思等方面进行设计，当然还远远不止这些内容，需要大家共同来思考这个问题。

第六章　基于核心素养的过程和组织形式设计

批判性思维是对他人或自己的推理与判断开展审视与质疑、分析与评估的过程。发展学生批判性思维，要以批判性思维素材为背景，引导学生抓住矛盾、理性质疑；在此基础上凝练问题、明确研究任务；结合生产生活中的事实，寻找证据，谨慎推理；在反思中判断与综合。下面以“细胞的癌变”为例，介绍发展学生批判性思维能力的教学实践。

第一节　批判性思维培养设计①

批判性思维与问题解决是学习过程中必须培养的两大基本思维技能。教科文组织、欧盟、美国等国际组织与国家对培养学生批判性思维都非常重视，把它列为21世纪四大核心素养之一。[1] 中国学生发展核心素养课题组强调：批判性思维是学生核心素养的重要组成部分。[2] 然而，我国的现阶段“批判性思

① 肖安庆：《高中生物教学中批判性思维的培养》，《教育与装备研究》，2021年第1期。

维”和“批判性思维教学”研究甚少。这与新一轮课程改革所倡导的“创新精神与实践能力”不相符，我国课程改革中亟待发展学生的科学思维。

一、何谓批判性思维

杜威（John Dewey）提出：“在对科学探究得出结论之前，先不要决定接受还是反对。”[3] 这是最早的“批判性思维”的概念。理查德・保罗（Richard Paul）在《批判性思维工具》指出批判性思维要使用适当的评估标准对事物作出思考与判断。[4] 马修・李普曼（Matthew Lipman）认为：“批判性思维是熟练的、可靠的思考与决定。”[5] 因此，批判性思维是对他人或自己的推理（思维过程、论证过程）与判断（认识、观点）开展审视与质疑、分析与评估的过程。从概念看，批判的对象是对他人或自己的推理与判断；批判的依据是证据（是否真实）与推理的逻辑（是否合乎规则、清晰）；批判的过程是审视与质疑、分析与评估。由此可见，批判性思维是对证据与逻辑的批判和基于证据与逻辑的批判。

批判性思维包括批判性思维倾向和批判性思维技能。批判性思维倾向包含“质疑”“开放”“探究”“反思”4个方面，批判性技能包含“提出问题”“分析论证”“阐释说明”“自我调整”4个方面。其要素如表1.6.1.1。

表1.6.1.1　批判性思维的要素

基础：批判性思维倾向		核心：批判性思维技能	
质疑	以怀疑的态度思考问题，尊重但不迷信权威	提出问题	发现问题、提出问题，陈述问题
开放	乐于展示，乐于评价，乐于接受评价	分析论证	收集资料，分析问题，提出假设，寻求证据，评估应用
探究	敢于探究，寻找证据，寻找解决方法	阐释说明	抓住事物本质，阐明自我观点，合作分享结论
反思	反思思维活动，指导未来实践	自我调整	根据批判结果自我调整行为

理解批判性思维的内涵，还应注意以下几点。

（一）并不全盘否定

批判性思维的本质是审视、比较、分析与评估。经过批判性思维基础上认定的观点、论证是错误的，那么批判性思维将捍卫正确的观点与论证；如果有其合理性但存在缺陷的，那么批判性思维的过程需要改进与完善。因此，批判性思维并不全盘否定，其旨在找出证据与逻辑上是否存在问题，排除逻辑混乱（或不合逻辑）、证据缺乏（或证据不充分）的思维，意在追求更符合逻辑、更加理性、证据更充分的思维。

（二）要严谨科学、合情合理

质疑是批判性思维的起点，严谨科学的论证是批判性思维的基本要求。很多批判，无视证据与逻辑，自己也不去寻找证据，仅仅是开展逻辑分析，甚至吹毛求疵、鸡蛋里挑骨头。这样的批判，是不能服众的。只有科学严谨、合情合理的论证，才能让人主动接受。

（三）未必都能达到质疑时所定的目标

批判性思维是建立在充分的、理性的证据基础上。有时由于缺乏必要的信息，现实比想象复杂，因而不能直接下结论，未必都能达到质疑时所定的目标。例如对“转基因的安全性”开展批判性思维教学时，教师可组织学生开展转基因安全性问题的讨论，理解争执双方观点的差异；但并不能明确地支持一方观点，反对另一方观点。通常批判追求的是更完善的认识，赢得真理，而不是争得辩论。

（五）开放而谦逊地开展批判

有的人具有很强的自我中心和偏见，很难接受他人的批判，表现为固步自封、自以为是。这就对批判提出了更高的要求。批判者应提高自己的思维水平，以开放的心态，开放而谦逊地开展批判。

总之，批判性思维是一个努力远离全盘否定、吹毛求疵、以偏概全、主观狭隘的过程，是一个努力走近理性质疑、客观公正、科学严谨、开放谦逊的过程；对外，批判性思维是一个日益完善、精益求精、共同进步的过程；对内，批判性思维是一个自我反思、自我超越、自我提升的过程。

二、批判性思维教学

（一）批判性思维教学模式

科学探究是中学生发展的核心素养。学生在学习过程中逐步发展批判性思维，能提出具有价值的问题，尊重证据与事实，敢于质疑和批判。教学中，对照批判性思维的要素，教师要营造开放包容的教学氛围，通过“情境”“合作探究”“理性分析”“反思”，推动“质疑”“问题及研讨”“证据及评估”“判断与综合”，达到发展学生批判性思维能力。批判性思维能力教学模式如图 1-6-1-1 所示。

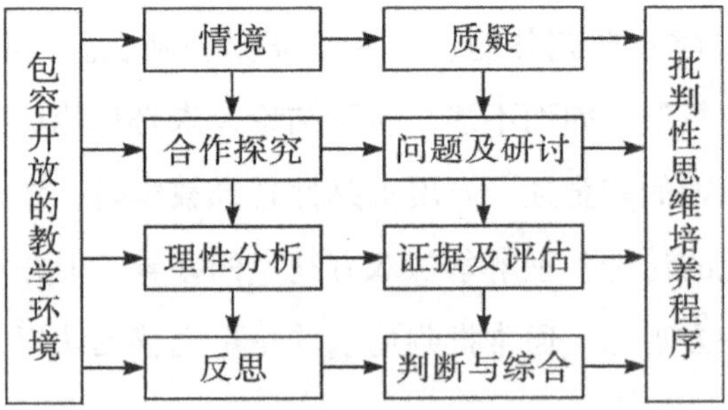

图 1-6-1-1　批判性思维教学的模式

（二）批判性思维教学的实践

高中生物教学中开展批判性思维教学过程中，教师要创设质疑批判的情境，激发学生质疑与审视的激情，引导学生对证据进行比较、分析和评估，并进行综合与判断。以下以人教版教材《生物学必修2》“细胞的癌变”的教学片段为例，[6]介绍发展批判性思维能力的教学实践。

1. 批判性思维情境：引发质疑做铺垫

批判性思维情景具有激发思维冲突和批判的潜在价值。一般为真实的、全程的素材，来源于学科与生产生活结合点。创设批判性思维情景时，可设置从不同视角得到不同结论的情景，或者按照常识就可获得结论的情景，按照逻辑顺序整合成学习活动的素材。“细胞的癌变”的教学，可以设置生活中学生关注的癌症情景，引导学生抓住矛盾，为引发学生质疑做铺垫。

教师：癌症发病率最低的两个国家是哪两个？

学生：新西兰和挪威（或其他北欧国家，教师纠正）。

教师：新西兰、挪威癌症发病率低的原因是什么？

学生：（1）环境非常好，无论空气还是水，都没有什么污染。（2）爱吃海鲜，不吃红肉。（3）政府对食品监管很严，没有毒食品。（4）生活节奏慢，压力小，心情好。（5）新西兰和挪威盛产蓝鲨鱼油、紫红橄榄、龙须丝草，这是三种享誉世界的优质保健品。

2. 批判性思维发生：提炼异常现象并质疑

异常现象来自充满矛盾性冲突的素材。学生对这些异常现象，没有直接现成的答案和解释，只能独立判断与思考，从而激发学生批判性思维的发生，引发反思性质疑。“细胞的癌变”教学中，教师利用“发展中国家不是癌症发病率最高”这一异常现象，触动学生的思维冲突，激发学生质疑，为寻找证据奠定基础。

教师：癌症发病率最高的国家是哪两个：中国，印度，南非，韩国？

学生思考，教师展示表1.6.1.2。从表1.6.1.2可知，世界癌症发病率最高的20个国家，大多是欧美发达国家，韩国是亚洲唯一的国家。这些国家自然环境好，食品安全，生活压力小，是学生心目中癌症发生率低的地区。

表1.6.1.2　癌症发病率最高的20个国家

排名	国家	排名	国家	排名	国家	排名	国家
1	丹麦	6	美国	11	加拿大	16	冰岛
2	法国	7	爱尔兰	12	新西兰	17	德国
3	澳大利亚	8	韩国	13	捷克	18	以色列
4	比利时	9	荷兰	14	瑞士	19	卢森堡
5	挪威	10	斯洛文尼亚	15	匈牙利	20	意大利

3. 批判性思维推动：明确问题，合作研讨

问题是推动批判性思维的动力。教师将这些问题按照一定的逻辑顺序设计成问题串，经过学生搜集资料，合作探究，不仅体验了学科知识的学习，而且在问题解决过程中激发了学生批判性思维的意识。“细胞的癌变”教学中，根据学生对癌症发病率异常的疑虑，引导学生提出设计如下问题：

问题1：影响癌症发病率的最主要因素是什么？

问题2：为什么这些发达国家癌症发病率这么高呢？

问题3：为什么近年来中国癌症发病率大幅提升呢？

问题4：新中国成立前为什么癌症发病率低？

问题5：近十年来日益严重的雾霾、水污染、食品问题，难道对癌症发病率没有影响？

4. 批判性思维核心：寻找证据，谨慎推理

发展批判性思维能力的核心是寻求论证，严谨推理。教学中要培养学生寻找证据意识，通过分析推理加以证伪和证实，形成展示自己的结论。在“细胞的癌变”教学中，让学生通过资料查阅，教师要抓住问题的本质，指导学生推理论证，提炼成自己的观点，以小组合作形式，开展交流和评价。

针对问题 1 和问题 2，学生查找资料，得出癌症发病率的最主要影响因素是年龄。因为癌症是一种“老年病”：到 50 岁以后，癌症发病率呈指数型增长。随着年龄增长，基因突变越来越多，免疫力越来越弱。所以，越长寿的国家，发病率也越高如图 1–6–2–2 所得。

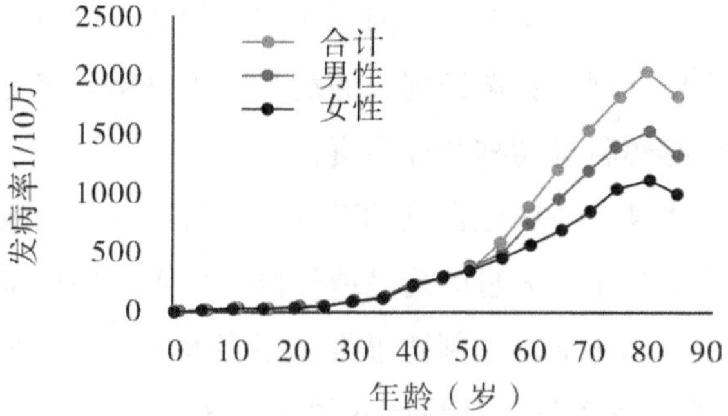

图 1–6–2–2 年龄与癌症发病率的关系 [7]

针对问题 3 和问题 4，中国近年来癌症发病率大幅提升，很多人归结于环境污染和有毒食物，其实最主要原因还是咱们平均寿命大大提高了。新中国成立前人们的寿命短，当时平均寿命才 45 岁左右，多数人根本没机会得癌症就已经去世，因此当时癌症发病率低。而环境污染小，食物无毒有利于降低癌症发病率，但不是主要因素。

针对问题 5，近十年来日益严重的雾霾、水污染、食品问题对癌症发生率的影响，这需要今后很长时间来证明。比如吸烟导致肺癌，平均需要 25 年；

日本原子弹爆炸后，核辐射这么强的致癌因素，也经过了20年左右，广岛和长崎才出现癌症高发期。

5. 批判性思维结果：判断与综合

通过论证和推理之后，学生进行综合与判断。判断是不盲从、理性的分析过程，而综合则是多角度思考整合各方观点、事实和证据，得出一个严谨的结论。这种多角度分析、对比综合、理性判断的过程正是批判性思维的根本过程。

《普通高中生物学课程标准（2017年版）》对本节知识的要求："描述细胞在某些化学物质、射线以及病毒的作用下，基因突变概率可能提高，而某些基因突变能导致细胞分裂失控，甚至发生癌变"。[8]"细胞的癌变"这一教学片段的显性目标是：细胞癌变是多个基因累积突变的结果，而隐性目标则可制定为：运用批判性思维，通过获取证据，癌症的发生是基因突变与环境等多因素作用的结果，从而感悟科学精神和社会责任。

心理学认为，当某一说法跟自己的直觉或已有经验相一致的时候，人们往往不会质疑。现实生活中，大量的药品或保健品广告宣传环境、饮食、生活节奏能有效预防癌症。由于缺乏批判性思维，很多人无法识别其真伪，也就相信"新西兰、挪威是全球癌症发病率最低的国家"这一说法。

发展批判性思维能力，是一个长期培育的过程，是新一轮课程改革的新要求。高中生物教学中，教师要设置矛盾的素材，促进学生质疑，提出异常现象，明确问题，合作研讨，理性选择证据、谨慎论证，从中创生知识、发展思维，培养诠释、分析、评估、推论和判断综合能力，达到发展批判性思维能力的目的。[9]

参考文献

[1] 林崇德：《21世纪学生发展核心素养研究》，北京师范大学出版社，2016，第24页。
[2] 核心素养研究课题组：《中国学生发展核心素养》，《中国教育学刊》，2016年第6期。

[3] 戴维·希契柯克、张亦凡、周文慧:《批判性思维教育理念》,《高等教育研究》,2012 年第 33 期。

[4] 理查德·保罗、琳达·埃尔德:《批判性思维工具》,侯玉波,姜佟琳等译,机械工业出版社,2013,第 28 页。

[5] 阿伦·C. 奥恩斯坦:《当代课程问题》,余强译,浙江教育出版社,2004,第 21 页。

[6] 朱正威、赵占良:《普通高中生物教科书生物学必修 2 遗传与进化》,人民教育出版社,2019,第 82 页。

[7]Andrii I. Rozhok, James Degregori. Trends in Cancer, 2016, 2(10): 552.

[8] 中华人民共和国教育部制定:《普通高中生物学课程标准(2017 年版 2020 修订)》,人民教育出版社,2018,第 17 页。

[9] 单世乾、耿秀梅:《基于批判性思维能力培养的化学教学研究》,《化学教学》,2019 年第 9 期。

模型建构是高中生物课程标准明确要求掌握的科学方法，是重要的生物核心素养。本书从模型建构概念的理论基础入手，将适合模型建构的概念分为微观概念、宏观概念、抽象动态的规律和周期长的生命规律等 4 种概念，举例分析了基于模型建构概念的 6 种教学策略。

第二节　模型建构概念①

模型是人们为了特定的目的，对某一事物进行实物化、形象化、抽象化或简单化描述，是与真实物体、某一事物对应的具有解释力的试探体系或结构。2014 年颁发的《教育部关于全面深化课程改革　落实立德树人根本任务的意见》，强调学生核心素养体系——研究提出各学段学生发展核心素养体系，完善课程教学有关标准。模型建构思想是《普通高中生物课程标准》的重要思维方法。培养学生模型建构的能力，能够促进学生理解核心概念的形态、特征和本质，提高学生的核心素养能力，是科学研究中的重要的认识手段和思维方式。

一、理论基础

显然，模型建构的理论基础为建构主义理论。以皮亚杰和布鲁纳为代表的认知主义学习观认为，客观的知识结构通过个体与之交换作用而内化为认知结构。美国教育学家戴尔在《视听教学法》提出“经验之塔”理论，对经验的获得进行了描述，将经验分为做的经验、观察的经验和抽象的经验共 10 个层次，见图 1–6–2–1。

---

① 肖安庆：《基于核心素养的模型建构概念的教学策略》，《中学生物学》，2016 年第 9 期。

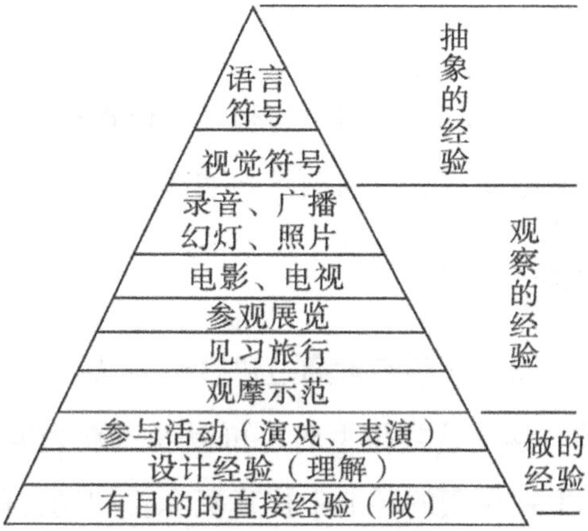

图 1-6-2-1　戴尔的“经验之塔”理论

经验之塔理论的层次中，设计经验是通过标本模型等间接材料获得的经验，标本模型是通过人为设计仿造的应用于教学的事物。戴尔指出，经验之塔的底层经验是最具体的，越往上越抽象；学科教学不能终止于具体经验，要向抽象和普遍发展，形成概念，才能上升为抽象经验。[1] 目前，中学生物教学普遍的问题是：学生死记硬背一些概念，具体概念无法有效地转化为抽象的经验。这些问题的解决，应通过模型建构，从做的经验开始，将概念和定理转化为抽象的经验。

二、基于核心素养的模型建构概念的类型

（一）微观的概念

某些微观概念的原型因微小难以构建概念。建构模型时，应去除它们非本质的部分，以直观、放大、简化的形式构建模型，使微观的概念清晰化、直观化。[2] 如细胞的微观结构，基因结构的构建。

（二）宏观的概念

某些宏观概念的原型虽较大，但学生很难整体把握。建构模型时，应整体呈现各部分结构，让学生通过发现问题、归纳本质。如生态系统结构的构建。

（三）抽象、动态的规律

处理抽象动态的规律，教师经常通过讲授的方式。由于学生缺乏体验，理解这类概念比较困难。建构这类模型时，可以变讲授为体验，化抽象为具体，化动态为游戏，让学生在拼摆的环节中构建概念。如光合作用与呼吸作用的过程、有丝分裂与减数分裂的过程、兴奋的传导与传递过程、生态系统物质循环利用与能量流动的过程等概念的构建。

（四）周期长的生命规律

某些生命规律由于周期长，生命规律复杂，如果仅仅通过课件展示，学生不容易理解。建构这类模型时，可让学生在模拟概念过程中理解生命规律。如现代生物进化和基因分离定律模拟实验的建构。

三、基于核心素养的模型建构概念的教学策略

（一）理想模型法

通过建立模型来揭示原型的形态、特征和本质的方法称为理想模型法。理想模型法是物理学中经常使用的一种研究方法。它的特点是强调研究对象的主要特征，忽略次要特征，通过学生观察、想象、类比、操作的环节，来揭示宏观、微观概念的本质。其流程为初制模型—交流展示归纳总结—精制理想模型—使用理想模型。

案例 1

制作生物膜模型

1. 初制模型

课前布置家庭作业，小组合作制作生物膜模型。

2. 交流展示归纳总结

课堂上，各小组分别展示自己的生物膜模型。有的小组用乒乓球做磷脂分子的亲水头，用两根电线丝从中穿孔作为疏水尾的；有的小组用布料做材质；有的小组用橡皮泥做材质……课堂讨论，讨论制作理想的模型。

3. 精制理想模型

组织学生用解剖针在乒乓球上打孔，将小段电线对折后插入孔内，构成磷脂分子，邻近的乒乓球用电线连接好，构成磷脂分子层。用白色泡沫当作蛋白质，在白色泡沫周围围上两层乒乓球，构成生物膜的理想模型。

4. 使用理想模型

扳动相邻的两块泡沫，模拟蛋白质和磷脂分子的运动。

该实践活动，学生从生物膜的微观结构入手，通过观察、想象，制作等环节层层深入，有利于学生理解生物膜的概念本质。

（二）类比联想法

类比联想法是指运用已有的知识、经验，把类似陌生事物进行比较，创造性地突破教学难点的教学策略。其过程可分解为：（1）类比，在新旧问题间找出相似的地方。（2）联想，类比产生的信息引起的对已有知识的回忆。通过类比联想思维，找出某种相似事物中的同种性质，在类比中联想，从而升华思维，既有模仿又有创新。

案例 2

关于激素特异性类比的教学片段

教师拿出自己的手机，拨打自己的另一个手机号码，提问："我的手机信号如何发射？"

学生答："流向四周。"

教师问："为什么仅仅是另一个手机会响？"

学生答："只有这只手机能接收这种信号。"

教师说："激素的分泌也是如同手机信号流向四周，但只有相关受体才能识别这一激素。"

该片段中，教师以手机信号类比激素传递的信息，接收这一信号的手机类比成特异性受体，通过类比联想教学法，形象地使学生掌握激素特异性这一概念。

（三）具象分析法

具象即具体的形象。具象分析法是将概念的原型构建模型进行放大或缩小，来探索概念的本质。它是感知记忆的结果，而且是在抽象思维的作用下，对概念本质进行选取、综合的结果。

案例 3

探索环境因素对光合作用的影响

将一株绿色植物放在一个密闭的锥形瓶中。在瓶口放一个测定瓶中 CO_2 浓度的传感器，传感器的另一端与计算机连接，以检测一段时间内瓶中 CO_2 浓度的变化。根据实验所测数据绘制 CO_2 浓度与光合作用之间关系的曲线图。

具象分析法建构模型，是将概念原型以放大或缩小的形式再现在学生们面前，通过直观观察实验结果，便于学生理解环境因素对光合作用的影响，更好地认识概念的本质。

（四）抽象分析法

抽象是通过分析与综合的途径，运用概念在人脑中再现对象的质和本质的方法。抽象分析法是将难以理解的概念转化成数学模型或概念进行分析，帮助学生理解概念的方法。

案例 4

DNA 复制的相关计算教学片段

亲代细胞 DNA 分子用 ^{15}N 标记，放在含 ^{14}N 的培养液中复制 1 次，子代 DNA 分子的数量为 2，复制 2 次，子代 DNA 分子的数量为 4，由此推导复制 n 次，子代 DNA 分子的数量为 $2n$，继续推导含 ^{15}N 的 DNA 分子占子代总 DNA 分子的比值为 $2/2n$，子代的脱氧核苷酸链条数为 $2n+1$，含 ^{15}N 的脱氧核苷酸链条数为 2，占总数 $2/2n+1$，含 ^{14}N 的脱氧核苷酸链占总数的（$2n+1-2$）$/2n+1$。

学生通过数学模型，抽象分析了 DNA 复制的相关概念，轻松地把握生物想象的状态变化，达到“拨开云雾见青天”的效果。

（五）比较分析法

比较分析法是把相似的概念加以比较，以达到认识事物的本质和规律并作出正确的评价的目的。高中生物教学中，教师可以引导学生利用比较分析法对相似概念进行比较，揭示它们之间的差异和共性，提高学生分析问题、解决问题的能力。如引导学生列表比较自由扩散、协助扩散和主动运输 3 种跨膜方式，找出三者间的区别与联系，达到准确掌握概念本质的目的。

（六）等效代替法

等效替代法是在某种相同的特性和关系下，将某一概念转化为等效、简易问题的研究方法。掌握等效替代法及应用，体会等效思想的内涵，有助于提高学生的生物学素养，初步形成科学的世界观和方法论，为终身的学习、研究和发展奠定基础。

案例 5

“染色体组—单倍体—多倍体”教学片段

教师伸出一只手，说：“我的手指就长短而言有何特点？”

学生说：“三长两短。”

教师说：“我的手指就是一个染色体组，黑板上有几个染色体组？”说完在黑板上重重按压一下，留下清晰的痕迹。

学生说：“一个染色体组。”

教师说：“由这样的配子发育形成的个体为单倍体。那么以下有几个染色体组？”在黑板上又按压一下。

学生说：“两个染色体组。”

教师说：“由受精卵发育而来的个体为二倍体”。

教师依次讲解三倍体、四倍体、多倍体的概念。

在该案例教学中，教师通过将自己的手指比作染色体组，将抽象的问题具体化，巧借模型构建概念体系，采用等效替换法，达到了揭示本质、把握内涵的目的。

四、结语

“我听见了，就忘记了；我看见了，就领会了；我做过了，就理解了。”建构模型首先应该遵循主动建构的原则，这不仅有益于概念的形成，而且能激发学生主动建构模型的积极性。同时建构模型还得遵循简化性原则，在便于理解的前提下，通过观察、联想、类比、归纳、分析等思维活动，促进概念的构建和思维的培养。

参考文献

[1] 陈卫东:《模型建构在高中生物新课程教学中的应用》,《教学与管理》, 2011 年第 2 期。

[2] 许明:《基于模型建构的初中生物概念教学研究》,《教学月刊·中学版（教学参考）》, 2016 年第 2 期。

“滑过”现象是生物教学中常出现的问题，其原因有对不够重视生物核心概念的教学、不够突出学生的主体性、弱化“非正常思路”的教学价值、缺乏有效性的试卷讲评，建议教师转变应试思维，尊重教学过程的“自组织性”；先做后学，且慢“说破”；善待“非正常思路”，给以纠正。

第三节　“滑过”现象分析与矫治①

生活中，我们有这样的感性认识：驱车从甲地到乙地，车速越快，道路越顺畅，途中美景越容易忽视。教学中也有这样的现象：教师如果将教学任务设计得面面俱到，学生没有经历思考的过程与障碍，一些值得探究的问题一滑而过，容易造成学生表面上的“知道”，其实对知识的掌握并不好。教育学家将这一现象称为“滑过”现象。[1]“滑过”现象不是简单的偶然现象，它存在着某种角度的必然性。教学中应从原因分析，进行矫治。

一、教学中“滑过”现象的分析

（一）对生物核心概念的教学重视不够

核心概念的教学是生物教学的重要内容，其教学具有一定的抽象性和形式化。为了使教学不陷入程序化和形式化，生物概念教学提倡“淡化形式，注重实质”。但目前的生物概念教学却存在一种典型的倾向，即教师仅仅是给出课本的定义让学生机械化记忆，没有让学生理解概念的实质与“精神”，关键处一滑而过。

笔者曾作为某市优质课大赛的评委，听过多节“孟德尔的豌豆实验（一）”

① 肖安庆：《高中生物教学中“滑过现象”分析与矫治策略》，《教学与管理》，2015 年第 12 期。

的教学，其中两位教师的教学，至今记忆犹新。在讲解基因分离定律时，第一位教师依据教材编排，按照“一对相对性状的杂交实验”—“对分离现象的解释”—“对分离现象的验证”—“分离现象的实质”流程授课。因备课充分，整堂课教师讲得顺畅，学生听得认真舒心，感觉教学效果不错。但在固定的练习反馈环节中，一些理解性的基础题，全班居然没有一个人能答出来，其教法引起了评委组教师们的质疑与思考。

另一位教师则与众不同：他没有按照教材编排流程授课，而是先用了大量的时间做性状分离比的模拟实验，然后总结拓展各种杂交方式的结果。最后用了不到两分钟，讲解试题。总体感觉这节课似乎前松后紧，设计有点儿不合理，但从学生的反馈情况看，学生能很好地掌握本节课的知识，这节课的教学目标已经达到。

反思这两位教师的教学：第一位教师的教法很具有代表性，他虽备课充分，教学过程流畅，但在核心概念处理环节中，明显重视不够，只是机械化地按照教材“过”了一遍，如同过翻车似的一滑而过，没有真正地让学生理解基因分离定律的实质。第二位教师的教法没按常理“出牌”。表观看，教学设计不合理，但是对该节课的核心概念的处理过程中，他通过性状分离比的模拟实验与拓展，突出本节课的重难点，有效地引导学生思考和理解了基因分离定律的本质，可谓“巧将金针度与人”。

（二）突出学生的主体性不够

新课程实施以来，教师很注重探究性教学，很注重精心设计一个问题，以激发学生的学习兴趣。但突出学生的主体性不够：他们没有给学生留下足够的思考时间，而是习惯性地自问自答，使学生错失了“质疑—思考—释疑”的领悟过程。有时，教师为了顺利完成教学目标，让学生少走弯路，提出问题后，也会不自觉地把学生引导到正确答案上来，这样就减少了学生犯错误的机会。

例如，在细胞呼吸的教学中，有位教师提出这么一个问题：张三成熟红细胞的呼吸方式是什么？然后她迫不及待地分析了哺乳动物成熟红细胞细胞结构，又情不自禁地提问：没有了线粒体，人类成熟红细胞只能进行哪种呼吸方式？这样一来，学生不假思索地回答“无氧呼吸”。这一过程“行云流水”，但感觉突出学生的主体性不够，学生仅仅是“被牵着鼻子走”，机械地回答一些“低质量”的问题。

其实，教学中可以有意设置一些陷阱，让学生在关键问题犯些错误，充分暴露他们的错误思维，通过教师的引导，学生自己领悟和归纳，达到训练思维方式的目的。这种效果远比教师直接“灌输”的效果要好得多，正如学者所说“错误也是一种资源”。

（三）弱化“非正常思路”的教学价值

教师在备课时就已经对一些问题形成了比较固定的思路，即“正常思路”。[2]由于正常思路能快捷有效地帮助学生解决生物学的相关问题，提高学习效率，所以教师希望学生能快速接受这一思路。为了不打断教学计划，不浪费课堂时间，对于少数同学的“奇思怪想”，即“非正常思路”，通常采取压制回避等方式。殊不知，无视“非正常思路”的教学价值，不仅容易挫伤学生学习的积极性，而且会使一些值得探索的问题一滑而过。

例如，在辨析净光合作用和总光合作用时，一位教师这样总结：如果试题中表述为“氧气释放量”，是指净光合作用量……突然一位同学提出：“如果叶绿体释放氧气量，也是指净光合作用吗？”由于该教师没有心理准备，又担心耽误这节课的教学任务，于是置之不理。显然，氧气释放量包括叶绿体氧气释放量和叶片氧气释放量两层含义，这位教师的总结不太严谨，或为口误，但从一般试题的解法看，多指后者。他因为没有正视这位同学的发言，对“求异思维”不是宽容而是无视，任其滑过，错失了一次辨析光合作用的“净”与

"总"的绝好机会，着实令人扼腕叹息。

（四）试卷讲评缺乏有效性

试卷讲评低效性，也容易造成滑过现象。试卷考完后，很多教师希望最好在一节课内（甚至半节课）讲评完。由于讲评涉及的知识多、跨度大、题量大，讲评又快，很多具有探索价值的内容，或者没有留下足够的探究时间和空间，使学生缺乏体验和感悟；或者没有对试卷统计分析，试题讲解面面俱到，没有抓住讲评的重点和突破点，缺乏试题讲评的针对性；或者没有进行错因分析，仅凭个人感觉，自以为是，一讲到底，缺乏交流与反馈。这样低效的讲评课，只有教师的"教"而忽视了学生"悟"的过程。教师的智慧不是体现在"先知于学生、胜学生一筹"上，而是体现在"与学生同步"甚至"落后于学生"上。

二、矫治"滑过"现象的策略

显然，"滑过"现象是一个复杂的过程，与教师的教学风格、性格气质和教学观念等多种因素有关。要有效地矫治滑过现象，不能仅靠教师零星的"查漏补缺"，而应该形成一种宽容性、过程性和计划性的教学理念。这不是一个短期行为，需要教师不断的反思与经验的积累。

（一）转变应试思维，尊重教学过程的"自组织性"

从以上"滑过"现象的分析看，传统的应试思维是其发生的重要内因。他们认为：课堂教学只有围绕某一教学任务，按照目标预设，精心备课，井然有序地授课，坚持课堂教学的完整性和时效性，才能达到高效、规划和稳定的课堂教学要求。

然而，教学的动态过程是具有明显的非线性发展"自组织性"，具有强烈的“生命性”。现代课堂提倡自主性，不能一味地追求有序而完整的“独角戏”与灌输；提倡开放性，确实以学生为主体，从学生的需求出发，利用最近发展区原理，打破传统教学的条条框框，进行“生命化”教学；尊重个性，正视差异，宽容课堂中的“冒犯”，接纳异类思维，真正把学生当作教学活动中活生生的受教育者看待。

（二）先做后学，且慢“说破”

生物学具有理科属性，生物学教学是一个探究性的过程。纵观各种“滑过”现象，矫治策略是将主体的“做生物”摆在突出的位置，在一些值得探索的内容上先做后学，且慢“说破”，要给学生留下思考的时间和空间，使学生在参与活动中体验与反思。调控课堂教学节奏，应随着课堂情况而此起彼伏，根据学生的需要，掌握好“点破”的火候，使其产生“其言皆若出于吾之口，其意皆若出自吾之心”的效果。

（三）善待“非正常思路”

“非正常思路”是学生现阶段认知能力的独特状态。它是学生自我角度的向外交流的大胆思维与猜想，但也可能是蕴含学生认知障碍的原因所在。教师要善待学生的“非正常思路”，注意捕捉学生思考的独特性，既要保持学生的探究欲望，防止关键内容的滑过，又要在帮助确实是思维错误的学生走上“正途”，并适时适度加以点化，从这一思路的背后思考自己的教学设计和教法，方能演绎真实而精彩的课堂。[3]

参考文献

[1] 宁连华:《数学探究教学中的“滑过现象”及其预防策略》,《中国教育学刊》,2006年第9期。

[2] 苏立标:《试卷讲评课中“滑过”现象的剖析》,《数学教学通讯：教师版》,2011年第1期。

[3] 孙建洪:《探究式教学的实验与反思》,《数学教学研究》,2010年第11期。

教学案一体化能把教师的教案与学生学案连为一体，以达到促进师生良性互动，加强学生自主学习能力，使学习活动达到事半功倍的目的。教学案一体化的编写要遵循针对性、系统性和反馈性原则，要在提高集体备课的质量、规范编写过程和个性化使用方面进行优化。

第四节　教学案一体化设计①

教学案一体化资料是指教师依据学生的认知水平、知识经验，为指导学生进行主动的知识建构而编制的学习方案。[1] 教学案一体化资料既不是教学内容的拷贝，也不是教师讲授要点的简单罗列，它一方面要帮助学生将新学的知识与已有的知识经验形成联结，为新知识的学习提供适当的附着点；另一方面也要帮助学生对新学的知识进行多方面的加工，以利于学生形成更为牢固的知识体系，指导学生掌握学习新知识的方式方法。因此，教学案一体化资料的实质，是教师用以帮助学生掌握教材内容、沟通学与教的桥梁，也是培养学生自主学习能力和建构知识能力的一种重要媒介。教学案一体化资料不仅能沟通教与学，还要承担引导和培养学生自主学习能力的作用，即引导学生在预习、展示、复习和巩固的过程中确立和使用适当的学习目标和学习方法。教学案一体化资料的编写和使用，可以正确处理好师生在课堂中的关系，充分激发学生的学习兴趣，培养学生的自学能力，帮助学生养成良好的学习习惯。

① 肖安庆：《试论教学案一体化的编写原则与优化》，《西藏教育》，2012 年第 1 期。

一、教学案一体化资料建设与使用的优势

（一）落实了集体备课，实现了资源共享，减轻了教师负担

原来每位教师都要单独备写教案，自己操作，孤军奋战。实施“教学案一体化”后，备课组内的每位教师轮流执笔，共同讨论定稿，以“一人主备，人人参与”的模式构建教学案，是一个集体智慧释放的过程。上完课后，发现问题及时沟通，以便下节课改进。这样既落实了集体备课，又实现了资源共享；同时“教学案”替代了备课本，也减轻了教师的负担。

（二）体现了“先学后教、以学定教、以教促学”的教学思想，促进了师生教学方式的转变

教学案的使用能使学生的自学或课前预习有章可循，促使学生去读书，了解本课要学的内容，完成有关的练习，真正让学生带着问题进行讨论和听讲，培养了学生主动学习的意识和自主学习的能力；同时教师把读书思考的时间还给学生，把思维空间留给学生，重视学生的自主、合作、探究意识的培养，学生学得容易，教师讲得得心应手，提高了课堂教学效益。

（三）减轻了学生的负担，搭建了师生、生生合作交流的平台

以往的教学都要求学生准备作业本、练习册或其他的课外复习资料，而这些复习资料往往很难照顾到学生的学习实际，而教学案将上述内容结合在了一起，可谓“精”而“少”，既省时，又高效；既减轻了学生的课业负担，又减轻了学生的经济负担；同时教学案的使用，给学生提供了合作交流的机会，学生的个性得到张扬，促进了新型师生关系的形成，激活了枯燥、沉闷的课堂，师生之间和睦共处、教学相长。[2]

二、教学案一体化资料的编写原则

在教学案一体化资料编写过程中，我们应该坚持以下几个原则：针对性原则、系统性原则和反馈性原则。

（一）针对性原则

针对性原则就是资料的编写坚持从教学大纲、课程标准和省教学要求出发，从教材出发，从学生的实际出发。

1. 从教学大纲、课程标准和省教学要求出发

教学大纲、课程标准和各省制订的教学要求是生物教学的准绳，离开这三点，生物教学也就失去了方向。围绕这个原则，教学案编写时强调几个“不要”：教学大纲、课程标准和省教学要求不作要求的不要，繁难偏怪的不要，高考题中基本不出现的不要。这几个“不要”确保了教学案的难度适中，针对性强；同时，新课程标准强调优化学生的学习方式，培养学生自主学习的能力。因此，在资料编写的过程中，我们力求充分体现自主学习、自主探究的学习方式，在适当的地方留白，启迪学生的思维，使学生在已有知识储备的基础上完成对新知识的探究性学习。

2. 从教材出发

教材是学生学习的载体，离开了这个载体，教学也就成为无源之水、无本之木。在教学案的编写中强调回归教材、紧扣教材，强调对教材中知识素养的积累，强调素材的选用尽量来源于教材，强调教材中重要知识点在巩固性练习中的变式训练。

3. 从学生的实际出发

新课程标准强调以人为本，以人为本就要求我们的教学必须以学生为中心，从教学案的编写到课堂教学的实施到课后的巩固反馈，都必须把学生的需

求放在第一位。从学生的实际出发，首先要关注学生已有的知识储备。从学生的实际出发，还要关注学生的学习能力。个体的学习能力都存在差异，其所能达到的学习水平程度也各不相同，这就要求我们在资料编写上要体现层次性，要让不同层次的学生都乐于学习并且学有所获。从学生的实际出发，还要重视学生的自主学习和自我发展能力。这就要求在教学案的设计编写上要有能体现学生自主学习的内容，给学生留有自我反思、提高的空间。

（二）系统性原则

系统性原则是指教学活动应当持续、连贯、有序地进行。这一原则是为了处理好教学活动的顺序、学科课程的体系、科学理论的体系、学生发展的规律之间错综复杂的关系而提出的。一般来说，学科课程的体系和学生发展的规律是最主要的，教学活动的顺序必须以这两方面为依据，按照这两方面的要求持续、连贯地进行；同时，教师也要了解作为课程基础的科学理论本身的发展变化，从而能够更自觉地安排处理教学，使得教学活动的顺序更加科学合理。

教学案编写的系统性主要体现在以下两个方面：一方面是时间上的系统性。从大的方面看，要把三年作为一个整体考虑；从小的方面看，要把一个学期、一个学年作为一个整体考虑，从而制订切实可行的编写计划。另一方面是内容上的系统性。要以基础知识积累和学习能力提升并重。因此，只有保证资料编写的系统性，才能提高资料编写和使用的质量。

（三）反馈性原则

心理学家布鲁姆把控制论用于教学，把教学和评价结合起来，从而提出反馈教学原则及其一系列教学方法。反馈教学法始终以信息反馈为主线，及时调控教与学，力求获得最佳的教学效果。反馈性原则同样适用于教学案的编写，主要体现在三个方面：一是要精心设计配套的反馈性练习。根据认知心理学的理论，学生学习的过程，是一个把教材知识结构转化成自己的认知结构的过程。完成这个过程，仅靠授新课的教学是不够的。通过练习，学生可以把新的知识同原有认知结构紧密地融为一体，并储存下来，使已形成的认知结构更加充分和完善，并进一步检验学习的效果。第二个方面是指学生对自身学习过程和结果的反馈。教学案的编写要给学生提供一个平台，让学生反馈学习过程中的收获与问题，从而改进学习方法，提高学习能力。如果其他形式的教学活动也能借鉴采用，并坚持积累下去，将会收到意想不到的效果。第三个方面是指注重收集学生对教学案使用情况的合理化建议，增强学生的自我反思与评价的能力，从而及时改进和补充，不断完善编写的内容和形式。[3]

三、教学案一体化资料的优化

（一）提高集体备课的质量

集体备课是提高备课质量的重要途径。集体备课可以集思广益，将个人智慧转化为集体优势，共同提高教学质量，也是高质量的教学案编写的基础和保证。因此，各校三个年级的备课组都非常重视每周一次的集体备课。集体备课强调“四定”“五备”和“六统一”。“四定”指的是定时间、定地点、定内容、定中心发言人。中心发言人要预先写好发言稿，备课时，在中心发言人发言后，其他成员要充分讨论研究和补充。“五备”指的是备教学目标、备教材、备教法、备学法、备练习。“六统一”指的是统一教学要求、教学进度、教学内容、重难点、作业练习和统一检测反馈。

（二）规范教学案一体化资料的编写过程

1. 教师大量占有资料，广泛做题

教学案一体化资料的编写是一个浩大的工程，这就需要教师的学科知识储备做支撑，教师的前瞻性做引导，也要求教师必须首先是一名研究者，研究教材、研究大纲、研究课程标准、研究高考试卷，这样，教师在编写时才能具有较强的敏锐性，才能保证编写内容的针对性。教师首先要大量占有资料，要对这些资料进行深入的研究和剖析，了解大纲规定的教学要求，了解高考的命题方向，这样才能在备课和资料的编写过程中做到心中有谱，有的放矢，才能站到一定的高度预测学生在学习过程中可能遇到的困难，从而采取相应的措施帮助学生解决问题。

2. 精选典型题例，写出初稿

每一份教学案编写之前，首先确定两名主备人（按照传统的做法，基本上是一老搭一新），由两名主备人在集体备课之前拿出初稿。初稿既要有知识点的讲解，又要有相应的变式训练，还要有典型高考题的分析；既要注意知识点的广度和深度，也要考虑学生的实际学情和教学重难点，同时还要体现备课人对所涉及知识点的理解，留足学生自主学习和自我提高的空间。

3. 备课组集体讨论研究，提出修改补充意见后定出二稿

主备人形成初稿后，在集体备课时交由全组教师讨论，并在讨论的基础上进行修改补充完善，采纳集体修改意见后定出二稿。

（三）注重教学案一体化资料的个性化使用

教学案是教师在教学中的一个依托和载体，如何优化使用是每个教师必须认真思考的问题。教师要在集体智慧的基础上进行个性化思考，这种个性化思考要基于两个方面，一是个人所教班级的学情，二是个人的教学风格。摈弃了这种个性化思考，教师的教学就没有任何特色，也不会引起学生的学习兴趣，更不会有好的教学效果。各学校备课组坚持每周一节示范课的做法，教师轮流上课，上课以后根据最初的教学目标、备课内容、教师实际的授课过程和学生最后的学习效果进行评价，评价时特别关注教师的教学案个性化使用情况。

参考文献

[1] 王春雷:《高中历史“教学案一体化”教学模式初探》,《甘肃教育》, 2009 年第 22 期。

[2] 施元中:《谈“教案学案一体化”的教学模式》,《辽宁省交通高等专科学校学报》, 2003 年第 3 期。

[3] 云磊:《储开桂·新课程背景下高中化学“教学案一体化”教学模式初探》,《化学教与学》, 2011 年第 11 期。

作业是日常教学的重要环节，也是培育核心素养的重要途径。目前作业设计的问题是缺乏相关政策和核心素养理念的指导。基于“双减”背景和学科核心素养的高中生物作业设计，包括基于学科“双基”的作业设计和学科素养的作业设计两个内容。其中，学科“双基”的作业设计以马扎诺教育目标分类理论为指导，从学科问题、元认知策略和动机水平开展设计；基于学科素养的作业设计，依据生物学问题解决能力五个方面开展设计，以达到规范作业数量、优化作业设计、改进评价方式、提升学生“双基”和培育素养的目的。

第五节　作业设计①

课外作业是日常教学过程中重要环节，也是学生形成关键能力、培育素养的重要途径。为提升学校育人水平，规范校外培训，减轻义务阶段学生作业负担，2021 年 7 月，中共中央、国务院颁发了《关于进一步减轻义务教育阶段学生作业负担和校外培训负担的意见》。文中指出：义务阶段学生作业负担太重，必须解决作业任务短视化、功利化等问题，不断提高作业设计质量。高中阶段各学科同样存在作业设计的问题。在注重学业质量达成的当下，是放任学生盲目大量刷题提高成绩，还是规范作业数量、优化作业设计、改进评价方式，提升学生“双基”技能与培育核心素养，这是值得广大教育工作者思考的问题。

一、理论基础

新一轮高中课程改革的根本目标是培育学生的核心素养，而“双减”背景

① 胡佑明，肖安庆：《双成背景下基于核心素养的高中生物作业设计的理论基础与路径》，《中国现代教育装备》，2023 年第 7 期。

下的作业要求是减轻学生的作业负担。综合考虑二者的需求，教师在设计课外作业时，既要体现培养学生的核心素养，又要注重提升学生的基本知识基本技能，同时还要精简作业的数量。

如何落实培养学生的核心素养，又能使设计的作业具有可操作性？《高中生物学课程标准（2017 年版 2020 年修订）》提出的基本理念“教学过程重实践”指出：用学生学习生活中的实践经验，主动参与学习过程，通过探究性学习活动，加深基本知识基本技能的理解，并用所学知识，探讨现实生活中的生物学问题。[1] 教学过程重实践，这不仅是核心素养落地的重要诉求，也是学科育人的课程目标。作业是日常教学的重要环节，作业设计也应体现实践性。生物课程标准的阐述，为教师开展作业设计指明了方向。

鉴于此，核心素养的培育可以归纳为三层结构：学科“双基”（基础知识与技能）、学科实践（教学过程重实践）、学科素养（生物学科的 4 个核心素养）。其中，学科“双基”是基础，学科素养是目标，而学科实践是纽带，把学科“双基”和学科素养联结成统一整体。它们构成了“双减”背景下作业设计的理论基础（如图 1–6–5–1）。

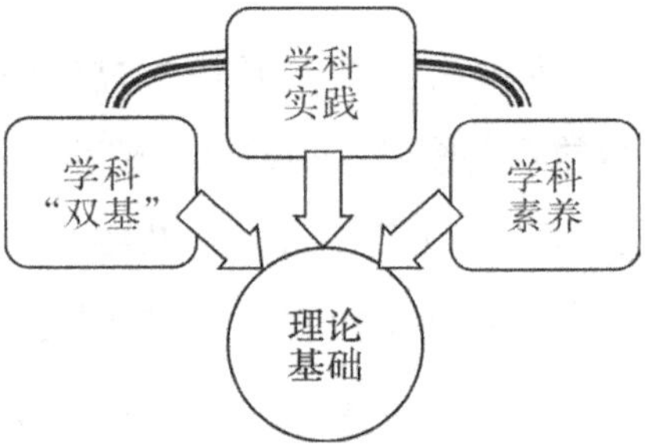

图 1–6–5–1 “双减”背景下作业设计的理论基础

二、路径

“双减”背景下，生物课外作业设计，包括学科“双基”的作业设计和学科素养的作业设计，二者相辅相成，是落实“双减”和核心素养不可或缺的重要成分。基于主题单元和教学章节的作业设计应该包含这两方面内容，见图 1–6–5–2。

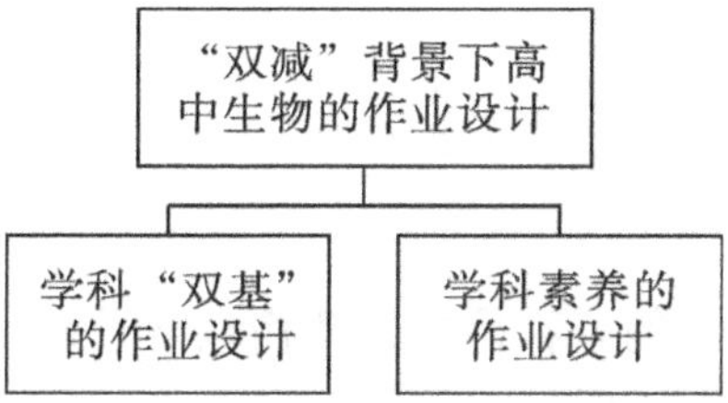

图 1–6–5–2　“双减”背景下作业设计的内容

（一）学科“双基”的作业设计

生物学科“双基”的作业设计，不是简单的训练与背诵，而是基于认知目标的作业设计，重在培养学生的迁移应用能力和科学思维。

1. 设计模式

为解决布鲁姆教育分类学的不足，美国教育学家马扎诺博士（Robert J.Marzano）提出：人的学习过程主要包括自我系统、元认知系统和认知系统。他认为，学生接受新任务时，首先由自我系统判断是否参与并决定投入程度和设置学习目标、学习方式与策略；然后运用元认知系统中具有的认知技能，加工相关信息，完成学习任务。马扎诺博士根据这一行为设计了新的教育目标分类模型，即心智过程和知识维度。其中心智过程由信息提取、理解、分析、知识运用、元认知系统和自我系统六种心智加工水平构成；知识维度有信息、心智程序和心理程序三种类别。[2] 根据马扎诺教育目标分类理论，建构生物学科“双基”作业设计模式如下，见图 1–6–5–3。

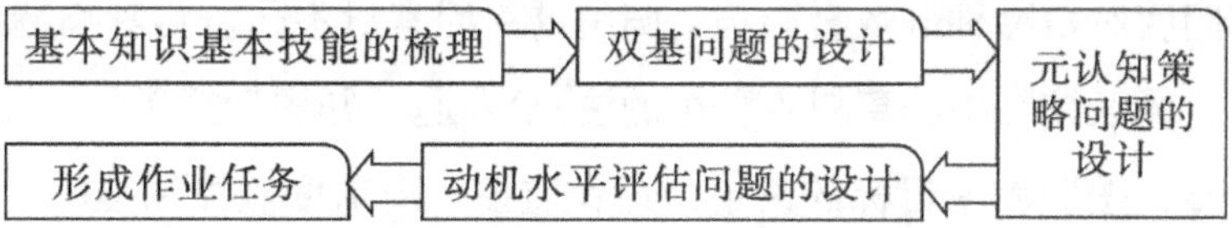

图 1–6–5–3　基于认知目标的作业设计模式[3]

2. 方法与步骤

以人教社 2019 版生物学教材选择性必修二“影响种群数量变化的因素”这一节为例进行阐述。

首先，依据本节内容的课程标准，解构教学目标。本节课的内容标准是：“举例说明阳光、温度和水等非生物因素，以及不同物种之间相互作用都会影响生物的种群特征。”根据“行为条件 + 行为动词 + 核心概念”的方式，本节内容的教学目标为：①运用资料说明阳光、温度和水等非生物因素对生物种群数量变化的影响。②运用资料说明不同物种之间相互作用对生物种群数量变化的影响。③运用资料阐明种群数量的因素在实践中的运用。

其次，依据马扎诺教育目标分类理论，设计学科问题。马扎诺教育目标分类理论，将教学目标分为信息提取、信息理解、信息分析和知识运用等四个认知目标。设计学科问题时，应将认知要求与教学目标保持一致，依据学情因材施教，试题难度要有梯度。本节课三个教学目标中，①②③均对应认知目标中的信息提取和分析。以下是笔者依据教学目标和认知目标理论，设计学科问题的部分作业样例。

阅读教材第 13 页“非生物因素对种群数量变化的影响”内容，完成以下问题：①郁闭度是指树冠层遮蔽地面的程度，这体现了哪方面非生物因素的影响？（信息的提取）②在相同的非生物因素影响下，刺儿菜与加拿大一枝黄花和一年蓬有较大差异，这是为什么？（信息的分析）③影响植物种群数量变化还有哪些因素？试分别举一个例子。（信息的分析）④根据郁闭度对植物种群数量影响，归纳这一因素对不同植物影响特点，联系日常生活，谈谈校园中花草树木种植的注意事项。（知识运用）

第三步，按照教学目标的设定、过程监控、清晰度监控和准确度监控等 4 个方面，设计作业元认知的策略问题。①目标设定：完成上述作业时，你用时多少，如何操作？②过程监控：你遇到了哪些难以理解的问题，采取了什么解决方法？③清晰度监控：你是否都能理解上述作业的要求？④准确度监控：为了提高作业的成功率，你采取了哪些措施？

第四步，从检查重要性、效能、情绪反应和动机水平等四个方面，完成作业的评估问题。本节课的评估设计如下：①重要性检查：你认为非生物因素对种群数量变化影响重要吗？为什么？②效能检查：你认为非生物因素对种群出生率和死亡率有什么影响？③情绪反应检查：你对非生物因素影响种群数量变化感兴趣吗？为什么？④动机检查：如果将动机水平分为5级，1到5级表示动机越来越高，你对本次生物作业的总体动机给多少分？

最后，教师根据本节课的内容标准和教学目标，依次从学科问题、元认知策略和动机水平等3个角度，设计本节课的作业任务单，分发给学生完成。

3. 作业设计评价

基于学科“双基”的作业设计评价，也是从学科问题、元认知策略和动机水平等3个视角，开展评价，见表1.6.5.1。

表1.6.5.1　基于学科“双基”的作业设计评价

视角	评价内容
学科问题评价	了解学生基本知识基本技能的达成情况，给以完成率评价、准确率评价和学习结果评价
元认知策略评价	对学生完成生物作业时的学习策略、习惯和方法进行评价
动机水平评价	对学生完成生物作业的兴趣、情绪反应、重视度进行评价

（二）学科素养的作业设计

高中生物学的核心素养由生命观念、科学思维、科学探究和社会责任等四大素养组成。其中生命观念是认识生命现象与规律的核心观念，科学思维是认识生命现象与规律，解决实际问题的思维习惯和能力，社会责任是认识生物学问题的担当与能力，而科学探究是培养学生解决生物学问题的实践能力，既是生物学科的培养方式，也是培养目标。[1]

1. 理念及特点

高中生物学的四大核心素养，彼此间并不是孤立的，而是相辅相成、不可分割的，在作业设计中应相互连接和贯通。只有综合考虑这四大素养，才能有效地培养学生的核心素养。其中，“实践”是生物学习的重要方式，是学生在实践过程中积极利用生物学观念、知识和技能进行探究，开展科学思维的训练和生物学习的方法的归纳总结，培育形成生物学科的必备品格和关键能力。因此，基于学科素养的作业设计，应凸显实践能力的培养，具有以下特点：①利用生物学知识与技能，生物学观念与观点，开展生物学实践活动。②在生命观念的指导下，开展探究性活动设计。③利用生产生活中的情境，开展问题设计。④在生产生活实践中，培养学生问题解决能力，使学生像生物学家一样思考问题。⑤根据情境复杂程度和学生认知发展特点，设计不同难度层次的作业类型。

2. 方法与步骤

生物学问题解决能力，包含获取信息、组织信息、提出问题、分析问题和回答问题等五大能力。依据这五大能力，设计基于科学探究的实践类作业。以下是笔者以教材实例为素材，以大小草履虫数量的消长变化，设计主题为“竞争对大小草履虫数量变化的影响”的实践类作业。

第一步，获取信息。获取信息的第一手资料，这是最为可信的，来自学生亲身实验，统计的实验数据。如果从学术期刊、课本等媒介获取的数据信息，则是二手资料，这些信息需要学生自己判断与甄别。本节内容为阐述“影响种群数量的其他生物因素”，人教版以生态学家高斯选用两种草履虫试验为例。如何理解和解释大小草履虫的数量变化，学生缺少直观数据。因此，教师可以设计表格（见表 1.6.5.2），分发材料，布置作业，要求学生观察一周大小草履虫的数量变化，并作记录。

表 1.6.5.2　大小草履虫数量变化

数量（个）	时间（天）						
	1	2	3	4	5	6	7
单养大草履虫							
单养小草履虫							
混养大草履虫							
混养小草履虫							

第二步，组织信息。在生物学学习的过程中，培养学生的信息组织能力，不同的信息表达形式，优缺点不同。根据曲线图、柱状图、文字表述的差异，选用合适的可视化表达方式。教师根据表 1.6.5.2，指导学生对获取的生物学数据，通过选择画曲线图的呈现方式，制作图表。

第三步，提出问题。从 WWW 模型的角度提出关键问题，即有什么现象（what）、为什么会有这样的现象（why）、如何理解这样的现象（how）。例如，对“大小草履虫数量变化”的实践作业，引导学生提出关键问题：单独培养和混合培养时，大小草履虫的数量变化有什么特点？为什么混合培养时，大小草履虫的数量会出现截然不同的现象？如何理解这种因素对大小草履虫数量变化的影响？

第四步，分析问题。根据曲线图，描述各种关系和趋势，分析各种生物学问题，与教师和同学，共同探讨交流相关问题。

第五步，回答问题。通过小组讨论，得出解释生物问题的答案和结论，形成小组合作报告单。小组汇报的报告单，包含实验原理、活动简介、数据来源、图表制作、结论呈现、活动反思等方面内容。

3. 作业设计评价

针对学科素养的作业设计评价，可开展过程性评价和表现性评价。因此，应根据学生的作业表现，设置评价量表。设置评价量表时，应考虑作业成果、过程评价、学生成果表述、成果的分享交流等具体表现。依据活动过程、数据来源、图表制作和结论呈现，设计“竞争对大小草履虫数量变化的影响”的作业评价量表（见表 1.6.5.3）。

表 1.6.5.3　“竞争对大小草履虫数量变化的影响”的作业评价量表

评价项目	具体表现	分值
活动过程	步骤清晰、小组分工明确、合作交流愉快	5
	步骤清晰、小组分工较明确、合作交流较愉快	4
	步骤不够完整、小组分工较明确、合作交流一般	3
	步骤不够完整、小组分工不够明确、合作交流一般	2
	步骤存在问题、小组分工不够明确、合作交流不顺畅	1
数据来源	来源于实验统计，数据真实可靠，能反映生物学问题	5
	来源于实验统计，数据较真实完整，能一定程度反映生物学问题	4
	来源于实验统计，数据较真实，反映生物学问题不完整	3
	来源于实验统计，过程性数据资料不完整	2
	凭空捏造，数据不是实验统计的结果	1
图表制作	图表制作精美，能有效呈现形式、色彩、数据和现象	5
	图表制作较好，较好地呈现数据、现象特征	4
	图表制作一般，实用性较好	3
	图表制作略显粗糙，实用性一般	2
	图表制作粗糙，实用性不强	1

续表

评价项目	具体表现	分值
结论呈现	结论科学，有理有据，表述清晰	5
	结论较科学，有一定的依据，表述较清晰	4
	结论正确，数据较少，表述较清晰	3
	结论有一定的疑问，数据不够充分，表述不够清晰	2
	结论不科学，缺少数据，表述不够清晰	1

此外，作业评价应该是多方面的、灵活性的。例如参观体验式作业的评价，像参观污水处理厂，除了学生的体验感受外，还应有问题反思、与相关部门沟通及反馈；动手类作业的评价，像“细胞器模型的制作”，可以小组互评打分写评语；调查类作业的评价，像“调查人类的遗传病（高度近视）”，可以请医务人员给出评价建议，等等。

三、结语

课后作业，不仅要达到复习巩固的作用，而且是评价学习效果的重要环节，是生物学教学设计的重要内容。基于“双减”背景下高中生物的作业设计，利用了认知目标理论、学习技能理论和核心素养等方面的研究成果，让作业设计具有整体性、科学性和系统性，旨在通过作业设计，达到落实国家“双减”政策，避免盲目刷题，规范作业数量，改进评价方式，提升学生“双基”技能，促进核心素养落地的目的。

参考文献

[1] 中华人民共和国教育部制定:《普通高中生物学课程标准（2017 年 2020 年修订）》，人民教育出版社，2020，第 1 页。

[2] 罗伯特·J. 马扎诺:《约翰·S. 肯德尔教育目标的新分类学（第 2 版）》，高凌飚、吴有昌、苏峻主译，教育科学出版社，2012，第 11 页。

[3] 宋彩萍:《基于学科核心素养的地理作业设计》，《教学与管理》（中学版），2021 年第 28 期。

教学反思是教师成长的重要途径，是高效课堂的“孵化器”；但是现在还有不少教师不清楚教学反思的主要内容和呈现方式，有必要进一步明确和强调。

第六节　教学反思设计①

新课程的实施，促进了中小学教师的教学反思，也正因为教学反思，教师的教学理念得到了更新，教学方法得到了完善，教学效率得到了提高。[1] 从某种角度讲，教学反思是“孵化”优秀教师的重要途径。[2] 可是，还有不少中小学教师依然不知道反思什么内容，该如何呈现。因此，还有待于进一步明确与强调教学反思的主要内容和呈现方式。[3]

一、教学反思的主要内容

（一）反思教学理念

教学理念是教学价值观的体现，也是教学行为的灵魂。教学理念不仅决定着教学的方向，也影响着教学质量的好坏。[4] 在反思教学理念时，为突出“学生主体”的原则，应该从 6 个方面进行反思：一是是否关注了学生的生存方式，构建了民主、平等、合作的师生关系；二是是否关注了学生的生活世界，加强了书本与生活的联系；三是是否关注了学生的心理需求，创设了激发学生兴趣的问题与情境；四是是否关注了学生的文化背景，增强了师生之间及生生之间的互动；五是是否关注了学生的个体差异，实施了分层教学和个性培养；六是是否关注了学生的生命价值，提供了学生自主、合作、探究

① 肖安庆：《中小学教师教学反思：主要内容与呈现方式》，《教育论坛》，2015 年第 1 期。

学习的时空。[5]

（二）反思教学设计

1. 反思教学目标

教学目标是教学的出发点，指引着教学设计的方向和流程，决定着教学的效果。在反思教学目标时，应做到以下三点：一是要反思教学目标的启发性，反思在何时采用何种方式展示教学目标能最大限度地激发学生的积极性，强化学习动机；二是要反思教学目标的弹性，反思在课堂教学中是否做到了面向全体学生施教，是否根据学生的实际水平及个性差异制定了基础性目标和选择性目标，切实做到了分层教学和分类推进；三是要反思教学目标的达成度，反思是否引导学生在学习知识的过程中增长了能力，掌握了规律和方法，并充分挖掘了教学内容中所蕴含的人生观和价值观。[6]

2. 反思教学重点和难点

教学重点和难点是课堂教学的关键，在反思教学的重难点时，教师须做到以下两点：一是要反思是否准确地把握了重点和难点，既要反思教材中的重难点，又要反思学情中的重点和难点；二是要反思是否科学地突破了重点和难点，既要考虑联系学生已有的知识，又要考虑巧妙地启发引导，在化难为易中引导学生把握重点、突破难点。[7]

3. 反思教学结构

教学结构是课堂教学的表现形式，教学结构的优劣制约着教学的可操作程度。在反思教学结构时，须做到以下四点：一是要反思教学模式的选择与运用，要使教学的操作方案科学有效，就要针对教情和学情反思课程的设计是否科学合理；二是要反思教学步骤的严谨程度，既要注意每个环节的导入和衔接，还要注意课堂流程的时间设计，要避免“前紧后松”“前松后紧”和“满堂拖沓”的不合理状况；三是要反思课堂教学的生成性，要充分考虑到学生的经验和需要，在教学活动中调整思路，使课堂教学成为一个流动的、鲜活的生成过程；四是要反思教学时空的设置，要反思是否为学生的自主学习提供了充足的时间与空间，鼓励学生自主学习。[8]

（三）反思教学组织能力

1. 反思教学策略

教学策略是当前课程与教学研究的一大热点问题，在反思教学策略时，教师应做到以下三点：一是反思教学策略的指向性，反思教学策略是否指向特定的学情、教学内容和教学目标；二是反思教学策略的操作性，要反思教学策略是否包含具体的内容和步骤，能否转化为师生互动的教学活动；三是反思教学策略的灵活性，要反思教学策略是否能够根据不同的条件、不同的问题、不同的内容和不同学生的表现进行灵活的调整。[9]

2. 反思教育机智

俄国教育家乌申斯基曾经说过："不论教育者是怎样的研究教育理论，如果没有教育机智，他不可能成为一个优秀的教育实践者。"作为教师要时常反思教育机智，应做到以下三点：一是反思能否依据教学需要适时调整教学步骤和教学环节，具有较强的教学组织能力；二是反思能否依据教学生态调控学生活动，具有高超的课堂驾驭能力；三是反思能否处理突如其来的教学事故，具有处变不惊的临场应变能力。[10]

3. 反思教学表现力

教学表现力是教师在课堂中的表现情况，在反思教学表现力时应做到以下三点：一是要反思语言的表达情况，既要反思语言表达是否准确、严谨，又要反思是否简洁、流畅，还要反思是否生动、风趣；二是要反思情感的表现力，既要反思情感表现是否声情并茂、情真意切，又要反思是否中和有度、情理相生；三是要反思教学媒体的辅助效果，既要反思教学媒体的辅助手段是否调动了学生的学习兴趣，又要反思是否增大了教学信息的容量，还要反思是否有助于提高学生的接受能力。

（四）反思教学评价

1. 反思教学评价的发展性

应反思在实施评价时是否树立了“为促进学生全面发展而评价”的观念，是否做到了以激励性评价为主，是否帮助学生树立了自信。

2. 反思教学评价的过程性

应反思在实施评价时是否将评价贯穿于教学的整个过程中，是否关注了学生的感知过程、探究过程和情感变化的过程。

3. 反思教学评价的多元性

应反思在实施评价时是否改变了单一的评价标准，是否采用了档案袋评价法、研讨法、游戏化竞赛等评价方式，是否真正做到了量化评价与定性评价的有机结合。

4. 反思教学评价的主体性

应反思在实施评价时是否充分发挥了学生在评价中的主体作用，是否开展了自评、互评和个人评、集体评等评价活动，是否切实做到了把教师评价与学生评价结合起来。

（五）反思教学效果

1. 反思师生表现

既要反思教师在教学中是否激发了学生的学习兴趣，又要反思在教学中师生之间、生生之间能否平等对话、积极互动。

2. 反思教学得失

一方面，教师要反思教学的收获，反思学生是否获得了知识、掌握了方法、开发了思维、增进了交流、触动了心灵、提升了人格，反思自己是否获得了经验和策略；另一方面，要反思教学的不足，反思教学中存在的问题和困惑、教学中留下的遗憾和教训，以及改进教学的对策和方法。

二、教学反思的呈现方式

（一）教学反思的主要类型

开展教学反思，既可以进行“课后思”，即课后反思，并及时撰写教学日记，又可以进行“周后思”或“单元思”，即一周课结束或一个单元结束后进行反思，在反思中发现问题并改正；也可以进行“月后思”或“专题思”，即对一个月或一个专题的教学活动进行梳理和反思，总结教学得失；还可以进行“学段思”，即通常的期中教学反思、期末教学反思和学年教学反思。[11]

（二）教学反思的常用方法

1. 行动研究法

用行动研究法进行教学反思是将教学实践作为认识对象进行考察，同时开辟交流渠道，接受学生的反馈意见，将教学实践和反馈意见结合起来，不断改进教学实践。

2. 比较法

用比较法进行教学反思，应突出比较的 5 项内容，即突出教学理念、教学设计、教学效果、学生反映及同事评价的比较，并及时矫正不足；明确比较的三个定位，即纵向与过去的自己比，横向与现在的同事比，与真正的名师比，从而取长补短，提高自身教学水平。

3. 叙事法

用叙事法进行教学反思，既可以进行自我反思，用书面的形式把自己的教学情况记录下来，通过分析发掘其中的教育思想和教育理念，从而发现教育的本质、规律和价值；也可以求教他人，用口头表达的方式把自己教学中的困惑描述出来，让他人帮助发现问题、提出建议。

（三）教学反思的形式

1. 反思随笔

教师可以在观察学生反映、梳理教学得失、捕捉教学机智、关注同行评价的前提下，坚持选准切入点、把握感悟点、注重及时性的原则，以教学中成功的案例、问题的思考、理论的借鉴、智慧的升华和创新的体验为内容，撰写反思随笔。其实，苏霍姆林斯基的《给教师的100条建议》就是他在教学实践中写下的大量的教学反思随笔，是反思随笔的典型之作。

2. 反思教案

教师可以将个人反思与同伴互助有机结合起来，把公认的有难度的课程作为研讨对象，组织教师开展议课活动，在活动中通过交流与探讨生成能够改进教学的反思教案。

以上是笔者根据自己的教学经验对教学反思的一些想法，希望能对教师的教学反思有所帮助。

参考文献

[1] 岳军祥、郭艳、龙燕雨、张甜甜:《新时代中小学教师专业反思文献研究》,《教师》, 2021年第8期。

[2] 肖安庆中小学教科研管理:《新常态与新维度》,《教师教育论坛》, 2015年第4期。

[3] 杜丽娟:《构建U-S合作平台，培养反思性实践者——新乡学院教师教育专业人才培养的创新与实践》,《中国教育学刊》, 2014年第11期。

[4] 高玲:《普通高中语文教师课堂教学决策研究》, 硕士论文，陕西师范大学系，2017，第26-28页。

[5] 胡玄:《小学语文教师课堂教学诊断能力提升研究》, 硕士论文，湖南科技大学系，

2021，第 41–44 页。

[6] 吕昇:《农村小学劳动教育教师教学资源整合能力研究》，硕士论文，西南大学系，2021，第 31–36 页。

[7] 孙龙凤:《海南省中学青年教师教学反思的行动研究》，硕士论文，海南师范大学系，2018，第 52–53 页。

[8] 王海燕:《小学教师信息化教学执行力的模型构建及调查研究》，硕士论文，曲阜师范大学系，2018，第 11–17 页。

[9] 蔡华富:《当前中小学爱国主义教育活动载体运用研究》，硕士论文，福建师范大学系，2018，第 16–19 页。

[10] 张紫璇:《中小学体育教师教学学术的缺失与回归》，硕士论文，湖南师范大学系，2017，第 21–23 页。

[11] 范靖:《优秀教师教学反思的个案研究》，硕士论文，西南大学系，2016，第 31–34 页。

现代教学需要对教学媒体进行设计。什么是教学媒体？教学媒体是教学内容的载体，是教学内容的表现形式，是师生之间传递信息的工具，如实物、口头语言、图表、图像以及动画等。教学媒体往往要通过一定的物质手段而实现，如书本、板书、投影仪、录像以及电脑等。本章主要阐述微视频的设计、微课的设计和白板的设计等方面，旨在抛砖引玉。

第七章　基于核心素养的教学媒体设计

第一节　微视频设计①

一、何谓微视频

微视频是以视频为主要载体，记录教师对某个重难点或教学环节而进行的教学活动过程，是一种在传统课堂基础上继承和发展起来的新型教学形式，它能够对我国现有教学改革具有较大的推动作用。它具有四大特点：(1) 教学时间短。一堂微课控制在 5 分钟左右，这一时间范围既能将问题讲清楚，人的注意力又比较集中。(2) 教学内容少。微课只针对教学中某个知识点，如重点、难点或疑点，进行微单元教学，内容短小精悍。(3) 目的明确。微视频的核心是视频，屏幕中没有学生，只有配合书写、讲解的画外音，教学情景真实且目的明确。(4) 资源容量小。一个微课一般只有几十兆，为 flv、wmv 等常见的

① 肖安庆：《微视频在高中生物教学中的应用价值与策略》，《中学生物学》，2014 年第 4 期。

在线播放格式，便于移动学习。

多媒体技术的出现，丰富了教师在教学活动中的教学内容和教学方法，改变了传统教学中“一本书、一支笔、一张嘴”的现象。微视频的运用可使课堂气氛变得轻松、活跃，学习内容直观、生动，教师在课堂教学中不必担忧学生难于理解抽象的名词术语，而可以辅以一些鲜活的事例搭建起动态课堂。这不仅易于学生对知识点的理解和掌握，更激发了学生学习生物的兴趣。

二、微视频在高中生物教学中的应用价值

（一）激发学生学习动机

所谓动机，是指引发并维持活动的倾向，而学习动机是指直接推动学生进行学习的一种内在动力，是激励和指引学生进行学习的一种需要[1]。高中阶段正是学生人生观、价值观的形成时期，这一阶段的学生普遍缺少自觉性，如果没有教师的督促，在学习上容易产生懈怠心理。因此，针对这一阶段学生的特点，教师可以利用教学影片，在课堂的导入阶段激发学生的学习兴趣，在教学活动中加深学生对知识点的理解，在课堂结束阶段总结教学重点，以极大地激发学生学习动机，提高课堂教学的效率。

（二）丰富学生认知体验

进入高中后，学生的情感意识逐渐增强，对外界环境的变化会表现出不同的情感。基于这样的生理特点，要求教师在课堂中不仅要传递文化知识，还要梳理学生的情感发展，使其追求阳光、健康的生活方式[2]。教师在教学中选用教学影片辅助教学活动，可以促进学生的情感随情境的变化而变化，唤起学生心中相应的情感，丰富学生的认知体验，使学生引起情感共鸣，投入教学主题。

（三）增强学生记忆效果

一部好的教学影片，不但可以冲击学生的视觉和听觉，给学生留下深刻的印象，还能增强学生对知识的记忆效果。教师在播放教学影片时通常带有一定的目的性，学生在观看影片时也会带着这种教学目的融入情境中，从而增强对所学知识的记忆效果。

三、微视频在高中生物教学中的运用策略

（一）确定教学目标，选择教学影片

教师选用的教学影片要与教学内容相符，且富有启发性和教育性。首先，教师所选择的教学影片内容应积极向上，不得选用涉及暴力画面之类的负面微视频片段；其次，教师所选择的影片应与教学内容紧密衔接，不得偏离教学主题。在对影片的播放时间控制方面，建议教师对影片进行加工剪辑，将播放时间控制在 5 分钟之内，这样既可以突出主题，又不会显得冗长；此外，对于所选择的教学影片，教师要事先准备影片的简短介绍，以避免有些学生对影片不了解，盲目观看。

例如，在讲授人教版生物必修 2 中的“DNA 分子的结构”一课时，教师可以选用 2004 年雅典奥运会开幕式中的 2 分钟实况片段，这段视频中关于 DNA 的解说词简洁明了，引人入胜——“这时候水幕形成了 DNA 螺旋的结构，代表了生命的画面，它告诉我们：不管我们从哪里来，我们的未来都锁定在这一简单却又深远的双螺旋结构中，它创造了我们，又使我们互不相同。”从课堂教学效果来看，选用这个案例作为导入有以下优点：所选用微视频材料现实性强，极大地激发了学生学习生命结构的兴趣；从正面突出了生物学科在社会飞速发展中的重要性；另外，其盛大的演出阵容，给学生留下深刻的印象。

（二）创设教学情境，丰富教学内容

进入 21 世纪后，教育学者开始以发展的眼光编写生物教材，如在教材中加入了问题探讨、本节聚焦、技能训练、知识链接等内容丰富的教学版块。在这些材料的基础上，教师可以适当选用教学影片，创设教学情境来丰富教学内容。

一部经典的微视频动画片《狮子王》对于高中生来说并不陌生，但以往学生在观看这部影片时，只是为了精神娱乐和视觉享受，如果将这部经典影片搬到教学课堂上，让学生从生态系统的角度重新审视这部作品，则会有不同的教学效果。教师可以剪辑影片《狮子王》中关于辛巴和父亲的对话场景：

父亲："你所看到的一切都微妙地共生共存，身为国王，你必须了解那种平衡，而且尊重每一种生物，从爬行的蝼蚁到跳跃的羚羊。"

辛巴："但是，爸爸，我们不是吃羚羊吗？"

父亲："没错，辛巴，你听我解释。在我们死后，身体会化为青草，而羚羊吃青草。因此，我们紧紧相扣，生生不息。"

短短 3 分钟的微视频片段可以让学生在 2D 视觉效果中感受生态环境中的微妙关系，感受生态系统中的结构——食物链。借助微视频作品带领学生置身于生态环境中，使教学内容更加丰富，易于学生理解，提高了学生的对生态环境的情感认识。

此外，影片《少年派的奇幻漂流记》也是一部很好的生物课教学影片。影片讲述了少年派和一只名叫理查德·帕克的孟加拉虎在海上漂泊 227 天的故事。如果从生物学角度再次观看这部影片，我们会看到这样的一个捕食网：鬣狗咬死了斑马和猩猩，理查德·帕克又咬死了鬣狗，最后只剩下派和理查德·帕克共处生活。在教学中这部影片的启示是多方面的：生物圈中没有所谓

的王者与胜者，只有相互扶持，才能共同存活，倘若没有理查德·帕克的存在，也不会激起派强烈的求生意识，这是大自然馈赠给人类的礼物。通过这样简短的教学活动，不仅可以让学生掌握生物知识，还可以提高学生的科学素养，将理论知识化为生活情感，使学生更加善待生命、热爱自然。

（三）讨论微视频作品，提炼教学内容

爱因斯坦曾说："想象力比知识更重要，因为知识是有限的，而想象力概括着世界上的一切，推动着进步，并且是知识进化的源泉。"学生在感悟教学影片、品评其内容时，无不伴随有丰富的想象[3]。学生紧扣教学主题展开想象，可以使枯燥的生物学知识在讨论中变得生动起来，在生动的语言及场景中感受影片背后的奥妙，是微视频的突出特点。

人教版高中生物选修 3“现代生物科技专题”中，介绍了很多生物科技研究成果对社会发展的影响。虽然是选修课程，但教材中的内容在高考中所占的比例近 20%，这足以突出生物技术在现代社会发展中的影响力之大。教师在讲解这部分内容时，可以影片《生化危机》为例，让学生自主探讨科学技术对社会的影响，激发学生学习生物工程相关领域知识的兴趣，并从情感角度分析科学技术引发的社会问题，提高学生辨别是非、分析问题的能力。

四、微视频在运用中需要注意的问题

微视频在现代教学环境中日渐受到教师的重视，然而如果教师过多地关注微视频作品的华丽，势必会适得其反，使教学目标成为空谈。另外，教师所选择的教学影片应根据教学内容适当使用，不能“堂堂微视频、节节点评”，这样的生物课堂就成了微视频欣赏课，失去了微视频教学的价值。教师在使用教学影片时还应具备一定的掌控课堂能力，比如播放时间的长短、学生自由讨论

的时机以及如何对学生的讨论进行点评等，这些都要求教师在备课时做好充分的预设。

总之，面对素质教育和课程改革的双重考验，高中生物教师应根据高中生身心发展的特点，合理运用多媒体教学手段，构建丰富、生动的生物课堂，并在此基础上重视培养学生的思考能力、辨别能力和分析能力，善于运用多媒体教学，巧用微视频，让原本枯燥、抽象的知识变成生动、灵活的视听盛宴。

参考文献

[1] 陈琦:《刘儒德当代教育心理学》，北京师范大学出版社，1997，第 21 页。
[2] 刘宏武:《主动参与教学模式》，中央民族大学出版社，2004，第 31 页。
[3] 朱京曦:《多媒体教学策略》，北京师范大学出版社，2010，第 34 页。

微课是近年来教育技术的新宠。通过总结微课的发展历程，结合中小学学生的心理特点，探索微课的设计策略，以期为微课的制作者提供借鉴。

第二节　微课设计①

微课是“微家族”的一员，是数字媒体和网络时代诞生的新的学习模式，其在中小学教育中的应用仍处于初级阶段，如何更好地实施和推广，需要更多的教育工作者探索和努力。

一、微课的发展

微课最早起源于美国，其雏形为美国北爱荷华大学 LeRoy A. McGrew 教授所提出的 60 秒课程和英国纳皮尔大学 T. P. Kee 提出的一分钟演讲。McGrew 教授希望在非化学专业学生和普通民众中普及化学常识，考虑到现有的化学教材篇幅长，不适合非专业者学习和掌握，在此背景下提出了 60 秒课程，为非专业民众普及化学常识。他将 60 秒课程分为三部分设计：概念导入—内容解释—列举生活案例。他还认为其他专业也可用类似方式的教育和学习。现今热议的微课概念是 2008 年由美国新墨西哥州圣胡安学院的高级教学设计师 David Penrose 提出。他认为微型知识脉冲配合一定的作业和讨论，能够与传统授课取得相同效果。该设计师在总结前人的基础上提出了微课建设五步骤，总结归纳为：（1）罗列课堂教学中试图传递的核心概念。（2）写出一份 15 ~ 30 秒总结。（3）用麦克风或网络摄像头录制 1 ~ 3 分钟内容。（4）设计能够指导学生阅读或探索的课后任务，帮助学生学习课程材料内容。（5）将教学视频与课程

① 肖安庆：《试论微课的发展与设计策略》，《中国电化教育（白板专刊）》，2015 年第 1 期。

任务上传到课程管理系统。[1-2]

在国内，微课概念最早出现于2008年，由广东省佛山市教育局胡铁生先生提出。胡先生经过调研、统计分析发现现有教育信息资源利用率低，首次提出了以微视频为中心的新型教学资源——“微课”，后经过建设和发展，形成了以“佛山市中小学优秀微课作品展播平台”与“微课网”为代表的微课研究平台。[3] 近些年随着国内教育研究者和行政管理者对微课优点的进一步了解，国内出现了越来越多的相关设计比赛和推广应用等，比如，2012年12月教育部全国高校教师网络培训中心向全国各高校发出了举办全国首届高校微课教学比赛的通知，其成果案例和研究课题也日趋渐多。尽管微课兴起蒸蒸日上，但总体上而言，国内关于微课的研究和开发应用仍处于初级阶段，大多数研究仍集中在阐释理念和应用前景，深入分类研究和应用推广仍需更多的学者和行政管理者审视与总结，以获得为微课理念如何更好地促进学生学习寻求启示。在对相关资料的查询和中国知网的搜索中，很容易发现目前的微课开发主要集中在中小学，针对高等职业技术教育的实践案例和研究成果并不是很多，课题组在此背景下，提出了积极探索适合中小学系列微课建设方案和资源库。

二、传统教学视频存在的问题及微课建设的必要性

《教育信息化十年发展规划（2011—2020年）》指出：教育信息化发展要以教育理念创新为先导，以优质教育资源和信息化学习环境建设为基础，以学习方式和教育模式创新为核心。在种种合力的推动下，以微视频为核心的新型教学模式引起了诸多教育研究者及一线教师的关注。随着近年来数字媒体和网络时代的到来，移动通信技术、社交媒体，以及以开放、共享为理念的开放教育资源运动蓬勃发展，以课堂教学为主的传统型知识讲授方式已不能完全满足人们对知识的需求，“微”学习模式正逐渐在全球范围内兴起。[4-5]

近些年，随着信息化教学设施的健全，多媒体技术被广泛应用到日常专业

教学中，几乎所有教师都有运用多媒体技术播放视频的教学经历。但无论是精品课程视频（每节课 40 ~ 45 分钟），还是其他类型的教学视频，除上课教学外，很少有学生会在课后浏览学习，其利用率低。造成这一现象的主要原因有三点:（1）视频容量偏大，移动浏览、下载学习费用偏高。（2）视频讲解时间较长，一般在 40 ~ 45 分钟，内容冗长，知识点多个，不利于短时间内全面掌握。（3）目前高校学生更偏好使用移动终端获取信息，而对相对不够便捷的多媒体教学视频缺乏热情。

微博客、微电影、微视频等微时代的到来，微课作为“微”家族的一员顺应了技术革新和人们生活习惯改变的潮流，在一定程度上为微课的推广和实施奠定了客观基础和外在条件。微视频相对传统教学视频，表现出了独特的特点:（1）短小精悍，一般为几分钟到十余分钟。（2）知识目标明确，有针对性，往往以一个知识点为单元进行内容设计，同时配有声音、音乐、图片，甚至动画等，具有更好的视觉和听觉效果。（3）内容结构既松散又耦合，微课以独立的知识点为单元，从课程整体上看，微课彼此不孤立，一般成系列集，内容相互衔接具有连贯性。（4）微课参与者自主、互动、开放、共享，学生可以根据自己需求决定学习内容、进度、时间、地点，可以与教师或其他同学进行探讨合作，资源之间开放共享。

在此背景下，微课作为传统教学模式的一种新型补充教学方式，其发展和推广有着非常积极的意义，也是诸多教学研究者和工作积极探索和研究的一个新型的教学模式。

三、微课设计策略

在微课设计与开发一般要考虑到微课设计初衷、教学目标分析、学习对象分析、教学内容分析、选择合适的教学情景、微视频的设计与开发等几个方面。

（一）内容选题

微课建设核心环节是微课内容选择和视频及场景设计。其特点决定了授课者和设计者要结合专业特点和学习对象选取相对独立、实用性强、能促使学习者深度学习和思考的短小微问题。考虑到学习者往往出于兴趣爱好或业余短暂学习，因此选择好微问题作为核心内容外，还应该设计一个好的标题。

微课与传统课堂教学差异较大，缺乏相互学习和互动交流的环境，因此它常选取一个知识点或某个教学环节的某核心部分内容呈现。学习者往往只是“自觉”的学习者时，在设计微课开头，吸引这些“自觉者”显得尤为重要。对授课者而言：主题内容的选择、核心内容的提炼、教学过程的设计都是个考量。

（二）主题内容设计

在实际教学过程中，考虑到教学目的、教学内容和教学模式等差异，微课设计者要对内容和方法进行合理组织，针对性设计最佳教学方案，一般内容涵盖导语、主题、正文和结束语等，设计过程中需结合精彩的画面、图片甚至音乐等逐层深入，突出主题和重点。设计和制作过程中导语结合专业和主题学科等，通过经典历史、日常趣事等巧设悬疑，导入主题。主题过程设计中往往通过几分钟的讲析，逐步推进和深入，同时结合图片、音乐、动画等旁征博引，层层深入，学习者通过对微视频的学习和观看后，能够对所讲主题和核心内容有着清晰的理解。结语是对课程主题内容的总结和归纳，以及后续内容的引领，因此往往通过归纳性总结和后续学习的引领作为结语，一方面使学习者全面了解本节微课内容，同时也引起学习者对后续内容的兴趣。

（三）微视频设计与开发

微课的核心内容是教学微视频，微视频设计与制作效果直接关系到微课的最终效果。目前常见的微视频制作方式有摄像机 + 白板、屏幕录制软件 +PPT、屏幕录制软件 + 手写板 + 画图工具，甚或是手机 + 白纸等制作设计方式。微课授课者可以根据自己的硬件设施和便利条件自由选择，但是考虑到最终的学习效果和观看效果，尽量选择视觉效果较佳的设计制作方式进行制作。为了设计出较好的微视频，一般应该考虑以下几个方面。

1. 较好设计制作工具和专业的制作团队

俗话说得好，“巧妇难为无米之炊”，选用较好的设计制作工具是实现微视频的前提和关键要素之一。其次是熟练使用视频处理软件和图形图像处理软件的设计者，国内微课研究专家胡铁生认为：课堂教学视频的拍摄与编辑技术是制约微课质量的主要因素。简单的微教学视频由课题组教师自己做，前提是设计者必须能熟练使用视频处理软件和图形图像软件。复杂视频则需要由专业的摄制技术人员设计开发，这样教师只需要考虑上好课，不需要花心思考虑视频制作效果。

2. 授课者是否出现

有些微课的授课者出现在微视频中，有些则没有，因此授课者应根据实际需要确定。如果授课者需要出现在微视频中，着装要大方得体。

3. 设计与制作

为了提高微视频的欣赏效果，设计和制作微视频的过程中，往往将授课PPT、音频、视频、动画等媒体技术与课程主题内容相结合，突出主题和学习效果。因此制作过程中要尽量考虑整个视频画面协调性和布局合理性，PPT 课件设计风格大体尽量一致，文字内容与背景颜色尽量反差大些，以方便观看与拍摄。

4. 微课容量

考虑到微课往往通过媒体和网络学习，必须考虑微课的容量大小和时间长短等，一般控制在 3 ~ 10 分钟，时间不宜过长，否则就不是微学习了。

（四）微课设计提升

目前普遍认为微课作为常规教学的辅助补充课堂，设计开发者必须结合学科特点和学习对象的学情进行设计开发，这样才能更好地提高学习效果。随着微课的优点逐渐显现，教育界诸多学者和教育行政部门也逐渐开始重视，相应的设计开发比赛也络绎不绝，更加促进了微课的推行和深化。资料显示，微课在中小学教育中的应用目前还处于初级阶段，还存在诸多的技术问题，相应的系列微课也非常小。因此加强互动交流和学习，参与各级教育部门的微课程比赛和交流会议，深入探讨和分析研究显得尤为重要。

参考文献

[1] 梁乐明、曹俏俏、张宝辉:《微课设计模式研究：基于国内外微课的对比分析》,《开放教育研究》，2013 年第 1 期。

[2] 叶冬连、焦建利:《国外开放教育资源的比较及启示》,《中国电化教育》，2010 年第 10 期。

[3] 胡铁生:《“微课”：区域教育信息资源发展的新趋势》,《电化教育研究》，2011 年第 10 期。

[4] 桑新民、李曙华、谢阳斌:《21 世纪：大学课堂向何处去：“太极学堂”的理念与实践探索》,《开放教育研究》，2012 年第 2 期。

[5] 范福兰、张屹、白清玉等:《基于交互式微视频教学资源教学模式的应用效果分析》[J].《现代教育技术》，2012 年第 6 期。

构建高效课堂是现代教学的主题和趋势。传统多媒体教学在教学中存在局限性：它缺乏互动，忽视了思维能力的培养，限制了教学的灵活性，课件制作难度大，学生不易接受。交互式电子白板在高中生物教学中的优势在于：一是书写和绘画功能，有利于教学互动和反馈；二是白板软件的放大镜、屏幕遮蔽和聚光灯功能，有利于吸引学生的注意力；三是白板的回放功能方便呈现，有利于学生反思；四是丰富的资源库，有利于生成高质量的教学课件。本文还提出了合理利用交互式电子白板的三点思考。

第三节　白板设计①

交互式电子白板通过大型的触摸屏与投影机与计算机的联合使用，突破了黑板、粉笔、板擦和教师“三位一体”教学模式，为课堂互动、师生互动、生生互动提供了技术可能。在课堂教学中，我们可利用交互式电子白板，实现呈现、展示、交流、互动、合作，拓展教学资源，优化教学过程，激发学生学习兴趣，达到构建高中生物高效课堂的目的。[1]

一、传统多媒体教学的局限性

（一）传统多媒体教学缺乏互动

传统多媒体教学在操作上重技术，轻情感，缺乏互动。某种程度上，教师成为机器的操纵者，放弃了肢体、表情等身体语言的使用，降低了教师的亲和力；而学生对课件中动画、色彩等的关注程度远多于知识点，虽然课堂气氛活跃、兴趣浓厚，但对生物基本知识学习的热情却难以为继，限制了课堂上师生

① 肖安庆：《交互式电子白板在高中生物教学中的应用》，《中小学电教》，2011 年第 5 期。

之间“教”与“学”的互动。[2]

（二）传统多媒体教学忽视了思维能力的培养

生物学教学注重思维能力的培养。一般情况下，教师在制作课件时，将与教学有关的内容，全部纳入课件，而授课时又受时间的限制，只得加快速度，有时一堂课教学容量相当于传统教学内容的两三倍，演示速度较快，使学生眼花缭乱，抑制了学生思考的积极性，忽视了对学生抽象思维能力与形象思维能力的培养。[3]

（三）传统多媒体教学局限了教学的灵活性

传统多媒体教学中，教师忙于页面的转换，在课堂上缺少对学生的监督管理，学生对教学内容和知识点的注意力难以集中。无论课件是教师自己制作还是其他形式，内容和模式早已在授课前固定好了，这样就导致教师在实际授课过程无法根据学生的课堂反应、难易层次因材施教，进行现场调整，极大地限制了课堂教学的灵活性。[4]

（四）传统多媒体课件制作难度大，学生不易接受

由于教师对课件制作知识掌握不一样，对课件素材收集不够齐全，因此制作多媒体课件时难度大。容易将课件制作成文字教材的简单翻版，出现模拟实验不太科学，画面不够真实的现象，从而影响教学内容的展现。此外，多媒体教学节奏快，记忆重点增多，学生既要抓紧时间做笔记，又要留意老师对知识点的解释和拓展，常常顾此失彼，丧失了对课堂教学及时、准确的记忆，影响了他们对知识的接受和理解。

二、交互式电子白板在高中生物教学中的优势

高效课堂是指在有效课堂的基础上、完成教学任务和达成教学目标的效

率较高、效果较好并且取得教育教学的较高影响力和社会效益的课堂，即以尽可能少的时间、精力和物力投入，取得尽可能好的教学效果。在高中生物教学中，利用交互式电子白板，具有高效性，有四大优势。[5]

（一）书写和绘画功能，有利于教学互动和反馈

生物学知识繁多而难记，生物课堂应该课堂互动、师生互动、生生互动，才有利于课堂的高效教学。由于交互电子白板能提供方便的书写和绘画功能，便于学生走上讲台，练习所学内容，展现自己的想法，与同学分享自己的成果，实现师生之间的直接交流，便于教师及时了解学生的学习情况，以提高教学效果。同时白板软件资源库中的一些小工具，还可以辅助教师开展分组学习等。这样的课堂不仅实现了师生之间和生生之间的交互，有助于教学目标中情感目标的实现，也对学生情感因素的培养起到积极的作用，弥补了传统多媒体投影教学的一大缺口。

又如，在生物练习课中，教师可以预先准备好多层次、多角度、多样式的练习题，能让不同程度的学生上黑板后，通过拉幕功能，拖出对应知识点的练习，经过自己的努力、动手和思考，都能在不同层次的题目前展现自己的才能，都能体会到成功的喜悦，都能得到教师和同学们的肯定与赞许。学生能上讲台，展示交流，这样比传统多媒体教学模式，成倍增加了学习反馈的有效信息量，显著提高了反馈矫正的效果，使教学目标得以更扎实地落实。让学生“动”起来，课堂“活”起来，改变过去“我讲你听、我说你做”的授课方式，教师成为教学过程的策划者、组织者、合作者。[6]

（二）白板软件的放大镜、屏幕遮蔽和聚光灯功能有利于吸引学生的注意力

白板软件的放大镜、屏幕遮蔽和聚光灯功能有利于将事先准备好的课件进

行部分遮蔽，逐次显示教学内容，避免显示内容过多而分散学生的注意力，有利于学生的积极思考；使用聚光灯，高亮显示某一部分的重点内容，使学生的目光都聚焦于聚光灯突出显示的位置；使用放大镜功能将重要内容将太过细小的图画放大，以吸引学生的注意，加深记忆，从而有利于课堂教学的高效性。如人教版关于减数分裂的图解，书中画的染色体细小而难以辨认，学生很难观察到染色体数目在减数第一次分裂时就发生了减半。教师直接讲出结果，学生又不太理解。这时可以利用白板的放大功能，对前期的细胞进行放大，让学生自己去计算数目，理解减数分裂的过程。[7]

（三）白板的回放功能方便呈现，有利于学生反思

白板软件的回放功能方便记录下白板上发生的教师教学和学生学习过程的所有细节，并进行任何多次回放[8]。对于一些需要反复讲解的难点问题，可以把讲解过程多次回放，还可以控制回放的速度，随时启动、暂停。既减轻了教师的工作量，又满足了不同学生的需要，教学效率得到了提高。例如，对于神经兴奋的传导，是重点，也是难点，学生不易接受。教师可以调用准备好的视频，进行播放。然后在白板上对神经纤维内外电位变化进行分析，留下记号，再回放。当学生还有不能理解的情况，学生可以自行在课后观看视频和记录，及时消化。这样的课堂比教师手拿鼠标面对电脑讲课、学生机械地观看媒体播放过程，多了学生反思过程，教学效果要好很多。[9]

（四）丰富的资源库，有利于生成高质量的教学课件

课件是现代教学中不可或缺的一个要素。没有课件教学媒体也就失去了作用。使用电子白板软件制作课件，类似于 PowerPoint 的操作，简单方便。软件图库中有丰富的常见资源，教师可将自己在教学中积累的生物教学素材、各类题型输入图库，建立自己的教学资源库，分别编上“细胞资源库”“遗传资

源库”“稳态资源库”“生物技术资源库”“生物科技资源库”等等。在课堂教学中可根据需要随时调出，减少了教师从互联网上搜索的时间，提高了制作效率。同时它还支持多种格式文件的导入功能，教师只需站在白板前，就可随意对课件进行修改增删。这种在实践中完善的生成式课件质量会更高，成为让所用教师共享的重要教学资源。

三、合理利用交互式电子白板的思考

（一）设计电子白板目的要明确，针对性强

教学活动中引入白板是为增强学生的感性认识，启发并引导学生对知识的理解和感悟，提升学生能力和情感价值观形成。设计课件时以学生知识目标、能力目标和情感目标形成为核心进行设计，为解决教学重难点内容，提升教学信息转化为学生知识信息的效率、提升学生能力和形成情感目标而服务。课件设计要简洁明了，有些课件设计文字内容过多或过于复杂，反而增加了学生认知的难度。针对不同课型设计不同的课件，例如复习课课件有利于把知识点整合成知识体系，新授课课件创设情景、产生直观形象思维，实验课课件演示操作过程和实验现象。

（二）利用交互式电子白板要与教学内容有效组合

交互式电子白板是一种促进课堂教与学的有效手段，教师在备、教、学的时候，要注意电子白板与课堂教学内容的有效组合，在课堂有限时间内引入白板时，要预设教学目标达成和产生相应的教学效果，要处理好教师为主导、学生为主体、白板技术为媒介的关系，提高教与学的效率。教师通过媒体课件有目的地动态演示，学生通过课件动画的感性认识，逐步分析总结出兴奋传递的特点，实现预期的教学目标。如果课堂进行简单演示，忽略了学生对知识的认知规律，忽略了教学内容，就会使课堂效果下降，流于形式。

（三）课堂引入媒体内容及播放节奏要适时适量

课堂教学中学生对知识的认知、理解和转化需要一定时间，电子白板一般承载的信息量大，呈现信息时，如果频繁切换教学内容界面、播放速度快，学生没有思考的余地，学习就会由主动变为被动，不利于学生思维过程形成和知识的获取，难以形成师生之间的互动。所以，应用电子白板，应该注意以下几个问题：电子白板应用以帮助学生认知过程为目的，以学生的认知规律为基础，以优化学生学习效率为宗旨；根据教学重点难点内容，合理利用电子白板进行教学；课件使用时间、播放节奏要适度。[10]

参考文献

[1] 岳甫春：《电子白板技术在生物教学中的初探》，《合肥师范学院学报》，2013 年第 6 期。

[2] 张祖旺：《关于交互式电子白板在初中英语教学中使用的反思与建议》，《海外英语》，2021 年第 24 期。

[3] 李淑琴：《交互式电子白板辅助高中物理课堂教学的实践尝试》，《数据》，2022 年第 3 期。

[4] 陈晓星：《巧用希沃电子白板激活文言文教学课堂》，《语文教学通讯 · D 刊》（学术刊），2021 年第 3 期。

[5] 叶齐：《交互式电子白板敲开思维的大门》，《办公自动化》，2021 年第 23 期。

[6] 李红英：《电子白板在生物试题讲评课中的应用实践》，《科学咨询》（教育科研），2020 年第 1 期。

[7] 久米：《西藏偏远县城初中课堂教学教育信息化现状调查研究——以山南市 5 所偏远县城中学电子白板使用情况为例》，《西藏科技》，2020 年第 7 期。

[8] 韩淑芬、张群生、李香利：《电子白板与"6+2"教学模式的融合应用研究——以高中化学教学为例》，《数字教育》，2019 年第 5 期。

[9] 艾丹：《浅谈电子白板使用技术与学科教学的整合》，《汉字文化》，2018 年第 1 期。

[10] 吴宽宁、周国显、黄嘉俊：《交互式电子白板在体育课堂教学中的研究综述》，《体育世界》（学术版），2018 年第 5 期。

什么是教学评价？教学评价是依据教学目标对教学过程及结果进行价值判断，并为教学决策服务的活动，是对教学活动现实的或潜在的价值做出判断的过程，也是研究教师的教和学生的学的价值的过程。本章重点阐述了核心素养背景下教学评价的内涵、原则、方法和基本策略，同时也阐述了教师评价的策略问题。

第八章　基于核心素养的教学评价设计

核心素养是新一轮课程改革的新指向。如何有效地评价核心素养，是发展学生核心素养的必然要求，也是当下课程改革中亟待解决的问题。核心素养评价应遵循有效性、激励性、可靠性、公平性、平衡多样性等原则，注重终结性评价与形成性评价相结合的方法，通过多种基本策略进行科学评价。

第一节　教学评价的原则、方法与途径[①]

为全面深化改革、立德树人，新一轮课程改革的根本任务为发展学生的核心素养。生物核心素养是学生在解决真实情境中的生物学问题所表现出来的必备品格和关键能力，包括生命观念、理科思维、科学探究和社会责任 4 个方面。随着教育部《普通高中生物课程标准（2017 年版）》正式颁布，高中生物

① 肖安庆：《试论核心素养评价的挑战与路径》，《中学生物教学》，2018 年第 5 期。

学科核心素养已成为每个生物教育工作者普遍关注的话题，基于高中生物学科核心素养评价问题备受关注。本文从高中生物学科核心素养评价的挑战出发，探讨核心素养评价的内涵、方法与基本策略，以期为改进学科素养评价提供参考。

一、核心素养评价面临的挑战

由于知识经济时代的到来，数字化技术、社会变革和全球化进程，对个人素质提出了更高的要求。传统教育所关注的知识与技能培养，已经无法让个体适应复杂多变的社会需求。在此背景下，各级教育应帮助个体建构适应各种复杂情境下的应变能力和素养框架，以具备解决问题的必备品格和关键能力。

目前，围绕学生核心素养的发展，开展了课程、教学与评价等多方面的理论研究和实践探索，是进一步深化我国中小学教育课程改革的当务之急。如何破解我国教育教学评价的瓶颈问题，改变过去标准化考试和专注于碎片化知识的弊端，构建促进中小学生核心素养发展的评价框架，具有重要的现实意义和战略地位。

首先，从培养环境看，核心素养的培养，不是固定情境下的简单学习，而是在复杂多变的生活情境下的创造性应用。与识记或引用零碎知识或孤立技能相比，核心素养的基本内涵、表现机制的理解更为复杂，目前这些研究较为薄弱。核心素养关注的创新意识、批判性思维、团队协作与沟通等能力，需要在真实的学习情境中才能培养，进而才能对核心素养进行科学测评。

其次，从核心素养的特征看，核心素养具有内隐性的特征，诸如生命观念、审美观念、创新意识等指标无法直接观测，需要借助特定的情境才能评价。这种合理评价，建立在核心素养与特定任务上的实际表现之间的关联，如图 1-8-1-1 所示。[1]

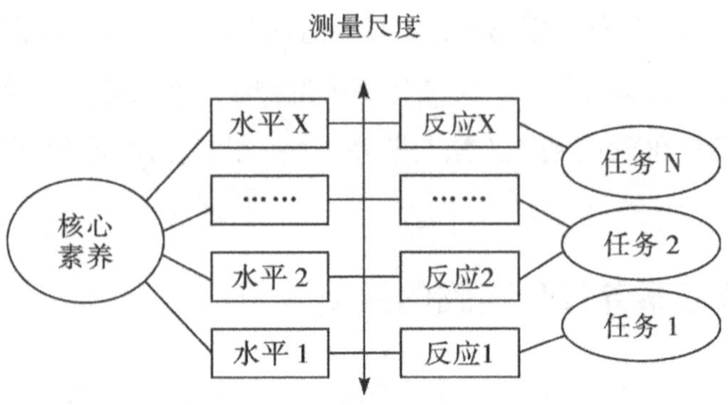

图 1–8–1–1　核心素养与任务反应之间的关联

从图 1–8–1–1 可知，通过测量工具，可以检测到个体不同的核心素养水平与特定任务上存在不同的反应。操作上是可借助这种关联来评价核心素养的。但不同核心素养水平与特定任务之间并不存在明确的关系，如批判性思维和探究能力本身就是抽象复杂，其蕴藏的内涵、水平特征和构成本身都难以厘清，在不同情境下的实际表现也是不断变化的，并不像图 1–8–1–1 那样清晰简单。这就对各核心素养水平的认识以及测量，以及如何建立素养水平与任务表现之间的关联，提出了极大的挑战。尽管新修订的课程标准制定了学科的核心素养和学业质量标准，在一定程度上帮助我们理解所测的核心素养，但要深层次地理解这些问题，还需要进一步研究和探讨。

二、核心素养评价的内涵

（一）何为核心素养评价

教学评价是用一种或几种评价方法，如观察、测试、访谈、项目与测定标准等，在知识、技能和情感态度价值观方面得出结论的过程，是教师了解教学过程、调控教学行为、提高教学质量的重要途径。核心素养评价，应依据核心素养的目标要求、内容标准以及学业质量标准，科学有效地评价教学效果，调控教学行为。教学评价的目标是在于判定系数成绩，了解学生对核心素养的掌握和理解情况，改进教学方式，为全面提升教学质量提供依据。

（二）核心素养评价的内容

教学评价应围绕课程标准的要求，创设符合学生认知和心理特点的真实情境，使教学评价内容与教学目标一致。教学评价的内容有：（1）是否形成结构与功能观、进化与适应观、稳态与平衡观、物质与能量观等生命观念。（2）是否形成理科思维的习惯，运用归纳与概括、演绎与推理、模型与建模、批判性思维等方法，能够探讨阐释生命现象及规律。（3）是否掌握科学探究的思路、方法与合作精神，能够探讨解决实践中的生物学问题。（4）是否具备开展生物学实践活动的意愿和社会责任感，解决生产生活中的生物学问题的责任感和能力。

三、核心素养评价的原则与方法

（一）核心素养评价的原则

1. 目的明确

核心素养评价以生物核心素养的内容为依据，明确发展学生的生命观念、理科思维、科学探究和社会责任等 4 个核心素养，每个评价对象明确指向一个或几个核心素养指标。

2. 科学有效性

科学评价，应遵循课标要求，符合学生的教育学、心理学发展水平和认知规律，科学制定学生学业质量发展水平。有效评价是评价工具和评价方法能否反映学生核心素养的发展变化，不能只关注成绩，更要记录学生发展的全过程，处理好终结性评价和形成性评价的关系，有效深入地评价学生核心素养的各个方面。

3. 公平可靠性

公平评价，应着眼于个体差异，对不同学生采取不同标准的评价。如果有的学生的发展程度与教学目标一致，可以考虑形成性评价。这样评价虽不对评价结果起决定性作用，但在一定程度影响评价结果。可靠性是指评价工具持续准确测量评估学习。只有持续性评价，才能准确反映核心素养的实际水平，得到准确的评价结果。

4. 平衡多样性

核心素养评价的主体是多元的，方式是多样的，包含总结性评价和形成性评价。评价过程中，应发挥教育主管部门、学校、教师和学生之间的角色，从不同的角度分析解释结果；保持不同评价方式之间的平衡，将终结性评价与形成性评价、整体性评价与单项评价、定量评价与定性评价结合起来，正确评估结果，使评价结果与改进策略相一致。

5. 激励进步

核心素养评价结果应作为进一步促进学生学习和发展的手段，杜绝唯分数论的评价方式。应建立学生成长电子档案袋，激发潜能、激励成长、促进进步。

（二）核心素养评价的方法

1. 终结性评价

终结性评价是在一定时间内对学生学习水平进行评估总结。目前我国采取的标准化考试就是一种终结性评价。所谓的标准化测试，是指开发、管理、评分按照统一流程设计考试。这种测试对学生有目的性地对比，确保一致性地监测和评估学生，确保评价的结果具有可靠性和公平性。标准化测试的评价，包括常模参照评价和标准参照评价。常模参照评价是在一定范围的学生中，选取一定的样本作为参照，用于比较学生之间的水平与进步。标准参照评价是主要将每个学生多次标准化考试成绩进行比较，研判学生是否进步的一种方式，这种方式相对常模评价来说，比较公平科学。

2. 形成性评价

形成性评价是监控学生的学习并提供持续反馈的评价方式，包括成长电子档案袋、问卷调查、教师评价和自我评价与小组评价。

（1）成长电子档案袋。成长电子档案袋是一个着眼于学生自主学习、自我评价的开放性平台。这种核心素养评价方式与课程目标相一致，激发学生的积极性，培养学生自我反思、学习学习和问题解决能力，分为3个阶段：自我展望、表现控制和自我反思3个阶段，如图1-8-1-2。该评价方式以自我调节模式为中心，可以通过设计和开发成长电子档案袋加强核心素养评价，通过评价促进学生有意义的学习。[2]

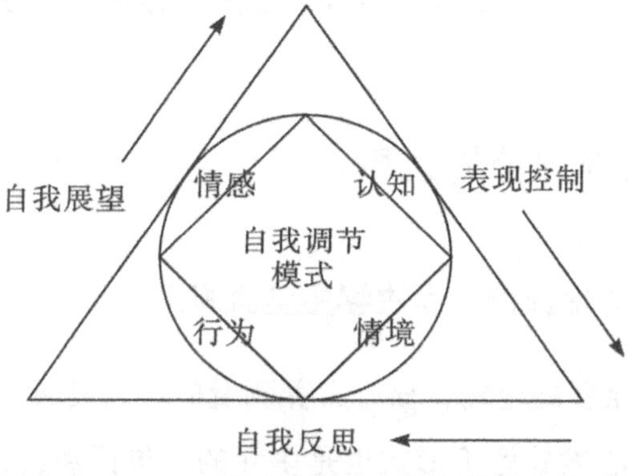

图 1-8-1-2　成长电子档案袋模式框架

（2）问卷调查。学生学习态度是不断变化的，为了解学生的思想变化学情况、学习进度等方面，教师采用问卷调查方式进行形成性评价。问卷的形式首先应符合学生的基本特点，将核心素养发展融合于封闭式问题和开放式问题之中，如“本学期以来，你与同学合作每月多少次”，教师以这种学生的回答评价学生情感和社会能力，记录学生核心素养发展程度，也可以通过问卷解释学生个人表现，根据自己的表现自我分析、自我调控。

（3）教师评价。教师以课堂观察为依据，对学生进行形成性评价。为使这种观察更有效，设计问题时应体现学生的知识水平、理解水平和思维能力，以激发学生的讨论欲望。也可以在分组探究教学时，观察学生的沟通交流能力、集体合作意识；批改作业时，观察学生的作业完成情况，判断他的学习态度。这种主观评价方式的真实性、有效性和可靠性有一定的欠缺，是一种辅助性的评价方式。

（4）自我评价与小组评价。自我评价与小组评价是学生对自己对学习态度、情感和价值观表现的反思。根据学生的评价，采用分值的形式，形成报告形式，教师结合课堂观察，进行信息整合分析，将建议及时反馈给学生，促进学生核心素养的发展。该评价方式，需要教师不断提高判断力，明确评价的目的；另一方面，学生也需要提高自身反思能力，客观评价自己和同学，才能将评价工作做到全面、有效。

四、核心素养评价的途径

（一）实施多样化评价，促进学生全面发展

核心素养是多维度的建构，核心素养测量应开放灵活，需要的证据和资料更为复杂多样，核心素养评价形式也是多元的，包括观察、对话分析、作业、团队、档案袋、发展测量表、自我反思等，以达到证据和资料全面性，综合评价学生的目的。为促进学生生命观念、理科思维、科学探究和社会责任四个方面的全面发展，高中生物教学评价应该是多样化的，采用纸笔测试、成长电子档案袋评价和活动表现评价等方式。

纸笔测试是终结性评价的常见手段。重点考查生物基本概念原理的认识和

理解，不仅仅是对知识的记忆和重视上；重点利用知识、技能和方法，解决生物学问题的能力，不单是强化解答试题的技巧；重视选择真实情境的综合性和开发性，而不是对知识和技能的单纯测试。

成长电子档案袋评价，是通过学生自主选择搜集学习档案内容的习惯的过程中，自我表现学习进步情况。在搜集过程中，教师鼓励学生根据学习档案进行自我评价与反省，将电子档案与学习活动整合起来，例如单元知识概念图和总结、疑难问题收集和整理、探究活动的过程记录、实验设计方案的制订、自我评价与小组评价、学习方法和策略的归纳总结等等。

活动表现评价是学生在完成实验、调查、设计和讨论过程中的评价方式。这种评价以个人或团体为对象，评价的内容是学生活动过程或者结果，以观察、记录学生学习过程中，对学生的探究能力、协作能力、参与意识与表达能力、实验技能等方面进行评价。评价中，应有明确的评价目的，进行综合性、开放性全面评价。

（二）根据课程模块，进行针对性评价

应根据课程模块的具体特点，有针对性、合理有效地选择评价方式和策略。必修模块是高中生物学的基础，使用纸笔测试、电子学习档案和活动表现进行评价。选修模块“稳态与调节”的纸笔测试应结合日常生活的情境，分析并尝试提出生产实践方案，认同和采纳健康的生活方式。“生物与环境”模块的学习评价提倡通过角色扮演、调查和辩论等活动对学生进行表现性评价，重视交流讨论、合作意识和生命观念与态度的考查，重点考查学生分析或探讨人类活动对生态系统动态平衡的影响，尝试提出人与环境和谐相处的合理化建议。“生物技术与工程”模块的评价，应结合生活或生产实例，重点考查学生的实验设计、实验过程和实验原理，针对日常生活和社会热点话题，如生物技术与工程的安全与伦理问题，可以开展讨论和辩论，进行形成性评价。

（三）实施学分管理，进行综合性评定

图 1–8–1–3 是高中生物课程结构图。高中生物课程分为必修、选修Ⅰ和选修Ⅱ三个部分。[3] 必修模块设有两个模块，每个模块 2 学分；选修Ⅰ模块设有 3 个模块，每个模块 2 学分；选修Ⅱ模块涉及现实生活应用、职业规划前瞻及学业发展基础 3 个方向的拓展及校本课程模块，每个选修Ⅱ模块为 1 ~ 2 学分。学生在修满必修学分的基础上，根据兴趣，直接学习选修Ⅰ和选修Ⅱ课程，获得更多学分。在评定过程中，采取目标多元、注重过程、方式多样的评价机制，实施学分制管理，综合性评定，全面反映学生的选课情况和学业发展能力。

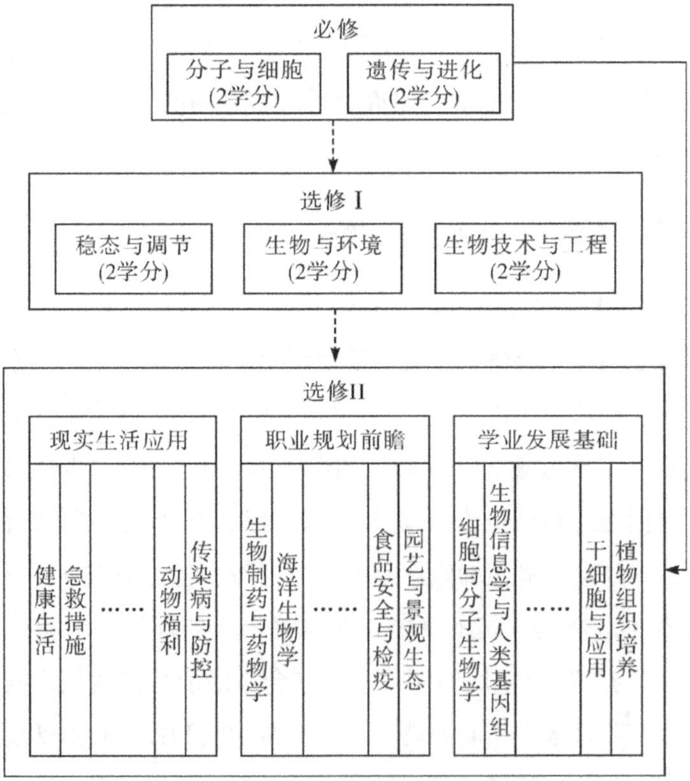

图 1–8–1–3　高中生物学课程结构图

（四）将核心素养评价转化为可观察的外显形式

与学科知识相比，核心素养具有综合性、情境性和内隐性等特点，核心素养评价具有一定的困难。生物教育工作者可开发对应的测量工具和量规，从知识、技能和情感态度价值观等方面进行问卷调查。在实际测评活动中，以学生的学业质量标准水平为依据，结合具体任务和课程内容，制定描述性评分标准，实行等级化评价。注重收集不同场合、实践和形式的多方面证据，借助多重任务情境对核心素养进行可观察的考察。要采用信息收集方法，收集证据时，重视学生在特定任务情境下的生成结果及经历的思考、认识、反思和调整，对学生进行重复性、跨时间的测量和证据收集，建立以核心素养为指向的成长电子记录档案。[4]

（五）重视形成性评价，丰富和扩展总结性评价

传统课程范式下，人们常常忽视形成性评价的作用，认为形成性评价是一种非正式、非主流评价方式。随着新课程理念的推进，人们认识到学习过程和评价结果对学习发展导向性的重要性，开始重视形成性评价的作用，将形成性评价与教师的“教”和学生的“学”融合，开始将形成性评价手段应用于核心素养，可用于描述学生学业的各项核心素养水平。

应试背景下，特别是标准化测试考试，试题设计目标聚焦学生学业水平的总结性评价，题型单一、评价简单，难以满足核心素养的评价要求。对总结性评价的丰富和扩展亟待解决。如丰富标准化测试试题，增加开放式问题和情感价值观的试题，将表现性评价方法，如档案袋评价、展示、面试和项目评价，应用于总结性评价过程之中。[5]

（六）提供实质性内容的反馈结果，重视评价结果的解释

教师及时向学生提供评价标准参照和实质性内容的结果反馈，可激发学生的学习动机，提高学习效果；构建学生核心素养发展的评价体系，丰富反馈信

息，通过借助基于核心素养的学业质量标准，结合具体测评任务的描述性等级评分标准，反映学生核心素养所表现的关键信息，让学生进一步理解核心素养及表现预期。

另外，教师应根据教学要求和课程标准，利用评语、谈话等形式，对学习情况和评价结果（如分数或等级）作出明确解释，注重发现和发展学生的潜能，有效促进学生自身价值。通过对评价结果的分析、解释、反馈与运用，促进学生学习的改善，促进学生心理健康和核心素养的养成，达到凸显评价和反馈价值的目的。[3]

参考文献

[1] 杨向东:《核心素养测评的十大要点》,《人民教育》，2017 年第 3 期。

[2] 高婷婷、韦冬余:《核心素养评价的价值、原则与方法》,《教学与管理》(中学版)，2017 年第 6 期。

[3] 中华人民共和国教育部:《普通高中生物课程标准（2017 年版）》，人民教育出版社，2017，第 51–55 页。

[4] 刘新阳:《教育变革期的政策机遇与挑战——欧盟核心素养的实施与评价》,《全球教育展望》，2014 年第 4 期。

[5] 辛涛:《学业质量标准：连接核心素养与课程标准、考试、评价的桥梁》,《人民教育》，2016 年第 19 期。

教师评价是学校教学管理的重要环节与手段。科学的教师评价，有利于激励教师提高教育教学能力，也利于教师的专业发展。我国中小学教师评价的实际工作中，存在评价认识与科学性问题，应实行多元化评价、发展性评价和注意个体性差异。

第二节　教师评价策略①

教师评价是学校教学管理的重要环节与手段。实行教师评价，旨在激励教师提高教育教学能力，也利于教师专业的发展。为此，在课程改革过程中，必须改革旧的教师评价方式，建立以素质教育为导向的新的评价体系。但在我国中小学教师评价的实际工作中，也存在诸多问题。本文着力探讨这些问题，提出自己改进中学教师评价的设想。[1]

一、我国中小学教师评价新问题

多数学校对教师评价的目标体系分四大块，即德、能、勤、绩，一学期或一学年对每位教师的总体表现由具体化的数字量化给予客观、公正的说法，基本特点或重点是面向过去，以奖罚为目的，是一种对教师进行测量、比较和鉴定的一次性评价，犹如教师对学生的期终成绩一次性测试一样，把教师分等排序，自上而下进行的终结性评价，教师基本上没有参与。评价的定位是区分教师，末位淘汰达到分流的目的，而不是如何“引导”和“激励”教师。评价结果不能为教师提供有益的建议和信息，教师下一步的工作如何改进，全凭教师自己的体会把握。因此难以引起广大教师的共鸣，难以调动教师的积极性，反

① 肖安庆：《我国中小学教师评价新问题与改进策略》，《新课程教学》，2013 年第 6 期。

而增加教师的怨气和牢骚，根本达不到提高教师的教育教学水平的目的。[2]

笔者发现，大部分学校在制定评价指标前，没有对教师的需求进行调查。学校对新教师与老教师，一般教师和骨干教师，没有区别对待，都采用同一评价指标、同一评判标准。无论是新教师还是有经验的老教师，不论其背景、受教育程度、教学风格如何，都用一把“尺子”，从同一个角度，采用单一的模式来衡量和评价。这种忽视教师之间的差异的教师评价是不合理的，也是不科学的，这与多数教师的要求形成强烈反差，严重阻碍了教师的发展。

这种目标短视、评价方式单一的教育评价，是不符合教师劳动的特点的，也使教师的创造激情受到了压抑，不利于我国教育的发展。[3]

二、我国中小学教师评价的改进策略

科学合理的教师评价工作应注意以下三方面。

（一）评价方式多元化

1. 评价主体多元化

要实行教师自评与他评等多种评价方式，通过评价主体的扩展，加强对教师工作的管理和监督。通过“自评”，发展教师自我监控与反思能力，从而促进教师教育教学反思能力的提高。通过“他评”，建立教师、学生、家长和学校管理者共同参与的，体现多渠道信息反馈的教师评价制度。

对教师主体的尊重与信任，有利于增强教师的主人翁意识，促使教师自我反省、自我调控，激发内在动机，主动改进完善，促进专业发展。学校备课、教学常规检查、综合社会实践活动课程与校本课程的研发和实施、学分的认定、选课走班的指导、《教师专业发展档案》的展示与学科目标的完成等九方面都是评价的重点。

每次评价年级组、备课组必须对每一位教师提出书面的评价报告，提出优点与不足，共同探讨改进的措施，形成团结协作、共同成长的和谐氛围。

（1）让学生成为教师评价主体之一。学生是教学活动的直接参与者，对教师的教学情况最有发言权，应当成为评价教师教学态度、教学水平、教学效果的主导力量。可以通过发放问卷调查表，全面收集来自学生的评价信息，主要调查学生对教师教学过程的满意程度，把它作为一项重要的教师评价指标。想让每一个学生对教师的教学方法和教学过程都十分满意是不现实的；但是，如果一个教师在教学中让多数学生都不满意，我们可以肯定地说，他不是一个好教师。需要注意的是，评价之前要对学生进行正确的引导，使其明确评价的意义和方法，以保证评价的客观性和真实性；否则，这种评价可能挫伤教师的积极性。

（2）积极开展教师之间的互评活动。教师的教学水平、开拓精神，同学科教师是非常清楚的。由此，学科教研组要经常性开展听课评课和丰富多彩的教研活动，为教师提供展示才华的舞台。每次活动后，要组织教师及时座谈、交流，以获取准确的评价信息。学期结束前，以学科教研组为单位，发放问卷调查表，接受同学科教师评价，选择适当时机将评价信息反馈给任课教师。评价时，学校应该引导全体教师学会尊重别人，用发展的眼光看待每位教师的工作，避免言过其实或借机打击报复。

（3）动员广大学生家长参与教师评价。中小学的教师评价要充分吸收家长的意见，建立家长参与教师评价的机制。成立家长委员会，中小学可以试行每学期召开一次学生家长会、举办一次家长观摩课、制定“家长评价表”等活动，内容可涉及教师的教学、家访等方面，让家长参与教师的综合评价。这样有利于了解家长对其子女的期望及家长对教师的评价，加强家校的联系和沟通，有助于教师反思和改进教育教学方式，提高教学质量。可以通过家长座谈会、问卷调查、校长接待日、校长信箱和热线等方式进行评价。评价前应对家长进行适当的培训，让家长了解评价的目的、内容、过程、程序以及工具等，要信任家长，鼓励家长讲真话；要正确引导家长全面、客观、动态地评价教师；适当顾及家长对班主任与科任教师的不同接纳程度。家长评价应考虑家长的城乡地域差异、文化素质差异、职业差异和家长对教师的了解程度。家长评价中的问卷调查等应采取匿名的方式进行。

（4）多主体参与评价的形式要多样化。要让参与者明确评价的目的，参与评价标准的讨论，学校还要创造机会，比如，提供教师的成长录像、课堂教学资料、教学日志等，让广大学生、同行和家长了解评价对象，评价单位还要创造机会让不同评价主体间交换意见，然后，采取问卷或其他形式把不同评价主体的评价意见收集起来进一步处理，最后反馈给被评价者，以此鼓励或为被评价者指明努力方向。

2. 评价内容多元化

从教育实际出发，积极发掘教育的实际状况进行有机的教育评估，为教师的教育效果和教育方式的改进及发展奠定坚实的人文基础；评价设计旨在形成有利于教师素质全面发展的评价内容，以教师发展为基点，扩大教师评价的领域，把评价内容扩展到教师专业素养、教育技能、教育科研能力、敬业精神、情感态度、教育教学特殊能力以及人格诸方面，客观反映和鉴别教师在工作和发展中的需求，发掘其多方面的潜能；注重教师评价手段的现代化，通过树立更为民主化的教师评价理念来指导我们对教师的教育评价，可以通过教师和学生的座谈会、学生的调查问卷、教师的自我评价、同行的教育认可等形式，也可以通过专题调查，定性和定量评价相结合等方式来进行。教师的个人工作与教师集体的关系、师生关系、教师整个工作周期的发展态势等方面，也都是教育评价的主要内容。

（二）坚持发展性评价

发展性教育评价应是面向教师未来的期望性评价，关注的是教师全面素质的形成与发展，以克服终结性教师评价中所形成的功利倾向。发展性教育评价是一种新型的教育评价理念，通过一系列能够促进教师素质发展与提高的评价方式，将教师的教育教学工作进行有效的整合，使教师的教育个性得以充分的张扬；同时，借鉴现代人本主义的思想内核，对以追求教育效益为中心的教育科学理论加以整合，尊重教师的教育人格，满足教师的发展需求，激发教师的工作内驱力，把教师内在发展的需求与外在的压力有机联合。以教师的教学效果为切入点，从教师的教育活动的全过程着眼，既考评教师的教学内容，也考评教师的职业道德，使教师的教育素质得以全面地发展和提高。

（三）评价要关注教师的个体差异

教师间确实存在着一定的差异。最能干的教师与那些不太能干的教师相比，较少受到实践标准和规范行为的约束，他们表现出改进教学的持续的努力；专家型教师与新手教师之间的差异在于他们具有不同的知识结构，与新手教师相比，专家型教师在课堂经验、理解教学、解决课堂事件等方面具有更丰富、更精巧的认知结构。除了工作时间的长短外，教师在个性特征、性格特点等方面也存在一定的差异。

新课程改革提倡尊重教师的个性，教师的教学个性是学校的宝贵财富，是一种重要的课程资源。但只有教师评价体系中真正地重视了教师的个别差异、鼓励教师的差异，教师的差异资源才能被有效地开发和利用。发展性教师评价用“差异”观代替“差师”观，试图用不同的标准衡量不同的教师，即在强调共性的基础上，更多地关注教师的个性和差别。共性强调的是教师资格的认证，所有教师都必须达到合格教师的标准，这是对所有教师的基本要求。另外，由于教师在个人素质、岗位分工、知识经验、工作年限、人生阅历、教学水平以及兴趣、爱好、性格特点等方面都存在一定差异，这也就决定了每位教师在发展方向、发展领域上存在着不同，由此可以判定教师的个人需要也是不同的，这强调的是教师的个性。但在现实工作中，教师的个性却被管理者忽视了。

充分发挥评价的激励、导向功能，促进教师最大限度地挖掘自身的创新潜能。在考核指标中，增设“课题成果奖”“教育教学创新奖”“后进生指导奖”“家访效果奖”“学科导师奖”“心理健康教育奖”等具有个性特色的发展性指标，切实体现出“人无我有，人有我优，人有我新”的独特性。这样，教师评价的内容才能表现出多元化的特征，体现个体差异。

学校根据总的目标，结合教育改革的要求和本地区、学校及教师的实际情况，承认差异，多制作几把尺子（标准多元化），采取灵活的评价方法来适应不同教师的选择和需要，发展教师个性。评价内容、评价要求因新教师和老教师不同，根据教师成长的规律不同发展阶段的教师，其评价内容和要求要有一定的层次性。如新教师重规范养成、重基本功培养；中青年教师重创新、重自我特色的形成；老年教师重经验的总结。对于一些容易用数量处理的指标，如工作量、出勤量、作业批改量等，尽量以数量形式评价，以便于比较分析。

可见，为全面促进教师的专业成长，应该采取定性评价和定量分析、静态评价与动态评价有机结合的方法，建立一套既有科学性又有可操作性的评价指标体系，达到以评价为动力，激励机制与约束机制相结合，最终实现教师的可持续发展。

参考文献

[1] 高静：《确立两个支点　构建教师发展性评价体系》，《教育革新》，2011 年第 2 期。

[2] 张国礼：《实施发展性评价容易出现的误区及困惑》，《教育科学研究》，2009 年第 2 期。

[3] 杨继平、文军强：《浅析发展性教师评价的激励因素》，《教育理论与实践》，2005 年第 8 期。

第二部分　基于核心素养的教学设计案例

摘　要： 新高考背景下的教学设计应以提升学生核心素养为目标，通过精心创设真实问题情境，诊断素养达成情况，完成知识目标、技能目标和情感、态度与价值观目标，将核心素养目标落实到课堂教学之中。

案例 1：“伴性遗传”一节基于高中生物学科核心素养的教学设计①

在全面深化课程改革，落实立德树人的背景下，高中各学科课程建设聚焦于学生核心素养的培养。《普通高中生物课程标准》于 2017 年下半年正式发布。在此背景下，深圳市盐田高级中学开展了主题为“基于生物核心素养的课堂教学研究”的研讨活动，笔者执教了“伴性遗传”这一示范课，收到了较好的教学效果。

---

① 肖安庆：《基于高中生物核心素养的教学设计》，《中学生物教学》，2017 年第 12 期。

1 基于生物核心素养的教学内涵

《中国学生发展核心素养》指出，核心素养是学生应具备的、能够适应终身发展和社会发展需要的必备品格和关键能力。生物核心素养是学生在解决真实情境中的生物学问题时所表现出来的必备品格和关键能力，主要包括生命观念、理性思维、科学探究和社会责任。[1] 新背景下的高中生物教学通过设定教学目标，组织教学内容，实施教学过程，提高教学效果和设计教学评价，培养学生的关键能力和必备品格，促进学生生物学科核心素养的提升。

2 基于生物核心素养的教学设计

2.1 解构核心素养目标

本轮深化课程改革中，基本理念是学科的核心素养，并以其统领高中生物课程标准的研制与修订。因此，教学设计的目标落脚点是提高学生核心素养。与上轮课程改革提倡的三维目标相比，本轮改革倡导的核心素养更具有可测性、阶段性、层次性和可操作性。在“伴性遗传”教学中，基于核心素养的教学目标定位如图 2-1-1 所示。

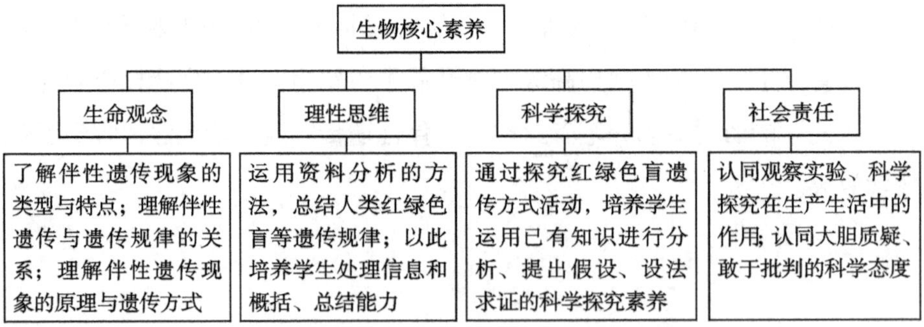

图 2-1-1 基于核心素养的教学目标

2.2　创设真实问题情境

素养是在一定的情境下人应用已有的知识和能力解决生活和学习中的问题的能力。问题境脉是指基于生物学素养的教学要求，教师创设的原始、真实、未知的问题情境，并以此为主线，将教学内容融合于整个教学过程。[2] 它的核心内涵在于情境中蕴含的真实问题是学生知识建构的载体，在整个学习过程中都能激发、推动、维持、强化和调整学生的认知活动、情感活动和实践活动等，让学生的思维不断地走向深入，建构有意义的知识体系。

“伴性遗传”这一节以认识红绿色盲特征与职业规避进行导课，以观察遗传现象—分析遗传方式—归纳总结遗传规律—进一步探究作为教学主线，逐个讲解 3 种伴性遗传现象。表 2.1.1 是以红绿色盲为例的问题境脉和素养目标。

表 2.1.1　以红绿色盲为例的问题境脉和素养目标

环节	问题境脉	素养目标
观察遗传现象	一双樱桃红色的袜子引发的故事	红绿色盲的概念；渗透敢于批判、大胆质疑的科学态度
分析遗传方式	红绿色盲患者男女比例大致相同吗？与性别有关吗？	理性思考红绿色盲的遗传方式；培养学生处理信息的能力
归纳遗传规律	人类相关色觉的基因型有哪些？他们的基因如何传递的？	探究并总结红绿色盲的遗传规律；理解伴 X 染色体隐性遗传的特点
进一步探究	小强（男）的母亲患红绿色盲，小强患血友病，为什么医生说他患红绿色盲？	综合运用与巩固

2.3　诊断素养达成情况

核心素养背景下，课堂教学应利用提问、练习和实验探究开展实时评价，使学生在真实的情境下解决各种生物学问题，诊断学生掌握情况，进行及时指导，达到教学设计与素养目标相匹配的效果。“伴性遗传”一节的教学诊断任务如下：

一是通过对色盲图的检测，诊断发展学生对红绿色盲概念的认识水平和科学探索的态度。

二是通过对教材中的人类红绿色盲症的系谱图（教材34页）及相关问题的分析，诊断学生对红绿色盲遗传方式的掌握情况，发展学生的理性思维水平。

三是通过学生书写各种婚配方式，诊断和发展学生对孟德尔遗传规律的掌握情况及科学探究水平。

四是通过进一步探究环节，综合评价和巩固，提升学生的生物核心素养。

3 基于生物核心素养的教学实施

3.1 创设情景，导入新课

教师展示红绿色盲检查图，学生亲身体验并回答。然后教师讲述红绿色盲患者的职业规避。指出：我国男性红绿色盲的发病率为7%，女性色盲的发病率为0.5%，男性患者远多于女性患者，学生思考并分析原因。

设计意图：核心素养背景下的教学显著特征是问题情境源于原生态的真实生活。本节课以红绿色盲的检测与职业规避为导入，快速抓住学生的兴奋点，让学生知道本节内容在社会生产生活中的价值，培养学生理性思维能力，认同应用所学知识解决生活中的生物学问题这一社会责任。

3.2 伴X染色体隐性遗传

3.2.1 一双樱桃红色的袜子引发的故事

课件展示一双樱桃红色的袜子，学生辨别颜色，然后提问：红绿色盲是怎样发现的？微课展播道尔顿发现红绿色盲的故事，提问：为什么道尔顿不能辨别红绿色，红绿色盲是一种什么病？从道尔顿发现红绿色盲的过程中获得什么启示？

设计意图：以故事为情境讲解红绿色盲的概念，有利于建构生命观念。道尔顿不放过身边的小事，对心中的疑惑进行认真的分析和研究，这种认真态度、敢于质疑是学习生物的核心素养之一；道尔顿勇于承认自己是色盲患者，并将自己的缺陷公之于众，这种献身科学、尊重科学的精神是科学工作者的重要品质之一。该故事是培养学生敢于批判，认同社会责任的重要素材。

3.2.2　系谱图分析，讨论遗传方式

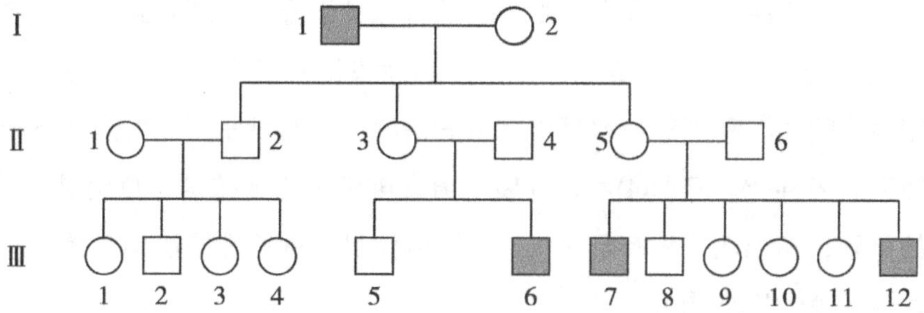

图 2–1–2　某红绿色盲家庭系谱图

展示教材 34 页中的人类红绿色盲症的系谱图和问题串（图 2–1–2）：①红绿色盲基因位于 X 染色体上，还是位于 Y 染色体上？②红绿色盲遗传是显性遗传还是隐性遗传？③为什么红绿色盲患者，男性多于女性？（色盲基因 X^b 只位于 X 染色体上，如果群体中 X^b 配子的概率为 7%，男性只要有致病基因就患病，X^bY 概率为 7%；女性同时含 2 个致病基因才患病，X^bX^b 概率则为 $7\% \times 7\%=0.49\%$）④为什么色盲基因只位于 X 染色体上，X、Y 是同源染色体吗？学生思考，小组讨论，课件逐一展示答案。回答第④个问题时，教师展示图 2–1–3，解释 X、Y 是 1 对特殊的同源染色体，存在同源区段和非同源区段两部分。

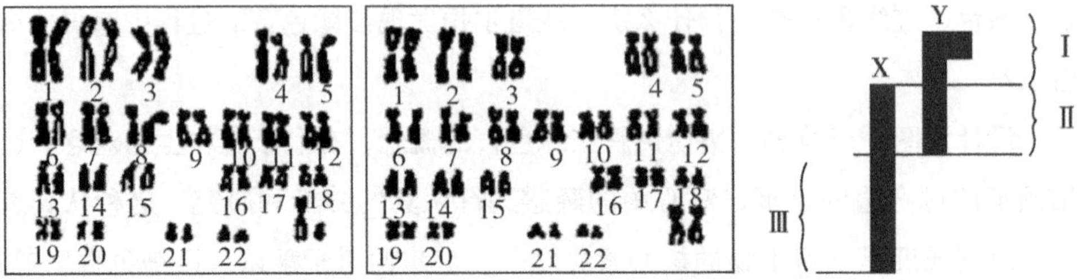

图 2-1-3　男女染色体组成及 X、Y 染色体结构

设计意图：利用课件展示教材中的系谱图、问题串和答案，给学生直观并有足够思考空间的情境，避免纯粹枯燥的讲解，这在思维和探究中非常必要。利用世代Ⅱ中不患病，世代Ⅰ、Ⅲ患病的特点，引导学生理解红绿色盲基因位于 X 染色体上，不位于 Y 染色体上，为隐性遗传，提升学生理性思维和信息处理能力。问题③利用数据解释男女患病情况，直观展示了男女患病概率的差异，使思维显性化。问题④用课件展示男女染色体组成差别，特别是 X、Y 染色体的差别，清晰明了地解释了 X、Y 染色体是 1 种特殊同源染色体，有助于发展学生的理性思维能力。

3.2.3　探究 6 种婚配方式，归纳遗传方式

完成表 2.1.2，推出男女基因型。学生思考：① XY 是 1 对同源染色体，色盲基因及等位基因是否遵循孟德尔定律？②根据表格，男女有几种婚配方式，各种婚配方式中后代的基因型、表现型及比例是什么？ 6 个小组分工合作探究，写出各种婚配方式中亲子代的基因型和表现型，将学生的结果投影出来，师生共同评价。在讲评过程中，强调色盲基因的传递特点。

表 2.1.2　男女色觉基因型和表现型

类型	女性			男性	
基因型	1	2	3	4	5
表现型	正常	正常（携带者）	患者	正常	患者

设计意图：问题①结合孟德尔遗传规律的理解，有助于诊断学生对基本遗传规律本质的掌握情况。通过完成表 2.1.2 的基因型，过渡到小组合作，探究各组婚配方式，得出遗传规律的特点，起到培养学生分析问题、归纳总结的能力和良好的合作态度的作用，体现了探究活动的本质特点，提升了学生的科学探究素养。在讲评过程中，引导学生思考色盲基因的传递特点，有助于学生理解基因的传递方式，形成正确的生命观念。

3.2.4　进一步探究，诊断素养达成情况

课件展示：①假设你是医生，现有一对色觉基因型为 X^BX^b 和 X^BY 的情侣前来婚前遗传咨询，从优生学角度，你会给他们什么建议？②利用图 2–1–4 讲解血友病。③小强（男）是血友病，得知其母亲是红绿色盲，医生在小强的病历上又写了红绿色盲，医生为什么这样下结论？

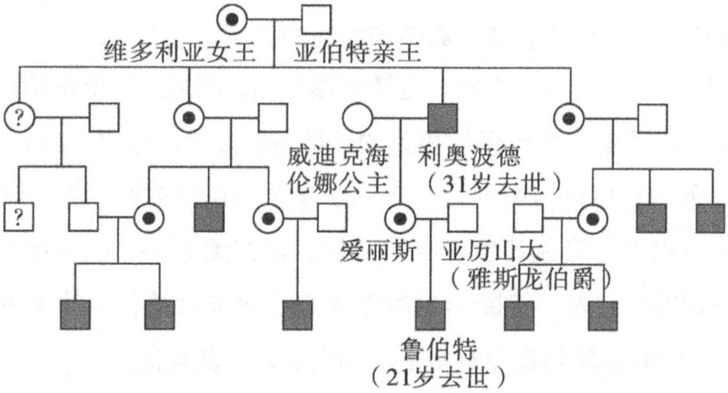

图 2–1–4　英国皇室血友病的系谱图

设计意图：从职业的角度，诊断学生对基因传递的掌握水平。利用学生知道英国王室这一情境，讲解血友病，增添趣味性和知识性。通过问题③，诊断学生对遗传规律和伴 X 染色体隐性遗传方式的综合运用能力，发展了学生的理性思维素养。

3.3 伴X染色体显性遗传

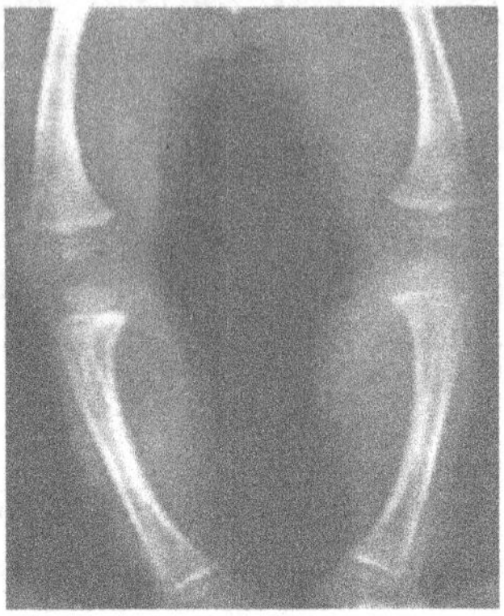
图 2-1-5　患者 X 光图

教师播放潘长江主演的《举起手来》视频，展示下肢骨骼X光图片，见图2-1-5，介绍抗维生素D佝偻病。学生填写男女相关的各种基因型和表现型，学生思考：①为什么男性患者少于女性患者？②为什么男性患者的女儿一定患病？③是否出现隔代遗传和交叉遗传现象？在课件展示6种婚配方式过程中，解答以上问题。学生归纳伴X染色体显性遗传的特点。之后学生根据图2-1-6某种伴X染色体遗传病的家系图，思考：①从Ⅰ-1、Ⅱ-3分析，致病基因是显性基因还是隐性基因？②请推测Ⅱ-6的女儿和儿子患病情况。③根据该病的遗传特点，判断患者中男性和女性的比例。

设计意图：电影《举起手来》是学生熟知的，利用这一电影情境，快速导入。利用展示抗维生素D佝偻病相关的6种婚配方式的过程，解答以上问题，归纳伴X染色体显性遗传的特点，有利于学生运用已有的知识、证据和逻辑对本议题进行思考，形成理性思维的习惯。根据图2-1-6进一步探究，旨在以生物核心素养为目标，诊断学生对伴X染色体显性遗传规律和方式的掌握水平，使学生能够体验到在原有水平上的发展，收获自信。

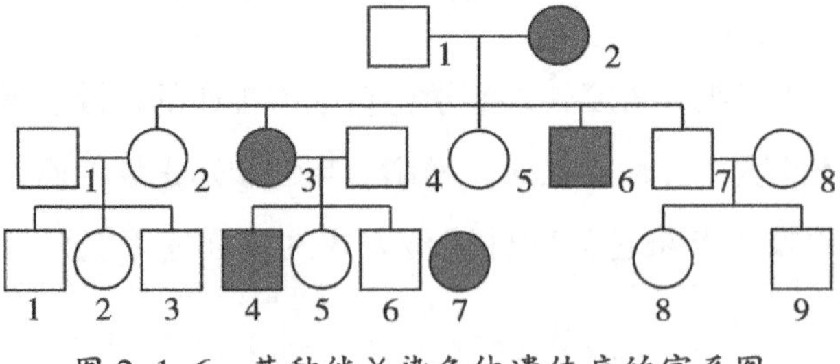

图 2-1-6　某种伴X染色体遗传病的家系图

3.4 伴 Y 染色体遗传病

展示外耳道多毛症图片。思考：①致病基因位于 Y 染色体上的遗传方式和特点。②是否遵循孟德尔遗传规律？然后练习检测与评价。

3.5 伴性遗传在实践中的应用

展示芦花鸡的图片，思考如何从雏鸡中判断鸡的性别？引导学生分析非芦花雄鸡和芦花雌鸡杂交的遗传图解，见图 2-1-7。最后练习检测与评价。

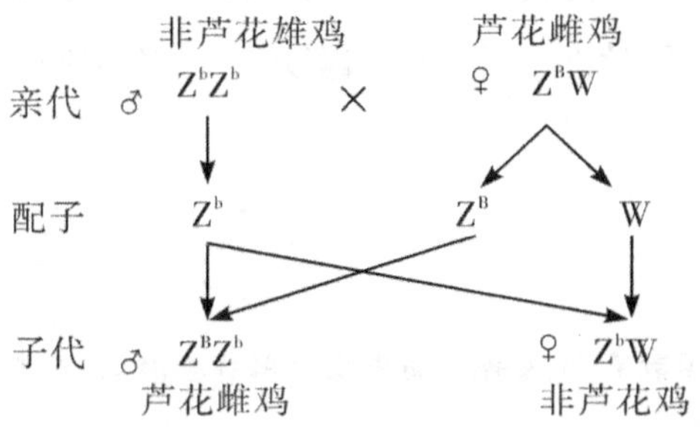

图 2-1-7 非芦花雄鸡和芦花雌鸡杂交性状

设计意图：本环节通过从雏鸡中判断鸡的性别，综合评价并提升学生的生物核心素养。通过引导学生分析非芦花雄鸡和芦花雌鸡杂交的遗传图解，尝试解决生活中的生物学问题，发展学生解决生产生活中的生物学问题的责任感和能力，提升社会责任这一核心素养。

4 结语

在“伴性遗传”的教学设计中，基于核心素养的提升，笔者以观察遗传现象—分析遗传方式—归纳总结遗传规律—进一步探究作为教学主线，利用一双樱桃红色的袜子、英国王室血友病系谱图、电影《举起手来》、外耳道多毛症和芦花鸡的遗传等教学情境，开展问题教学，活跃了学生的思维，提高了学生的参与度，在探究、合作、讲授过程中完成知识的目标，培养学生的技能目标，提升学生的情感、态度与价值观目标；同时通过提问、练习和实验探究开展实时评价，诊断学生掌握情况，进行及时指导，使学生尝试利用已有知识解决生物学问题，使得教学设计与素养目标相匹配。

核心素养背景下的教学设计，教师应依据《普通高中生物课程标准》的基本理念、课程目标的要求实施教学，以教学理论为指导，遵循和应用教学的一般规律；根据学生的认知基础和思维水平，预设问题和任务，让学生自发、有效地自主学习，提升学习能力。教师在教学设计及教学实践过程中，应加强思考，提高教学设计的科学性、针对性和实效性，将生物核心素养目标落到课堂教学。[3]

参考文献

[1] 中华人民共和国教育部:《普通高中生物课程标准》，人民教育出版社，2017，第4–5页。

[2] 王星乔、滕英巧、汪纪苗等:《基于化学核心素养的教学设计》，《化学教学》，2017年第5期。

[3] 高杰:《积极开展基于核心素养的物理教学设计》，《物理教学探讨》，2017年第7期。

为使学生具备适应终身发展和社会发展需要的必备品格和关键能力，教育部提出以核心素养的核心理念开展新一轮的课程改革。本文从什么是核心素养出发，探索了在核心素养背景下如何在高中生物教学中开展情感态度与价值观教育。

案例 2：基于情感态度价值观的教学设计①

素质教育是在针对“培养什么样的人”的背景下提出来的，其出发点是培养德、智、体、美、劳“全面发展的人”，以满足社会的需求，但对公民未来必备的素质和终身发展的要求明显不足。为此，2014 年 3 月 30 日，教育部正式印发了《关于全面深化课程改革落实立德树人根本任务的意见》（以下简称《意见》），它从公民具备的适应终身发展和社会发展需要的必备品格和关键能力的高度，首次提出以核心素养的标准进行大中小学课程改革，明确指出课程方案和课程标准的修订应该依据学生核心素养体系，将核心素养置于深化课程改革和提升国民素养的关键地位，成为新一轮教育改革的核心理念。

1　核心素养的内涵

什么是核心素养？核心素养是指学生借助学校教育所形成的解决问题的素养与能力，是最关键、最必要的共同素养。[1] 它是课程改革的原动力，为深化改革指明了新方向。[2] 与传统三维目标区别在于核心素养强调知识、能力和态度的有机结合，凸显情感、态度和价值观的重要性，强调人的反思和行动能力。核心素养可用态度的乘方来连接知识与能力，即素养 $=(\text{知识}+\text{能力})^{\text{态度}}$，

① 肖安庆：《基于核心素养的情感态度价值观教育的探索》，《中学生物教学》，2016 年第 4 期。

如果态度是正值，知识与能力将产生积极的效果，如果是负值，知识与能力将产生消极的效果。[3]北京师范大学刘恩山教授认为，核心素养是一种跨学科素养，强调学科综合性、发展性、有用性。比如核心素养中的语言素养，已经不是语文学科和外语学科的概念，而是一种有效的表达和交流，是一种广义的语言概念。

生命科学是研究生命现象和规律的科学，深刻影响到人们对生命事物的认识，在培养“全面发展的人”过程中，具有非常重要地位。情感态度价值观关系到学习兴趣、学习责任，关系到积极的科学态度与精神，更关系到学生追求真善美的人生价值、人与自然和谐发展的价值。因此，探讨以核心素养为目标的情感态度与价值观教育，具有重要的意义。

2 基于核心素养的情感态度价值观教育的探索

2.1 以情促学，注重与生活联系，利用“STSE”教育，丰富学生的情感

《意见》提出核心素养体系突出个人修养、社会关爱、家国情怀。落实核心素养，高中生物教学应关注我国生物资源现状，关注我国生物科技变化，增强学生热爱家乡和祖国的情感，增强振兴中华民族的使命感和责任感。

2.1.1 以情促学，丰富学生的审美情感

生物学是一门自然科学，蕴含了丰富的美学内涵。教学中，教师通过鲜明的形象感染人，让学生产生美的感受、美的共鸣和美的陶冶，让学生发现美、欣赏美，以美激情、以情促学，丰富学生的审美情感。

例如，讲光合作用，教师站在教室的植物旁边，顺着阳光，这样导入：“当这束阳光穿越浩瀚宇宙，照射到这片绿叶上的时候，世界上最重要的化学反应发生了。”有情有景，妙趣横生。群落演替教学中，用“野火烧不尽，春风吹又生”的诗句说明次生演替的特点。用“竹外桃花三两枝，春江水暖鸭先知”引入生态系统的信息传递。以《红楼梦》贾宝玉的名言“女人是水做的”

来思考生物的成分仅仅是水吗，等等。通过揭示生物学的“情”与“美”，激发学生的学习情趣，培养学生积极向上的审美情感和欣赏美、创造美的情怀。

2.1.2　注重与生活联系，丰富学生的道德情感

生活即教育，德育应先行。在资源日益枯竭、期待可持续发展的当代，生态素养是生物学科基本的核心素养。生物教师应注重与生活联系，向学生渗透整体与局部相统一的观点、生物体的结构与功能相统一的观点，树立辩证唯物主义自然观、科学发展观，丰富学生的道德情感。

在“基因工程的应用”教学时，发放关于转基因争论的资料，使学生了解转基因技术优势与问题，引导学生辩证地看到新技术的机遇与挑战。在学习动物细胞核移植技术、胚胎工程时，引导学生讨论生物技术的安全性与伦理问题，使学生的道德情感在法律与人际关系中得到体现与升华。在讲授“保护我们共同生存的家园”时，教师平时自身行为，如节约水电、珍惜粮食、爱护环境、不乱扔垃圾等行为，都是引导学生绿色生活、保护环境、建立人与自然和谐共处的最好方式。

2.1.3　利用“STSE”教育，丰富学生的意识情感

我国的生物科技事业迅猛发展，生物科学与技术已经深入影响到社会生产生活的方方面面，同时生物问题日益突出。STSE 教育就是引导学生重新认识当今科学、技术、社会与环境四者之间的关系，使科学技术更好地造福于人类。

结合近年来我国生物科技的新发展、新成就，帮助学生了解生物科技对生产生活的影响，增强学生的爱国热情；介绍抽烟，饮酒和健康，碘和甲状腺肿大，细胞的癌变等知识，培养学生的良好习惯，使学生明白：生物学是一门实用科学；介绍果实蔬菜贮藏和运输的知识，引导学生利用呼吸作用知识解决实际问题；分析气候变暖、臭氧层破坏和酸雨等环境问题的原因，使学生认识到每个公民都应该保护环境、节约能源，树立牢固的环境意识与习惯。

2.2 以史为鉴，结合实验，树立质疑求实的科学精神和态度

2.2.1 以史为鉴，树立质疑求实的科学精神和态度

在漫长的生命探索过程中，生物学史不但积累了丰富的科技成果，而且记载了生物科学家思考和解决问题的思想历程，展示了科学家思考生物问题的世界观和方法论，深刻地影响着人类对生命世界的思维方式。通过挖掘生物学家的科学态度和科学精神，渗透到生物教学之中，对培养学生的反思素养和科学素养具有重要的教学意义。

利用中国科学家合成结晶牛胰岛素的历程，告诉学生：搞科学研究，失败是不可避免的，需要锲而不舍的科学精神。细胞学说建立的过程，介绍了施莱登和施旺受前人研究的启发，提出“新细胞从老细胞中产生”，耐格里通过实验观察，将细胞学说修正为“新细胞的产生原来是细胞分裂的结果”，魏尔肖不迷信权威，大胆质疑，提出“细胞通过分裂产生新细胞”观点，至今仍未被推翻。促胰液素的发现，固执于定论的沃泰默失去了一次用客观现实下结论的机会，错过了近在咫尺的真理，另辟蹊径的斯他林和贝利斯用促胰液素，引起人们的反思：凡事要以事实为基础，客观作出实验结论。

2.2.2 结合实验，树立质疑求实的科学精神和态度

生物学是一门实验科学。实验教学中，既要引导学生尊重实验事实，规范操作，认真观察实验现象，尊重实验数据，不捏造事实、弄虚作假，又要创新性地开展探究性实验，大胆质疑，培养一丝不苟的求实态度。这是培养中学生基本素养的重要途径。

在还原糖的鉴定实验中，可将验证性实验改成探究性实验。例如设计探究性实验，探究样品试剂及加入顺序对实验结果影响（见表 2.2.1，表 2.2.2，表 2.2.3）[4]，培养学生的科学素养。从实验结果可以看出，当 NaOH 为 0.1 g/mL 时，用其他浓度的 $CuSO_4$ 不影响实验结果；当 $CuSO_4$ 为 0.05 g/mL 时，用其他

浓度的 NaOH，结果颜色有所不同；加混合液是先加 $CuSO_4$，再加 NaOH 或是先加 NaOH，再加 $CuSO_4$，结果相同。通过实验转换，可以达到培养学生细心观察、认真探究的科学品质，树立质疑求实的科学精神和态度。

表 2.2.1　样品试剂及加入顺序对实验结果影响（1）

实验编号	样品试剂及加入顺序	实验结果
试管 1	苹果样液中加 0.1 g/mL 甲液 1 mL 与 0.01 g/mL 乙液 1 mL 的混合液，摇匀后水浴加热	砖红色
试管 2	苹果样液中加 0.1 g/mL 甲液 1 mL 与 0.03 g/mL 乙液 1 mL 的混合液，摇匀后水浴加热	砖红色
试管 3	苹果样液中加 0.1 g/mL 甲液 1 mL 与 0.05 g/mL 乙液 1 mL 的混合液，摇匀后水浴加热	砖红色
试管 4	苹果样液中加 0.1 g/mL 甲液 1 mL 与 0.07 g/mL 乙液 1 mL 的混合液，摇匀后水浴加热	砖红色
试管 5	苹果样液中加 0.1 g/mL 甲液 1 mL 与 0.09 g/mL 乙液 1 mL 的混合液，摇匀后水浴加热	砖红色
试管 6	苹果样液中加 0.1 g/mL 甲液 1 mL 与 0.1 g/mL 乙液 1 mL 的混合液，摇匀后水浴加热	砖红色
试管 7	苹果样液中加 0.1 g/mL 甲液 1 mL 与 0.3 g/mL 乙液 1 mL 的混合液，摇匀后水浴加热	砖红色

表 2.2.2　样品试剂及加入顺序对实验结果影响（2）

实验编号	样品试剂及加入顺序	实验结果
试管 1	苹果样液中加 0.025 g/mL 甲液 1 mL 与 0.05 g/mL 乙液 1 mL 的混合液，摇匀后水浴加热	黄色
试管 2	苹果样液中加 0.05 g/mL 甲液 1 mL 与 0.05 g/mL 乙液 1 mL 的混合液，摇匀后水浴加热	棕色
试管 3	苹果样液中加 0.75 g/mL 甲液 1 mL 与 0.05 g/mL 乙液 1 mL 的混合液，摇匀后水浴加热	深棕色

续表

实验编号	样品试剂及加入顺序	实验结果
试管 4	苹果样液中加 0.10 g/mL 甲液 1 mL 与 0.05 g/mL 乙液 1 mL 的混合液，摇匀后水浴加热	砖红色
试管 5	苹果样液中加 0.125 g/mL 甲液 1 mL 与 0.05 g/mL 乙液 1 mL 的混合液，摇匀后水浴加热	砖红色
试管 6	苹果样液中加 0.15 g/mL 甲液 1 mL 与 0.05 g/mL 乙液 1 mL 的混合液，摇匀后水浴加热	砖红色
试管 7	苹果样液中加 0.175 g/mL 甲液 1 mL 与 0.05 g/mL 乙液 1 mL 的混合液，摇匀后水浴加热	砖红色
试管 8	苹果样液中加 0.20 g/mL 甲液 1 mL 与 0.05 g/mL 乙液 1 mL 的混合液，摇匀后水浴加热	砖红色
试管 9	苹果样液中加 0.40 g/mL 甲液 1 mL 与 0.05 g/mL 乙液 1 mL 的混合液，摇匀后水浴加热	鲜红色

表 2.2.3　样品试剂及加入顺序对实验结果影响（3）

实验编号	样品试剂及加入顺序	实验结果
试管 1	苹果样液中，先加 0.01 g/mL 甲液 1 mL，再加 0.05 g/mL 乙液 1 mL，摇匀后水浴加热	砖红色
试管 2	苹果样液中，先加 0.05 g/mL 乙液 1 mL，再加 0.01 g/mL 甲液 1 mL，摇匀后水浴加热	砖红色

2.3　挖掘教材，整合情境，渗透人文精神教育，形成正确的价值观

现行的人教版教材虽然也是按照知识、能力和态度的课程目标编排，但实际操作中，知识与技能依然是头等大事，教师对学生的情感价值观教育的重视程度不足。在核心素养的课改趋势下，教师可以挖掘教材，整合情境，对学生进行人文精神的教育，形成正确的价值观。

如在“受精作用”教学中，可以进行以下导入，达到领悟正确的生命观的目的。

情境一：展示微视频。讲解：每次受精时有上亿个精子，但只有活动能力最强的精子才能与卵细胞结合形成受精卵，感悟每个生命都是父母最棒的结晶。

情境二：展示人的胚胎发育过程图，讲解母亲怀孕的妊娠反应与注意事项，感恩母亲的养育之恩。

情境三：播放分娩视频，讲述分娩的疼痛，感悟母爱的伟大与付出。

拓展作业：写一封关于感恩于母爱的短信，寄给自己的母亲。

又如，“人口增长对生态环境的影响”教学中，教师可以引导学生思考环境的现状，思考人在生态系统中的地位与作用，培养正确的生态观。

情境一：播放迈克尔·杰克逊的视频音乐《拯救地球》，使学生沉浸在人类抹杀生灵、拯救地球的反思之中。

情境二：展示种种生态环境问题，思考这些问题的缘由。

情境三：展示人类2000多年来的数量增长情况图，思考人口增长对生态环境的影响。

情境四：展示我国今年出现的生态农场，思考人与自然和谐共处的重要性，培养正确的生态观。

再如，“关注生物技术的伦理问题”教学中，通过辩论与碰撞，领悟正确的伦理观。课前，教师确定辩题“当今世界能否进行克隆人实验”，要求学生预习教材内容，查阅资料，通过辩论明确科技进步与伦理道德的冲突，领悟只有在人文精神的指引下，科学技术符合人类伦理，才能更好地造福人类。

3 结语

以核心素养为基础的情感、态度与价值观教育，融合人文教育，寓教于言、寓教于理、寓教于行，把人的教育作为灵魂贯穿于教育的始终。同时，也发展了学生独立思考和独立判断的能力，发展了学生正确理解人和自然的关系，有利于学生正确理解人与社会的关系并产生强烈的感情，有利于学生对美和善的辨别力和追求热情，使学生的心智得到和谐发展，激发了内心的潜能，展现出生物学教学特有的魅力。[5]

参考文献

[1] 施久铭:《核心素养：为了培养“全面发展的人”》,《人民教育》，2014 年第 10 期。

[2] 顾明远:《核心素养：课程改革的原动力》,《人民教育》，2015 年第 13 期。

[3] 柳夕浪:《从“素质”到“核心素养”——关于“培养什么样的人”的进一步追问》,《教育科学研究》，2014 年第 3 期。

[4] 闫计春:《这里风景独好——可溶性还原糖鉴定实验的探究》,《中学生物教学》，2012 年第 1 ～ 2 合期。

[5] 蒋桂林:《基于高中生核心素养培养的生物学科素养的思考》,《中学生物学》，2015 年第 10 期。

多元智能理论是一种全新的教学设计理论。生物教学设计可从学生智能结构分析、生物教学目标设计、生物教学方法和学习模式的选择，以及生物教学评价入手。以“光合作用的过程”为例，设计了以该节为内容的多元智能工具箱及教学设计，以达到突出学生主体地位，激发学生兴趣，提高教学效率的目的。

案例 3：基于多元智能理论的教学设计①
——以“光合作用的过程”为例

现代生物教学设计是以现代生物教学理念为指导，以激发学生有效学习为目的，通过制定教学目标、选择教学模式和创设教学情境，合理安排的生物教学活动与过程。生物教学设计理论较多，其中多元智能理论是一种全新指导理论。

1　多元智能理论简介

20 世纪中叶，美国哈佛大学著名发展心理学家加德纳教授首次提出：“智能是个体用以解决自己遇到的真正难题或创造出有效产品所需的能力，每个人身上至少存在相对独立的八种智能。”[1-2] 即：语言－言语智能、逻辑－数理智能、视觉－空间智能、身体－运动智能、音乐－节奏智能、人际交往智能、自我认知智能、自然观察智能。由于每个个体存在优势智能类型和组合方式的差异，每个个体的行为、思维情感表达也存在差异。教学中，教师应充分考虑每个个体的智能差异，利用多元智能理论进行教学设计，使学生的智能结构向

① 肖安庆：《基于多元智能理论的生物教学设计与实践》，《中小学教材教学》，2015 年第 4 期。

多样性发展。

根据多元智能理论，可考虑从学生智能结构分析、生物教学目标设计、生物教学方法和学习模式的选择以及生物教学评价 4 个方面，进行生物教学设计。

1.1 学生智能结构分析

1.1.1 学生个体智能分析

《普通高中生物课程标准（2017 年版 2020 修订）》的基本理念是面向全体学生，指出根据不同学生的学习需求，促进学生有个性地发展，进行个体差异的教学方式，这正是多元智能理论的思想。由于 8 种智能以不同方式组合在一起，每个个体智能优势及结构存在差异。教师进行教学设计时，首先分析学生个体的知识、能力、情感态度，分析学生个体智能差异，为学生群体智能分析提供参考。

1.1.2 学生群体智能分析

教学活动的对象是全班学生。教师以分析学生个体智能为基础，根据全班的知识、能力和情感态度，进行学生群体智能分析，包括分析这个班级的学生群体智能优势以及分析学生群体智能的发展方向和水平，为选择合适的教学手段和方法提供依据。

1.2 生物教学目标设计

教学目标具有导向、激励、评价和反馈功能，是对学科教学活动预期目标的描述。生物教学目标即三维目标，包括知识与技能目标、过程与方法目标和情感态度与价值观目标。内容标准的编排体系是学生学习生物学的基本目标，它以行为目标的方式陈述。采用的格式是：学习主体（即学生，可省略）+ 学习行为 + 行为条件 + 行为水平（后 3 个要素的顺序可互换）。其中，学习行为是核心，用于陈述学生的行为和所学习内容。

1.2.1　学习行为分类

按行为的可观察、可测量性，分为：①外显性行为，即可明显观察、可测量的学习行为，如简述、说明、说出、解释、领会、列举、模仿、设计、撰写、判断、运用等。②内部心理行为，指不能明显观察和测量到的学习行为，如了解、理解、掌握等。③表现性行为，是教学实际中学生表现出的行为，如收集、角色扮演、辩论等。

按智能类型，分为：①语言类，如说明、列举、撰写等。②身体－运动类，如扮演、表演、调查。③空间类，如空间想象、画概念图等。④推理计算类，如测量、判断、推测、计算、设计等。⑤感知类，包括音乐智能、自我认知智能和自然观察智能，如“通过音乐感知……”、欣赏、观察等。

1.2.2　教学目标陈述方法

并列目标陈述法。教师参照生物课程标准，按照学生的智能差异列举出来，对同一教学目标不同行为进行陈述。陈述过程中，将相应的智能类型列举出来，用不同的动作陈述某一教学目标。该方法有利于发挥学生的智能优势，如果教学目标罗列和分解太细，会导致教学设计太复杂，对教学任务的完成有一定的影响。

顺序目标陈述法。根据学生的智能差异，教师对同一目标用适合的智能类型行为进行陈述，对不同的教学目标分别用不同的动作行为进行陈述。其优势是陈述简洁，缺陷是无法照顾到个体智能差异。

1.3　生物教学方法和学习模式的选择

1.3.1　多手段创设生物教学情境

个体智能的形成与环境、文化和情景有关，不同的文化和环境决定了个体智能结构与表现的差异。教师在教学设计时，应重视对智能教学情景的创设，通过多种手段，激发学生的智能优势。

常用的手段有多媒体和教学实践活动。多媒体包括传统的挂图、标本、模型和现代教学媒体。教学实践活动是指校内和校外进行的野外实习、调查研究、观察测量和参观学习的教学活动，具有真实性、参与性和直观性，是一种有效发挥学生智能优势的重要手段。如观察测量有利于学生的自然观察智能的激发，野外观察有利于学生的自然观察智能和身体－运动智能的发挥，调查研究则有利于学生的逻辑－数理智能、语言智能和自我认知智能的施展。

1.3.2 小组合作的学习模式

小组合作学习模式能激发多种智能的发展，提高学习效率，包括差异和相似智能小组合作学习模式两种模式。前者是把智能组成不同的学生划为学习小组，成员之间通过协调与分工，优势互补，共同完成教学任务。后者由智能结构相似的学生组成学习小组，通过学生之间的协商与合作来完成教学任务，优点是成员间有归属感，但智能相似不利于个、群体智能的优势互补。

1.4 生物教学评价

1.4.1 教学评价情境化

教学评价时，教师不应只关注考试进行单一的评价，要注重教学评价的情境化。如教师在接手某一班级后，可通过调查问卷、谈话等形式，快速了解学生的智能水平与结构，以多种手段创设教学情境，以成长档案袋的形式，记录学生的智能发展和变化，并将这种评价与传统评价方式结合，进行情境化评价。

1.4.2 评价标准多元化

智能是多元的，评估标准也是多元的。传统的考试评价主要关注数理－逻辑智能和语言智能，忽视了在学生个体的学习智能的多样性和过程性。基于多元智能理论的生物教学评价，不仅关注知识技能、过程方法、情感态度价值观，而且关注教学评价的过程标准和情感标准，关注学生知识技能的提升和实践活动的过程，以及各种智能的发展。

2　教学设计实践

2.1　设计光合作用课的多元智能工具箱

在参阅了霍华德·加德纳和 David Lazear 的多元智能工具箱之后[1-3]，自行设计“光合作用的过程”的多元智能工具箱，如表 2.3.1。

表 2.3.1　多元智能工具箱

智能类型	设计
音乐 – 节奏	音乐《光合作用》
视觉 – 空间	多媒体视频、图片观看、叶绿体结构图绘制
语言 – 言语	通过听说读写、表达肢体动作、面部表情交流
逻辑 – 数理	图表归纳比较、绘制概念图
身体 – 运动	卡片游戏
自然观察	体验大自然；通过日常照料植物，加强这种内在感觉
人际交流	头脑风暴讨论，将知识运用于实际生活
自知自省	联系实际，做些对植物保护、生态关注有意义的活动

利用这个工具箱可以从众多概念、策略、技巧中迅速达到教学“燃烧点”，激发学生的每种智能。

2.2　依据工具箱进行教学设计

2.2.1　聚焦生物学习内容与目标

教师首先要明确这一节课的教学目标。教学设计时，教师有意识地促进学生各个智能的运用。例如通过学生对光合作用过程进行游戏（身体 – 动作智能），或是观察周围环境中植物的生理活动（自然观察智能）。本节课重在引导学生习得光合作用的光反应和暗反应阶段的物质变化、能量变化以及区别联系，引导学生分析植物叶绿体结构和其光合作用功能相适应的特点（逻辑-数理智能）。

2.2.2 从多元智能工具箱中思考工具使用方法

从以往的生物教学中来看，教师一直强调学生的语言-言语智能和逻辑-数理智能的培养，故本文着重阐述其他六种智能的使用方法。

身体-运动智能：通过运动、触摸等动作方式加工信息并使知识加以内化。在讲解完光合作用的过程后，有的学生虽听懂了教师的讲述，但可能没有真正吸收或者不能将知识长久保持。因此，开展卡片游戏，利用身体-运动智能进行学习，合理协调左右脑运作，快速理解和掌握。

音乐-节奏智能：生物学中有丰富的音乐-节奏智能的素材可供利用。教师可以为学生创设愉悦的音乐气氛，将生物具有的节奏、声音展示出来，为学生提供发挥想象力的机会，让学生感受生物学中的美。如上课刚开始，教师播放魔幻组合《光合作用》音乐，让学生闭上眼睛，想象自己是一片绿叶，跟随节拍进入情境，进而总结出光合作用的概念、反应原料、条件等，以此来激发学生兴趣。

视觉-空间智能：该智能表现为具有方向感、定位感，一定的形象思维能力、空间想象能力等特点。[4] 在生物教学中，教师经常借助生物标本、模型、图片、多媒体、教材插图等直观辅助手段来教学，激发学生的求知欲望和学习兴趣。如学生通过亲手用色彩笔画出叶绿体结构图，无形之中会提高和发展学生的视觉空间智能。

人际交往智能：传统封闭式教学模式不适应当今社会，合作学习应运而生。小组学习是合作学习的基本方式，并以使学习结果达到最优化为目标。[5] 生物学习活动多种多样，大多以小组为单位进行。针对所学的关于光合作用概念知识，各小组尝试画出光合作用概念图并向其他小组做展示介绍。

自知自省智能：表现为对自我内在情绪、动机、自尊、自知的认识能力。生物是一种客观存在，通过生物教学可使学生形成正确的世界观、人生观、价值观。比如对叶绿体结构的学习，使学生建立结构与功能相统一的认识观；通过对光合作用发现史的学习，感受科学家勇于质疑、追求真理的科学精神和态度。

自然观察智能：生物学是以动物、植物、微生物为研究对象，是广泛联系自然、生产生活的学科，所以观察和描述是研究生物学最基本的方法；而这种智能与生物学科密切联系。学生要明确观察目的，正确选择观察方法。如通过栽培植物，来观察其正常生理活动，并尝试探究哪些因素对植物光合作用会有影响。

2.2.3 设计教学过程

创设情境、音乐导入：教师播放《光合作用》音乐，要求学生从这首歌曲里找到关于“光合作用”的一些信息，再提出问题：“光合作用需要阳光，但是吸收的阳光去哪儿了呢，能量发生了怎样的转变？光合作用需要绿叶，那么具体过程又是怎样发生的呢？”继而引出本节课内容——光合作用的过程，指出这是掌握光合作用的重要部分。

可视化教学、心脑并用：教师播放多媒体演示动画，从反应过程、场所、物质变化、能量转变角度边演示边讲解，师生讨论并理清容易混淆的内容。然后教师还可提出一些综合性的问题加深理解。如：当光合作用的光反应被阻断，你认为暗反应会停止吗？反过来，当暗反应被阻断，光反应会发生什么变化？之后，师生联系地球目前面临的重大环境问题，通过分组交流讨论，对学生进行生命价值教育。

巩固新知、寓教于乐：教师总结光合作用的重难点，然后发动学生玩“卡片游戏”。在卡片上设计绿色植物、光、叶绿体、水、酶、ATP、C_3、C_5、ADP、Pi、葡萄糖等，同时再加入迷惑性图案（如细胞核、线粒体、内质网）。

所有学生分为若干组，要求利用所学过的知识，抽取一套完成光合作用所需的纸牌进行演示。小组评分以快速、准确为标准，从而教师能对学生进行知识梳理及发现问题。

归纳总结、积极思维：在接近尾声时，教师将学生注意力转移回课堂，写下板书。教师采用头脑风暴方法，鼓励学生说出生活中还有哪些例子可以运用光合作用原理来解释（如利用光合作用原理培育韭黄和蒜黄……）。

2.2.4 多元化教学评价

根据多元智能理论，学生的智力表现是多方面的，教师要因材施教。生物课程评价应逐步从单纯的纸笔测试活动中转向多样化评价，从总结性评价转向过程性评价。加德纳认为教育的一个直接目的就是“真正理解并会学以致用”，所以分数并不代表一切。教学评价要考虑到学生的发言情况、活动参与性、作业完成情况、课后实践活动、资料收集等，从而使评估结果更为真实和全面。

3 意义

根据多元智能理论，将八种智能的方法适当组合之后运用到生物教学设计之中，有利于最大限度去开发被忽视的其他智能，关注个体与群体每种智能的发展，以突出学生主体地位，激发学生学习兴趣和提高教学效率，以促进学生的全面发展。

3.1 突出学生主体地位

学生智能表现的多样性和复杂性决定了教师要根据学生个性差异因材施教。教学评价不再以教师为主，而要通过多种渠道、多种形式（如学生自评、组内互评、家长评价等）切实考查学生多种智能的培养。教师关注学习者的学习过程，学习者为自己的学习承担责任，真正实现以学习者为中心的多元化和个性化学习。

3.2　激发学习兴趣

教师利用多元智能理论，设置合理的教学情境，围绕学生多种智能特征挖掘学生的优势智能领域，以促进学生在更高认知水平上进行信息加工和记忆。学习中设定具有挑战性的“最近发展区”，无形中使得各种智能得到全面发展。采用多种方式引发积极思维，如丰富多彩的教学媒体、多样化的学习形式，都能够有效激活学生的脑系统，有利于激发学生以极大的热情投入生物学习活动中去。

3.3　提高教学效率

多元智能理论能够为教学中学生注意力提供诸多线索，如将图标或PPT中的重点用不同的颜色标注出来，在上课开始前播放与学习内容相关的歌曲，在讲课过程中变换音调或者使用肢体语言……这些方式能够让学生在知识学习中保持一定新异性。教师根据不同的学生智能特点和教学内容不同，采用各种适当的、能够促进学生全面发展的教学手段，使学生能以自己的方式去理解和掌握教材，进而提高教学效率。

参考文献

[1] 霍华德·加德纳:《多元智能》，沈致隆译，新华出版社，1999，第16页。

[2] 霍华德·加德纳:《多元智能新视野》，沈致隆译，中国人民大学出版社，2008，第7页。

[3] 戴维·拉齐尔:《多元智能教学的艺术——八种教学方式》，吕良环译，中国轻工业出版社，2004，第15—20页；第195—198页。

[4] 郝惠、张迎春:《多元智能在生物教学中的培养途径》，《中学生物学》，2008年第24期。

[5] 张海会、胡玉梅:《多元智能理论应用于大学英语合作学习的可行性》，《沈阳师范大学学报》，2013年第5期。

从教学设计的角度，引导教师思考生物教学的本质特征，关注生物有效教学新视角，呼吁在面向全体学生的课程理念下，生物教学不可忽视慢教育。

案例 4：基于慢教育的教学设计[①]
——以“ATP 的主要来源——细胞呼吸”为例

随着课程改革的推进，追求“大容量、快节奏、高密度”的生物学教学，在提高课堂教学效率的同时，也促使了一些基础不太好的学生跟不上、听不懂、学不会，催生了一线教师把课堂节奏放“慢”。笔者认为，生物教学不能一味求“快”，慢教育也是有效教学的一种主要策略。本文从教学设计角度，关注生物教学的本质，以新的视角来开阔我们的视野，思考慢教育在高中生物教与学中的必要性与意义。

1　教学设计的初衷：教学的需要和学习的起点

问题　教学设计是否从学生的经验出发？是否从教学的需要和学生学习出发？

课例　2013 年 10 月，笔者公开课讲授“ATP 的主要来源——细胞呼吸”。在新课导入时，原本想先提问“是否知道龙南客家米酒的制作流程”（附学习任务单），然后再观看视频，目的是通过学生固有的生活经验，燃起学生的学习兴趣，快速进入教学；然而，全班学生包括农村学生，竟然没有一个学生看过酿酒过程。震惊！我及时调整教学思路，边观看视频，边讲解酿酒过程。原本 3 分钟导课，实际用时 15 分钟，本节内容重点部分移到下节课。

① 肖安庆：《慢教育：有效教学新视角》，《中学生物教学》，2015 年第 1、2 期。

必修 1 · 第 5 章 · 第 3 节 · “ATP 的主要来源——细胞呼吸”学习任务单

观看：龙南客家米酒制作流程的视频——理解米酒制作的生物学原理。

【自主学习】

★为什么要将糯米煮熟？为什么要用开水浇烫容器？为什么要在糯米的中间留出一个空间？为什么要密封容器？在酿酒的过程中，为什么总是“先来水”，“后来酒”？（讨论、交流 2 分钟）。

★说出表 2.4.1 中有氧呼吸各阶段的场所、反应物、产物和能量情况（思考、展示 2 分钟）。

表 2.4.1

阶段	场所	反应物	产物	释能
第一阶段				
第二阶段				
第三阶段				

表 2.4.2

项目		有氧呼吸	无氧呼吸
不同点	场所		
	条件		
	产物		
	能量		
联系			

★比较表 2.4.2 中有氧呼吸和无氧呼吸的不同点与联系（讨论、交流 2 分钟）。

【自主探究】

★设计有氧呼吸和无氧呼吸的实验方案，谈谈对实验条件的控制的感受（讨论、交流、分享 6 分钟）。

争议　多数教师对笔者的教学处理持否定态度，认为没有突出本节课内容的重点难点，目标达成度低。

反思　是完成教学任务重要还是解决学生的疑惑重要？为什么要急于把内容目标全部告诉学生？教学设计是否考虑到学生的实际经验？

1.1　关于“慢教育”理念

奥地利教育家鲁道夫 · 斯坦纳（Rudolf Steine）最早提出慢教育理念，认为孩子不应过早接受正规教育，而应接触大自然；日本学者佐藤学（Manabu Sato）指出“教育往往要在缓慢的过程中才能沉淀一些有用的东西”；捷克教育改革家夸美纽斯也指出：“自然并不性急，它只慢慢前进。”

慢教育，在我国早就提出，如“十年树木，百年树人”“润物细无声”。我国学者张文质先生认为："慢教育就是提倡日常生活式教育，是润物细无声的教育。教育是慢活、细活，是生命潜移默化的过程，教育的变化是极其缓慢的、细微的，它需要生命的沉潜，需要精耕细作式的关注和规范。"[1] 它应"快教育"而生，是广大教育工作者在教育实践和生活过程中，摸索出的关于人成长与发展的社会规律。[2] 在教学中，"慢"是一种特殊的教育智慧，是教育者把发现锻炼的机会留给学生，让学生掌握学习的方法，提高学习成绩，体验成功与喜悦。从人的成长来看，对于每个人来说，人的成长也是"慢"的过程，要经历一个循序渐进的过程。通过"慢"的教育，让学生感受成长的经历，体验成长的懊恼与快乐。

1.2 关于有效教学

有效教学是指在符合时代和个体积极价值建构的前提下，教学效率在一定时空内不低于平均水准的教学。从自身结构看，有效教学把有效的目标转化成有效的思维，再转化成有效的"状态"过程，即教师教得少；但是能激励学生发现问题，掌握相关的技能和方法；从教学实践看，有效教学是在有限的时空内，提供创造机会和条件，为学生获得了能动性、创造性、发展性能力，让学生获得具体的发展和进步；从学生发展的视角看，有效教学使学生在获得相关知识的同时，感受到学习的乐趣，体验到成功的愉悦，养成了终生的学习习惯。

2 教学设计的实施过程：学生的真实互动

问题 教学设计是否是互动的？教学实施过程是否是互动的？没有互动的环节，学生仅仅失去了表达机会？

课例 2014 年 2 月，笔者讲授"孟德尔的豌豆杂交实验（一）"（附学习任务单）。笔者按照课本的思路，先讲一对性状的杂交实验，再进行解释和模拟，然后验证和归纳。整堂课，笔者讲得行云流水，学生听得舒心。但从学生的作业反馈来看，效果大跌眼镜。

必修 2 · 第 1 章 · 第 1 节 · “孟德尔的豌豆杂交实验（一）”学习任务单

★为什么子一代表现高茎？为什么子二代又出现了矮茎？为什么子二代呈现 3 ∶ 1 的数量比（讨论、交流 2 分钟）。

P　纯种高茎豌豆 × 纯种矮茎豌豆

（♀ 或 ♂）　↓　（♀ 或 ♂）

F_1　高茎豌豆

↓ 自交

F_2　高茎豌豆　矮茎豌豆

787　277

3　∶　1

★说出孟德尔解释的要点。

★说出测交实验的意义（讨论、交流 2 分钟）。

★分组实验，两个小桶代表什么？桶中的 D 小球和 d 小球代表什么？为什么每个桶内的 d 小球和 D 小球数目都是 10 个？

为什么从两个小桶内抓取一个小球组合在一起？为什么将抓取的小球要放回原来的小桶内（实验、讨论、交流 6 分钟）？

★谈谈理解遗传因子分离、配子随机组合的意义及孟德尔遗传规律的实质（讨论、交流 2 分钟）。

★对本节课还存在哪些困惑？

争议　课堂看似成功，但是从学生作业反馈看，却是失败的。不听取学生反馈的问题，不与学生互动，一味地追求快节奏、大容量，这样的教学是否有效？

反思　课堂如果没有解决学生的问题，没有与学生发生思维碰撞，没有给学生提供一个交流、展示和反思的平台，没有构建一个学习共同体，这样的教学是不成功的。

2.1 关于教学过程本质

苏霍姆林斯基指出:“教学过程不是倒灌，而是时时刻刻的心灵碰撞”；叶澜教授指出:“教育如同人类的交往，包含了大量的教育因素。”可见，教学过程应该是师生互动，共同解决学生问题的动态过程（见图 2-4-1），是在必要的时间和空间内，进行自主、合作、探究的过程，是一个创设情境、思考实践、倾听互动、生成与评价、反思反馈和交流对话的过程。如果教学脱离了师生、生生的互动，就不是真正意义的教学。

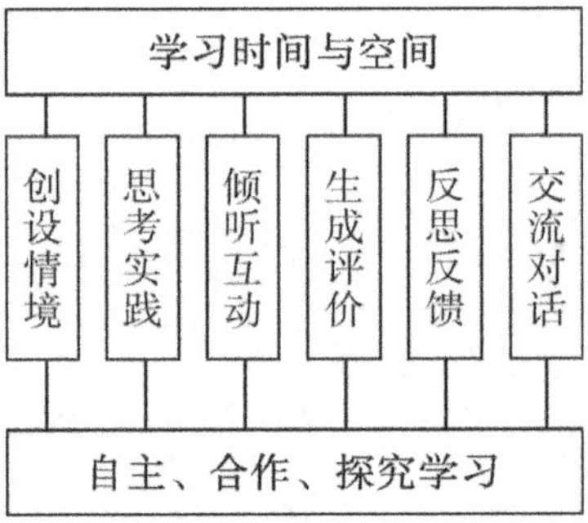

图 2-4-1

2.2 关于学习共同体

学习共同体是由学习者（学生）和助学者（包括教师、专家、辅导者等）共同组成的，以共同完成学习任务为目标，以促进成员共同成长为目的，强调相互学习，通过人际沟通、交流和分享各种学习资源而相互影响、相互促进的学习集体。在交往互动过程中，分享彼此的经验、知识和思考，交流彼此的情感、观念和理解，解读和拓展教学内容，达成共识、共享和共进，实现教学相长和共同发展。

2.3　关于“慢”的理解

“教育，作为一种慢的艺术，需要留足等待的空间和时间，需要有舒缓的节奏。”[3] 教学中快节奏、大梯度、大跨度，其实对大多数学生而言是不适应的，如果学生不能及时消化相关知识，不利于学生的自然成长和发展。教师应认真倾听学生的见解和思维，宽容学生的错误，耐心地解决学生的疑难问题，共同建构一个宽松人性化的课堂氛围，慢节奏、慢引领、慢呈现、慢操作、慢思维、慢生成，“慢工出细活”，促进学生的健康发展。

3　教学设计的实践结果：学生连续性经验获取

问题　教学中是否注重和尊重学生思维能力的培养？是否有利于学生经验的获取？

课例　2014 年 5 月，笔者通过分析学情，以学定教，在讲授“通过激素的调节”时（附学习任务单），通过设计学案进行导学，以期达到形成师生学习的共同体。

必修 3 · 第 2 章 · 第 2 节 · “通过激素的调节”学习任务单

【自主学习】

★斯他林、贝利斯实验与沃泰默实验有何不同（讨论、交流 2 分钟）。

★说出右图各激素间的名称（讨论、交流 2 分钟）。

★据图分析说明甲状腺激素分泌的分级调节实例（讨论、交流 2 分钟）。

★归纳激素调节的特点。

【合作探究】

★尝试运用反馈调节的原理，解释一些生命现象（讨论、交流、展示 5 分钟）。

★建构血糖调节的模型，构建反馈调节机制（思考、讨论、交流、共享 8 分钟）。

★归纳激素间的关系（讨论、交流 2 分钟）。

★你对本节课还存在哪些困惑？

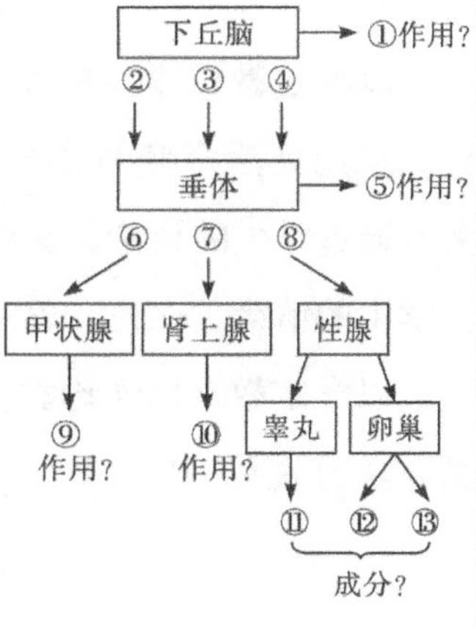

争议 自主学习能否促进学生思维的发展？活动不断的课堂，是否利于学生思维发展？学生讨论、交流、展示能否把学生引入深度学习？

反思 课堂如何由“讲授为中心”转变为“对话为中心”再转化为“能力培养为中心”？如何激发学生的深度思考与学习，让学生从“学会”走向“会学”，再到“乐学”？

3.1 关于深度学习

深度教学，并不追求教学内容的深度和难度，也不追求教学内容越深越好，而应丰富教学的层次，实现知识教学的丰富价值，有意为学生留下思考时空，让学生探究解决问题的方法，拓展问题的深度与广度。它是一种发展性教学，它注重引导学生在知识学习的基础上实现教学的发展性，是针对教学的表层化局限性的一整套教学策略。郭元祥指出，“深度教学是超越表层的符号教学，由符号教学走向逻辑教学和意义教学的统一”[3]。也就是说，教师要引导学生超越表层的符号知识学习，进入知识的逻辑形式和意义领域，将符号学习提升为深层意义的获得，使学生学会思考。

3.2 关于“以学定教”

以学定教以学生的发展来确定教师的教学，根据学情合理有效地教学设计，采用灵活多变的教学方法。“学”是“教”的目的，“教”要为“学”服务，通过学生的讨论、交流、合作、思考、获得结论及其过程等行为表现，关注学生的情绪、交往、思维、参与与生成，来达到促进学生的发展和进步的目的。以学定教、以学论教注重学生的“学”，凸显的是新的教育理念，摆正了教与学的关系。[4]

3.3　关于“生成性”

生成性是指在师生互动过程中，通过教师对学生的需要和兴趣，不断调整教学活动，以促进学生更加有效发展的过程，是师生共同学习、共同建构对世界、对他人、对自己的态度和认识的动态过程。生成性教学可概括为：关注表现性目标、关注具体的教学过程、关注教学事件、关注互动性的教学方法、关注教学过程的附加价值。当然，围绕“课程与教学目标”的生成，可能面临探索的难以预测的挫折和失败。但是，这是一个成长过程中必须经历的过程，是不可量化的“长效”财富。

4　结语

人的成长和认识是一个逐步积累、循序渐进的过程。由于人与人之间存在差异性，每个学生的基础是不同的。在追求高效率的大背景下，教师不能只用“快教育”一种模式去教育每一位学生。笔者认为，以面向全体学生，提高生物学素养为基本理念的高中生物教学，应注重学生原有经验和水平，寻求合适的教学流程，适当的教学手段，适配的教学模式和策略，促进学生螺旋式发展。其中，慢教育过程中，慢的教学流程，应以慢节奏、慢引领、慢呈现、慢操作、慢思维、慢生成为抓手，让学生跟得上、听得懂、学得会；慢的教学手段，应借助个性化教学手段“慢、降、放、退”，让学生易懂、易学、易会；慢的教学模式，应运用“对话交流”和“实验操作”的模式，让学生能学、能懂、能会；慢的教学策略，应构建个性化“高情意学习场”，让学生想学、善学、乐学，实现“难学—能学—会学—善学”和“难上—能上—好上”的转变。[5]

“教育是一个慢活、细活，是生命潜移默化的过程，所谓润物细无声，教育的变化是极其缓慢、细微的，它需要生命的沉潜，需要深耕细作式的关注与规范。”[1] 关注学习内在属性、关注教育本质、关注生命成长规律，等待、耐心、宽容、期待，慢教育又何尝不是一种睿智的教育呢？

参考文献

[1] 张文质：《慢教育》，华东师范大学出版社，2007，第 11 页。

[2] 林元龙：《慢教育——基于地理学科有效学习的视角》，《地理教育》，2014 年第 9 期。

[3] 郭元祥：《教育是慢的艺术》，《今日教育》，2008 年第 5 期。

[4] 郭元祥：《知识的性质、结构与深度教学》，《课程 · 教材 · 教法》，2009 年第 11 期。

[5] 朱桂凤、孙朝仁：《数学慢教育研究综述》，《江苏教育研究》，2013 年第 7 期。

物质与能量观是生物学的核心观念。利用“情境感知—实验探索—问题表征—实际应用”的教学策略，在“酶的作用与本质”教学中进行培养物质与能量观的教学实践。

案例 5：基于培养物质与能量观的教学设计①
——以“酶的作用与本质”为例

1　问题的提出

爱因斯坦曾说：“科学教育的目的是要在复杂的物质世界中找出各种事物的联系与规律，通过构建科学理论，形成核心观念，反过来去探索其他事物的联系与规律。”[1] 生物学科的核心观念是在生命现象和规律认识中形成学科认识活动的基本观念，如结构与功能观、进化与适应观、物质与能量观等。其中，物质与能量观是生物学的核心观念，是在解释物质转变、能量变化的理论中概括出来的。用物质与能量观去认识细胞代谢是高中生物学的核心观念，人教版生物必修 1“降低化学反应活化能的酶”第一课时“酶的作用与本质”是细胞代谢的开篇内容，学生有丰富的知识和经验，是构建物质与能量观的重要内容，见图 2-5-1。

① 肖安庆：《培养物质与能量观的教学策略与实践》，《中小学教材教法》，2021 年第 11 期。

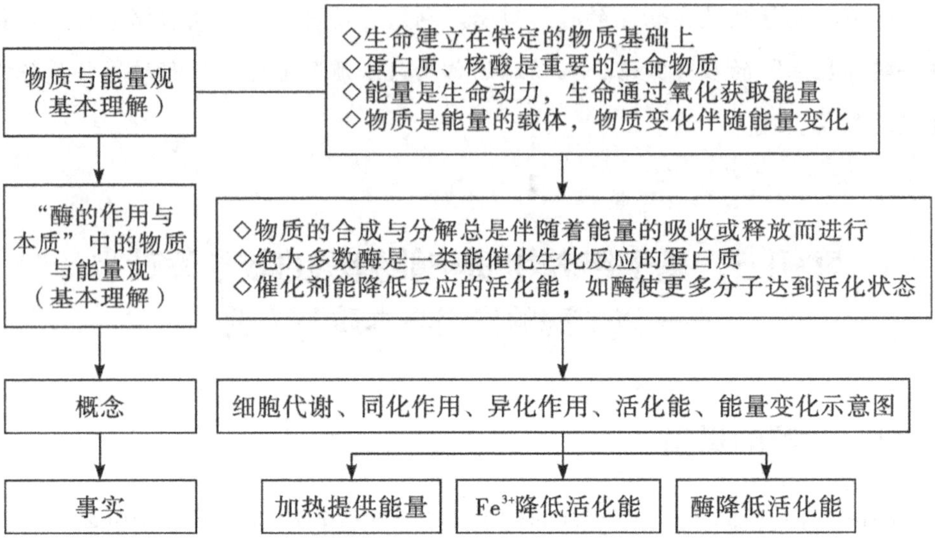

图 2-5-1　物质与能量观视角下的“酶的作用与本质”知识层级分析[2]

2　教学策略

“酶的作用与本质”是整个细胞代谢教学的基础，酶的知识贯穿整个生物学。[3] 在《普通高中生物课程标准（2017 年版）》中属于必修 1 大概念 2。细胞代谢过程离不开降低化学反应活化能的酶。学生对酶的认识有限，但在初中化学已经学习了催化剂的相关知识。教学中可以通过情境感知与实验探索理解酶和无机催化剂催化的作用与差别，以问题表征和生活生产实践中的实例，解释化学反应中的物质和能量变化，从本质认识酶和催化剂，由此梳理出“情境感知—实验探索—问题表征—实际应用”的教学策略，见图 2-5-2。

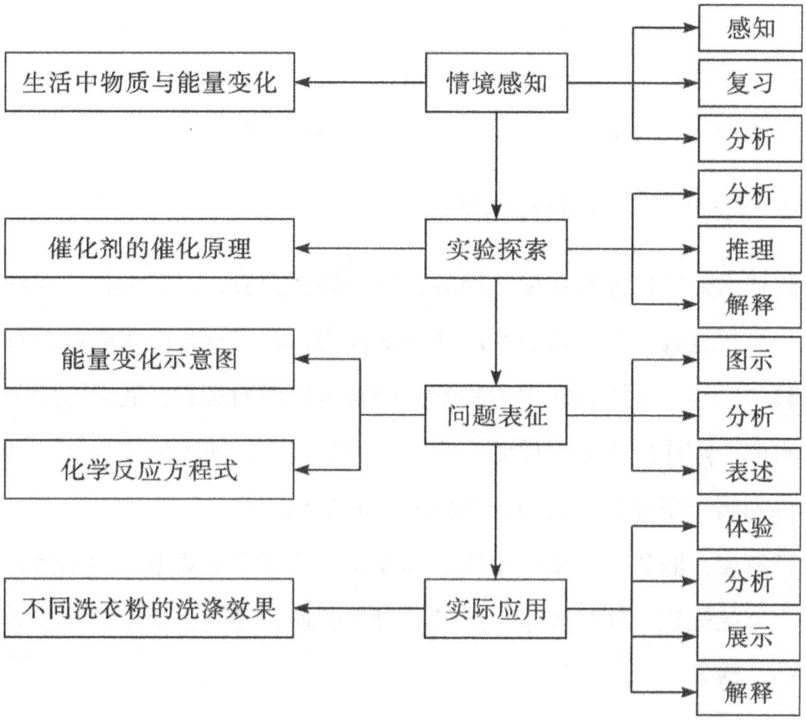

图 2-5-2 “情境感知－实验探索－问题表征－实际应用”的教学策略

3 教学实践

3.1 创设生活化情境，引出细胞代谢的概念

联系生活实际，展示系列问题：我们为什么每天都要摄入食物？食物中有哪些主要成分？哪些属于能源物质？学生思考，归纳总结：摄取食物是为了获取生命活动所需的物质和能量。然后教师设问“细胞如何从这些物质获取能量？”，引出细胞代谢的概念，学生回答：细胞代谢是细胞内所发生的用于维持生命的一系列有序的化学反应的总称，这些反应伴随着物质和能量的转变。

设计意图：从学生最简单的一日三餐入手，导入生活情境。一是生活化情境，学生十分亲近，快速进入学习状态；二是引出细胞代谢这一重要概念，引导学生思考物质与能量的关系以及对于身体的重要性。

3.2 温故知新，判断代谢类型

新陈代谢是指机体与环境之间的物质和能量交换，以及生物体内物质和能量的自我更新过程，包括合成代谢和分解代谢，并展示合成代谢和分解代谢的定义。教师引导学生回忆初中生物学关于新陈代谢的概念，展示脂肪酶作用下脂肪的水解、酶作用下蛋白质的合成两个化学反应，学生依据定义，判断这两个反应分别属于哪种代谢类型，分析能量的变化。

设计意图：既复习了初中生物学旧知识，又联系了高中生物必修一第二章有机物内容的知识，使学生举一反三、触类旁通，有助于学生构建物质与能量变化的内在联系。

3.3 分组实验，控制变量，探究酶的作用

以上两个反应都应用到酶。初中化学已经学过无机催化剂，可以让学生说出无机催化剂的作用特点。设置疑问：酶与无机催化剂有共性吗？在讲解控制实验变量和设置对照实验的方法后，开展“比较过氧化氢酶在不同条件下的分解”的分组实验，见表2.5.1。本实验如果只观察气泡产生速度，不能定量比较酶和无机催化剂的催化速度。为此，在试管顶部安装收集装置，定量分析气泡产生量。

表 2.5.1　实验结果记录表

	对照组	实验组		
序号	1	2	3	4
H_2O_2 浓度	3%	3%	3%	3%
剂量	2 mL	2 mL	2 mL	2 mL
温度	常温	90 ℃	常温	常温
试剂			2 滴 $FeCl_3$	2 滴 土豆研磨液
气泡产生量（1 min）				

问题与讨论 1： 写出过氧化氢分解的化学反应方程式。

问题与讨论 2： 比较实验 1 和 2 的结果，说明了什么？

问题与讨论 3： 比较实验 1、2 和 3 的结果，实验 3 中为什么产生的气泡量更多？

问题与讨论 4： 实验 4 比实验 2、实验 3 产生的气泡量更多，说明了什么？

通过讨论交流，学生归纳：酶和无机催化剂都能够催化过氧化氢分解成水和氧气，都能够降低反应所需的活化能，但酶比无机催化剂的效果更明显。

设计意图： 通过学生自己做实验，探究酶与无机催化剂的作用与差异，增强感性认识，为分析和讨论酶的作用特点做好铺垫。通过三个问题的讨论，学生明白酶与无机催化剂的作用原理一致，都是降低反应的活化能。但活化能是什么，学生比较模糊。

3.4 展示动画，建构模型，破解活化能理解的难度

动画分别展示常温、加热、加无机催化剂和加酶四种情况下过氧化氢分子的状态。强调常温下，只有少数分子处于活化状态；加热条件下为反应提供了能量，使一部分处于常态的分子变成了活化分子，即活化能；加无机催化剂和酶都没有提供能量，但是降低了反应所需的活化能，使原本不处于活化状态的分子也转变成了活化状态，酶降低反应的活化能多于无机催化剂。

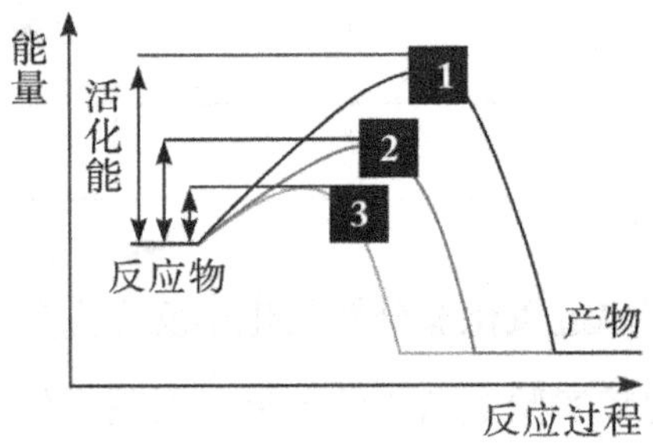

图 2-5-3　不同条件下过氧化氢分解的数学模型

为构建不同条件下过氧化氢分解的数学模型，教师引导学生分析和绘制加热、加无机催化剂和加酶的条件下反应过程与能量的关系，让学生展示和解释自己构建的模型。小组讨论以下几个问题。

问题与讨论 1： 酶比无机催化剂降低反应的活化能多，如何用图 2 中的 y 值表示？

问题与讨论 2： 探究温度对酶作用的影响，为什么不能用过氧化氢为材料？

问题与讨论 3： 温度明显提高，对无机催化剂和酶的催化作用有什么影响？

设计意图： 动画直观展示了分子所处的状态，形象地表示了活化能的含义；模型建构则可以利用已学的知识，深度地理解物质和能量的数学关系，突破酶降低反应的活化能这一难点；通过讨论交流，提高学生课堂参与度，有助于教师更好地了解学生的掌握情况，找出典型问题进行讲解分析，提高教学效率。

3.5　设计实验，体验酶作用的神奇

加酶洗衣粉与普通洗衣粉的不同，在于后者加入了催化污迹分解的酶制剂，如碱性蛋白酶和碱性脂肪酶。课前教师收集一些干净和有污迹的布条，用普通洗衣粉和加酶洗衣粉测试洗涤效果；课堂上请学生设计实验并分析变量，展示成果。

设计意图： 通过实验，提高了学生的动手能力，证明酶具有高效性，巩固已学的知识；训练了学生的实验分析能力，使学生学会控制变量，体验科学探究的思想。探索温度对实验的影响，为下一节内容的学习做好铺垫。

4　教学反思

基于物质与能量观的“酶的作用与本质”教学，通过创设情境，判断反应类型，关注学生有用的知识与经验；通过动手实验，学会实验分析的基本方法；展示动画，建构模型，破解理解活化能的难点；以交流讨论的形式，了解学生对酶作用的理解。利用多种教学手段拓展了学生学习的时间和空间，为物质与能量观的建构提供各种支持，促使学生在积极参与、亲身经历、主动思考、讨论交流的过程中达成教学目标，提高了课堂教学效率，提升了学生课堂参与度。

参考文献

[1] 阿尔伯特·爱因斯坦:《爱因斯坦论科学与教育》，许良英、李宝恒、赵中立、范岱年译，商务印书馆，2016，第 4 页。

[2] 陈侠:《以物质与能量视角认识生命本质，促进生命观念形成》，《生物学通报》，2017 年第 8 期。

[3] 中华人民共和国教育部:《普通高中生物学课程标准（2017 年版)），人民教育出版社，2018，第 4–5 页。

核心素养是新高考背景下课程改革和教学改革的新方向，在生物教学中如何全面落实生物核心素养要素是一个新的课题。我们在基于生物核心素养下的课堂教学进行了一些探索，以人教版生物必修中“酶的作用与本质”的教学为例，通过创新教学模式、开发教学资源等，探讨生物核心素养要素指标的落实。

案例 6：“酶的作用与本质”一节基于素养的教学设计①

生物核心素养是学生在解决真实情境中的生物学问题过程中，所表现出来的必备品格和关键能力，主要包括生命观念、理性思维、科学探究和社会责任 4 个方面。[1] 目前生物学教学主要关注三维目标的落实，但对核心素养的重视明显不足。本文结合“酶的作用与本质”的教学案例，就基于核心素养的教学谈几点认识和建议。

1　创设情境，发展学生的问题意识

展示视频 1： 某种加酶洗衣粉的电视广告。

展示视频 2： 加嫩肉粉，肉质口感顺滑的秘密。

问题展示： 为什么加酶洗衣粉更能洗干净衣服？嫩肉粉能使肉变顺滑？同学们能提出哪些课题名称？

设计意图： 提出问题是促使学生展开探究性思维的催化剂。我们利用学生熟知的问题境脉，诱发学生提出问题，激发学生的学习兴趣与求知欲，使学生在实验观察、分析综合、抽象概括中提出研究课题，培养学生的主动发展意识和实践意识，发展学生的实验探究和理性思维能力。

① 肖安庆：《基于核心素养的高中生物教学探讨》，《中学生物学》，2018 年第 4 期。

2　演示实验，概括基本结论

演示材料：用 2 支相同的注射器，分别装入 10 mL 过氧化氢溶液。分别套上 1 个相同的气球，气球中分别装有 3 mL 肝脏研磨液溶液和 3 mL 蒸馏水。

实验演示：同时将注射器中的溶液挤入气球，观察气球体积变化。[2]

问题展示：哪只气球体积变化大？变化大的气球原理是什么？

实验结论：肝脏研磨液存在某种成分，催化过氧化氢分解并释放气体，使气球体积变大。引入“比较过氧化氢在不同条件下的分解”实验。

设计意图：通过演示实验，培养学生的观察能力，并对实验现象进行分析归纳，概括总结，使学生亲身感受肝脏研磨液催化过氧化氢产生气体的过程，激发学生兴趣，培养学生的生命观念（物质与能量观）、理性思维两个方面的素养。

3　分组实验，探讨酶的本质

问题讨论：肝脏研磨液中的这种成分是什么？如何证明它通过催化过氧化氢溶液释放气体？该过程会受到哪些因素的影响？学生讨论，教师引导这种成分可能为过氧化氢酶。获得结论后，教师展示表 2.6.1，开展小组实验。

小组实验：小组按照表 2.6.1 要求合作实验，展示实验结果。

表 2.6.1　实验记录表

		对照组	实验组			说明变量
		1	2	3	4	
一	H_2O_2 浓度	3%	3%	3%	3%	变量
	剂量	2 mL	2 mL	2 mL	2 mL	

续表

		对照组	实验组			说明变量
		1	2	3	4	
二	温度	常温	常温	常温	90 ℃	变量
	试剂	2 滴清水	生土豆研磨液 2 滴	2 滴 $FeCl_3$	生土豆研磨液 2 滴	
结果	气泡产生速度					变量
结论		①实验 1、2、3 组比较，结论是什么? ②实验 1、2、4 组比较，说明了什么? ③ 90° 的高温会是________失效。				

问题展示：本实验中，自变量、因变量、无关变量分别是什么？结合本实验，演示实验中加肝脏研磨液的实验原理是什么？

设计意图：通过实验设计，让学生在实验中理解自变量、因变量和无关变量及变量的控制。通过解决学习中的生物学问题，有助于学生体验科学研究方法和科学探究的精神，增强学生主动解决问题的责任意识与实事求是的科学态度，发展学生的科学探究和责任意识素养。

4　研讨教学，探讨酶作用原理

引导学生思考并交流：上述实验，可知酶的催化作用，那么酶作用的原理是什么？

图片展示：展示加热时过氧化氢分解能量变化，见图 2-6-1，引入“活化能”这一概念，给学生提供以下 4 个研讨指向做参考。

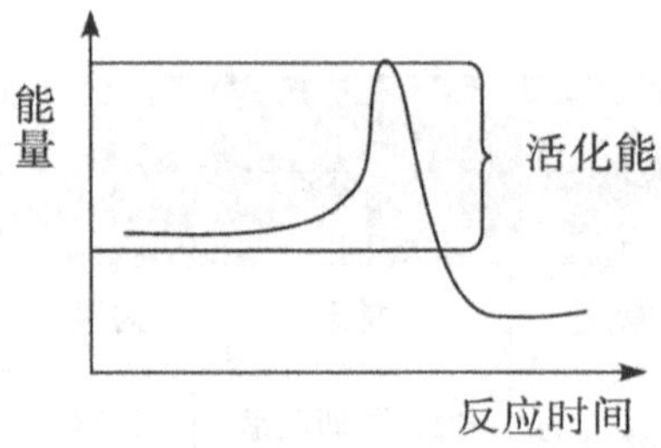

图 2-6-1　过氧化氢分解的能量变化曲线

研讨指向 1：猜想氯化铁和过氧化氢酶催化过氧化氢分解的曲线。

研讨指向 2：加热相当于给了过氧化氢能量，氯化铁和过氧化氢酶催化时没有加热，能量有没有变化？

研讨指向 3：氯化铁和过氧化氢酶催化过氧化氢分解的曲线有何不同？如何绘制？

研讨指向 4：在细胞内，能通过加热来提高反应速率吗？常温对细胞代谢有何意义？

小组讨论，形成最终结果后，小组代表阐述本组观点，其他小组补充修正。最后教师引导学生归纳：与无机催化剂相比，酶降低化学反应的活化能的作用更显著，催化效率更高；由于酶的作用，细胞代谢才能在温和条件下快速进行。

设计意图：“活化能”这一概念比较抽象，教师可借助教材插图和曲线帮助学生理解，建立活化能概念，形成生命观念；利用教材插图，培养学生识图、辨图和析图的能力，培养学生的科学想象力；利用数学建模、类比推理的研究方法，借助于曲线的绘制，通过分析、推理论证等方法，加强学生对酶作用原理的理解，提高学生的合作探究意识，增强了学生主动与他人合作的精神；让学生分享自己的见解，敢于坚持正确的观点，敢于修正错误，形成良好的理性思维习惯，体验科学探究的过程，获得对自己终身发展有意义的成就感和喜悦感，强化了学生的核心素养的培养。

5　回顾历史，强化酶本质的认识

图片展示：展示白化病病人和正常人的图片，用实例说明酶的重要性。

角色扮演：选出 6 位学生，其中 5 位学生分别扮演巴斯德、李比希、毕希纳、萨姆纳、奥特曼 5 位科学家，1 位同学旁白。课前大家排演，上课时，通过角色扮演的形式，将科学家们的发现历程简短地展示在学生面前，让学生了解酶探索的历程。最后对科学家发现之路进行总结，使学生掌握酶的本质，大多数酶是蛋白质，少量是 RNA。

问题探讨：引导学生完成酶的发现史资料，见图 2-6-2。探讨从科学家的实验中得到什么启示，并给酶下定义。

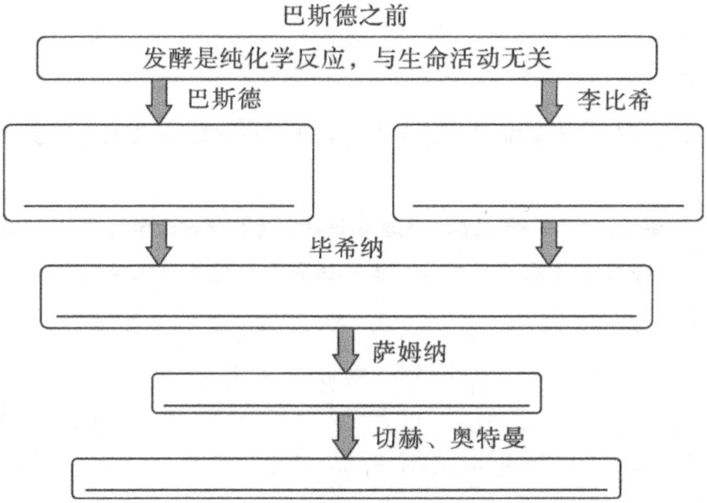

图 2-6-2　酶的探索过程

设计意图：通过角色扮演酶的发现史，让学生感受到酶的发现史也是生物科学的进步史；通过酶的发现与人类发展的联系，体现生物科学的研究价值，提升学生的科学探究意识，认同科学是在不断地探索和争论中前进的，体验生物学研究基本思想，从而升华到情感态度价值观的培养，增强学生的社会责任感。

《普通高中生物课程标准》以提高全体学生的科学素养、促进学生的全面发展作为主要目标，高中生物课程作为一门自然科学领域的基础课程，在培养学生的生命观念、理性思维、科学探究和社会责任 4 个方面，使学生养成终身发展所需的必备品格与关键能力，具有重要的作用。教师在教学设计及实施过程中，应加强核心素养的学习，明确课程性质、目标和理念，理解生物核心素养的内涵；依据教学基本原理设计教学流程，结合实际采取合理的教学策略；根据学生的已有的知识和认知规律，创设学习任务和问题，使学生有计划、有目的地学习，提高教学设计的科学性、针对性和实效性，将生物核心素养教育落到实处。[3]

参考文献

[1] 中华人民共和国教育部:《普通高中生物课程标准》，人民教育出版社，2017，第 40 页。

[2] 姚芳:《“酶的作用”一节的探究式教学设计》,《生物学教学》，2016 年第 5 期。

[3] 侯海军、孙明西:《基于物理核心素养的高中物理教学探讨》,《物理教学探讨》，2016 年第 10 期。

本文从引导学生提出问题、激发学生解决问题和关注学生提出新问题三方面，总结了问题教学法在“基因工程的基本操作顺序”教学中的应用。

案例7：基于问题教学法的教学设计①
——以“基因工程的基本操作程序”为例

问题教学法最早出现在20世纪50年代的医学教育，它通过呈现问题，让学生在探索解决问题的思维活动中，提升学生解决问题的能力，培养创新精神和创造能力，其教学模式是“提出问题—解决问题—提出新问题”[1-5]。笔者在人教版选修三“基因工程的基本操作程序”的教学中，利用问题教学法，取到了较好的教学效果。

1　精心设计情境，引导学生提出问题

通过精心设计情境，引导学生提出问题，能使学生的求知欲由潜伏状态转入活跃状态，有力地调动学生思维的积极性，有利于预定教学目标的达成。“基因工程的基本操作程序”一节，重点是对基因工程四个操作步骤的理解与掌握。在设计教学情境时，教师利用必修2“基因工程及其应用”中的实例——人工合成胰岛素，进而提问：每100 kg胰腺只能提取4 ~ 5 g胰岛素，如何将胰岛素基因导入大肠杆菌并成功表达？带着疑问，学生自主学习，主动提出问题。甲学生阅读教材后，想知道PCR技术如何操作？乙同学想要弄明白什么是基因文库？丙同学不明白切割人的DNA与质粒为什么要同一种限制

① 肖庆安：《问题教学法在“基因工程的基本操作程序”教学中的应用》，《生物学教学》，2016年第4期。

酶？丁同学想知道重组 DNA 分子导入不同受体细胞的条件为什么不同……教师将学生们提出的问题一个个整理起来，基本构成了本节内容的知识框架。带着学生提出的问题，师生进入共同探讨环节。

2 师生共同探讨，激发学生解决问题

通过师生共同探讨，激发学生解决问题，充分体现教师的引导作用和学生学习的主动性。通过鼓励学生自己思考、查找资料，培养学生发现问题、解决问题的能力。

解决甲同学关于 PCR 技术操作的问题，教师引导学生将 PCR 技术与生物体内 DNA 复制的过程加以联系，复习 DNA 复制，之后课件展示 PCR 技术动画流程。解决乙同学关于什么是基因文库的问题，如果直接给出概念，学生很难理解，教师可以引导学生把“基因文库”与“基因库”作比较，加深学生对核心概念的理解。解决丙同学的问题，教师可以从限制酶与 DNA 连接酶的作用引导，思考切割人 DNA 与质粒使用同一种限制酶的意图。解决丁同学的问题，从细胞的结构、功能和培养条件入手讨论，之后小组展示，得出答案：用氯化钙处理细菌细胞可以增大细胞壁通透性，用农杆菌转化法处理植物细胞可以使外源基因整合到受体细胞的 DNA 上并长久保存与遗传，用显微注射技术处理动物细胞操作简单可行。

3 注重前后联系，关注学生提出新问题

高考中生物试题所涉知识点的综合性极强，特别注重学生对核心基础内容的掌握与应用，教学中应注重前后联系，关注学生提出新问题。在“构建基因表达载体”这一操作过程中，对于目的基因和质粒用同一种限制酶以获得相同的黏性末端，学生问：一定要用同一种限制酶吗？教师写出两种能切出相同黏性末端的限制酶，让学生观察后得出：不同的限制酶切割目的基因和质粒，也

能得到相同的黏性末端，进而也能互补配对。学生还可能提出以下问题：一种限制酶只能识别一种碱基序列吗？一种特定的碱基序列只能被一种限制酶识别吗？DNA 分子中只有一个限制酶酶切位点吗？学生提出新问题后，教师利用前后联系因势利导，共同解决问题，更好地促进学生掌握有关限制酶的知识。[5]

基因工程的四个步骤中，“将重组 DNA 分子导入受体细胞”是重点，也是难点。教师在分析将人的生长激素基因导入细菌 B 细胞内生产生长激素过程中（见图 2-7-1），学生提出新问题：只要含有质粒的受体细胞就可以达到生产生长激素的目的，为什么要选用破坏了抗四环素基因的质粒？

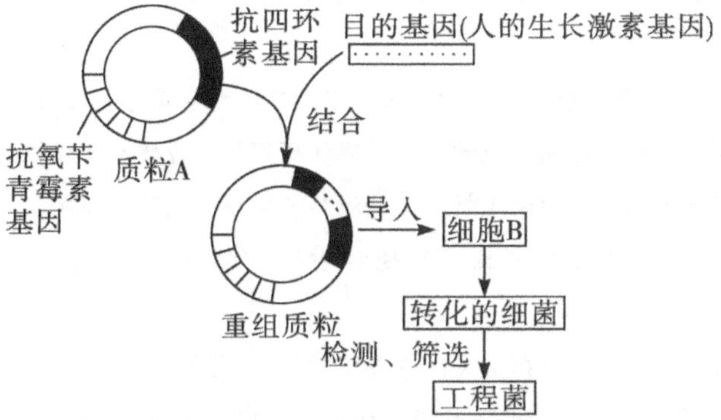

图 2-7-1　工程菌的构建

教师从质粒导入受体菌的过程引导学生思考。导入的结果有三种：一种是没有导入质粒也没有导入目的基因的细菌 B，既不能在含有氨苄青霉素的培养基中生长，也不能在含有四环素的培养基中生长；导入普通质粒但没有导入目的基因的细菌 B，既能在含有氨苄青霉素的培养基中生长，也能在含有四环素的培养基中生长；导入重组质粒的细菌 B，因四环素抗性基因被破坏，不能在含有四环素的培养基中生长，只能在氨苄青霉素的培养基中生长。根据以上分析，只有导入重组质粒，才能更好地筛选出含有目的基因的细菌 B。

总之，在教学过程中，通过学生积极主动地提出问题，教师引导学生分析问题，共同解决问题，学生再提出新问题，最终掌握生物学的基础知识与技能，提高学生思维发展的能力，能达到教学效果事半功倍的目的。[6-10]

参考文献

[1] 安丽沙:《问题教学法在中职数学课堂的实践探索》,《天津职业院校联合学报》,2021 年第 6 期。

[2] 范汝广:《化学教学中“问题教学法”的探索》,《化学教学》, 1996 年第 3 期。

[3] 张建中，刘晓艳，沈效征:《问题教学法刍议》,《中学教育》, 2003 年第 6 期。

[4] 刘凯芳，孔祥雷:《兴趣问题教学法在物理教学中的应用》,《中国职业技术教育》,2003 年第 1 期。

[5] 赵桂芹:《“五步问题教学法”初探》,《中学政治教学参考》, 2011 年第 31 期。

[6] 吴永江:《高中政治课问题教学法运用现状研究》,《教学与管理》, 2016 年第 36 期。

[7] 李满存:《历史问题教学法浅析》,《青海师专学报：教育科学版》, 2005 年第 52 期。

[8] 贺会玲:《物理教学中实施“问题教学法”的探讨》,《教育与职业》, 2004 年第 17 期。

[9] 杨凤茂:《问题教学法初探》,《高等函授学报》(哲学社会科学版), 1996 年第 4 期。

[10] 王定均:《阶梯式问题教学法的有效运用》,《中学政治教学参考》, 2013 年第 36 期。

社会性科学议题具有开放性、不确定性、结构不良等特点，因其科学情境性较强，与学生生活相联系，包含价值判断与立场选择，用所学知识寻求证据参与讨论，能培养学生科学决策与问题解决能力。依据 Sadler 的 SSI 教学模式，高中生物 SSI 教学的设计教学流程为“议题引入—议题讨论—不同层面间的相互作用—议题总结”。利用这一流程，开发单元教学案例，帮助学生认识转基因技术的安全性，为一线教师提供参考。

案例 8：基于社会性科学议题的教学设计[①]
——以“转基因产品的安全性”为例

高中生物学课程的一个重要目标是提升学生的科学素养，培养学生运用所学生物学知识、证据和逻辑对议题进行思考与开展论证；而社会性科学议题（Socioscientific Issues，SSI）教学关注科学对议题的影响，尤其关注议题中的伦理道德问题。因此，SSI 教学是解决学生利用科学知识、形成正确的科学思维、理解科学本质、培育参与科学决策能力以及伦理道德的有效途径。

1　何谓

长期以来，STS 教学较好地将科学（Science）、技术（Technology）和社会（Society）融入科学教育之中。但因忽略科技手段中的伦理观念和学生道德观念的培育，尤其是忽视科学探索过程中所蕴含的创造性价值，以至于 STS 教学模式难以调动学生的学习热情，因此激发学生社会道德认知势在必行。社会性科学议题是指以开放的、不确定的、复杂的、争议较大的、结构不良的科学

① 肖安庆：《提升科学素养的高中生物社会性科学议题教学》，《教学与管理》，2021 年第 11 期。

问题，如全球变暖、试管婴儿、克隆技术等。这些问题的科学情境性较强，与学生生活相联系，常常正在发展、信息不全、难以预测，不同群体的价值判断与立场不同，人们难以直接提出解决问题的有效办法。SSI 教学是指通过引入以上问题作为教学情境，促使学生用所学知识寻求证据参与讨论，是一种较为先进的培养学生科学决策与问题解决能力的科学教学模式。它既是一种学习背景，更是一种具有明确教学目标的教学模式。因其具备项目式教学、情境教学和案例教学的特征，能激发学生的学习热情，培育学生的批判性思维。[1]

美国当代教育家萨德勒（Troy D.Sadler，2004）构建的 SSI 教学模式，包括议题学习、议题实践和议题实施 3 个步骤，见图 2-8-1。[2] 其中，指导学生科学建模贯穿 SSI 教学的始终，是该教学模式的核心。模型在认识科学现象和科学探索过程中具有重要作用。在科学教育中，指导学生构建模型、修正模型，能有效促进学生对科学知识的理解与系统化。依据萨德勒的 SSI 教学模式，高中生物 SSI 教学中，可引导学生从以下 3 个方面来构建模型：①先让学生了解议题，激发学生的学习兴趣。②针对议题，引导学生从政治、伦理宗教、经济、科学等方面思考，引导学生思考不同层面与议题的关系与相互作用，如图 2-8-2。③教师厘清概念，提供辩题及方案，学生阐述自己的看法，解释模型，提出问题解决的方案。

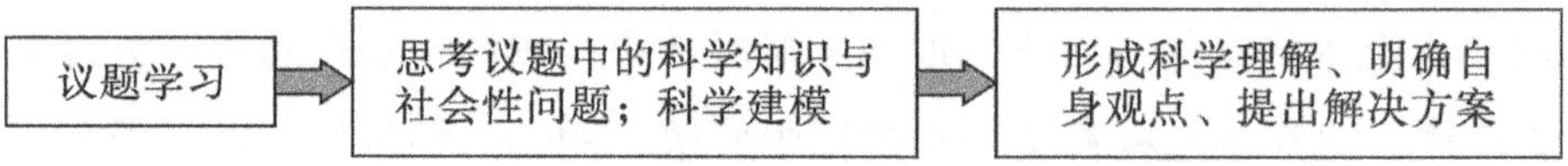

图 2-8-1　Sadler 的 SSI 教学模式

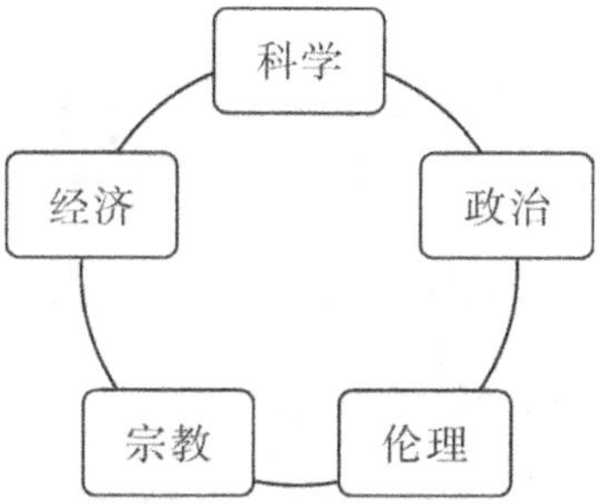

图 2-8-2　SSI 教学模式的思考层面

2　何为

长期以来，关于转基因产品争论不休。现以新人教版选择性必修 3 第 4 章第 1 节“转基因产品的安全性”为议题，引导学生思考转基因技术的科学性和安全性，将基因工程知识与生活实践和工程实践相联系，培养学生问题解决能力。本教学采用单元教学模式开展对学生能力的培养，设计成拓展校本课程。由于 SSI 教学存在复杂性，不能在一节课内完成教学，拟使用 3 ~ 4 个课时。教学分为四个阶段：①提出探索，明确议题的价值（环节 1 ~ 3）。②概念引入，探索思考议题的层面（环节 4 ~ 7）。③理清争议，探索不同层面间的相互作用（环节 8 ~ 9）。④概念应用，利用议题不同层面间的作用解决问题（环节 10 ~ 11）。其中，阶段①属于议题认识的过程，阶段②、③属于构建模型的过程，阶段④为模型解释过程。其教学设计流程见表 2.8.1。

表 2.8.1　教学设计流程

教学过程	教学内容和学生活动	建模实践	意图
议题引入	环节 1：网络发送预习作业； 环节 2：讨论转基因技术的发展史； 环节 3：讨论转基因技术的风险问题	认识议题	激发学生的学习热情

续表

教学过程	教学内容和学生活动	建模实践	意图
议题讨论	环节 4：科学层面的议题讨论； 环节 5：社会意识文化及伦理层面的议题讨论； 环节 6：经济层面的议题讨论； 环节 7：法律政策层面的议题讨论	构建模型	体会议题的争议性、复杂性，在模型构建过程中，理清思路、推理论证
不同层面间的相互作用	环节 8：转基因生物与非转基因生物的优缺点比较； 环节 9：推广方案的讨论		
议题总结	环节 10：推广方案的修订与立场的再次选择； 环节 11：撰写转基因技术的发展现状及展望	解释模型	学生阐释观点，思考问题解决方案

2.1 议题引入

环节 1

网络发送预习作业

教师通过学科辅导班级群（如 QQ 群、微信群等）发送网络作业：“转基因产品的安全性是多年来的一个热点，也是一个广为争议的话题。如果是你，你会选用转基因产品吗，请搜集不同国家或地区转基因生物研发和安全评估、转基因食品销售等方面的资料，以及我国有关转基因生物研究和商品化的法规和政策，发表自己的意见（搜集资料过程中，要分辨谣言与事实，寻找确凿的证据）。”[3]学生利用网络搜集资料，开展讨论，发表观点。在此过程中，教师根据学生的发言，了解学生的前概念，并将学生进行分组，以便后面的讨论。

环节 2

讨论转基因技术的发展史

班级群中的讨论，学生多数为简单的支持或否定，主要出自现有对转基因技术的理解。事实上学生对转基因技术的了解是远远不够的。因此本环节中，教师可组织学生自主学习转基因技术的发展史，了解转基因技术的成果、过程与风险、技术种类与原理，以及各国对转基因产品的政策法规，结合前面所学基因工程的知识，进一步了解本议题。

环节 3

讨论转基因技术的风险问题

复习第 3 章第 2 节“基因工程的基本操作程序”的知识，回忆 DNA 重组技术的基本工具、基本操作程序，从食品和环境两方面引导学生思考转基因技术的风险性。在转基因技术的食品风险方面，引导学生思考载体、宿主、重组 DNA、基因表达产物及营养成分的变化与营养、毒理学和过敏反应的关系。[4] 在转基因技术的环境风险方面，思考：①转基因植物的种植风险，目的基因通过花粉转移到农田杂草，成为超级杂草。②基因漂移的风险，转基因植物将目的基因通过遗传漂移到近源植物中。③杀虫基因的风险评估，例如大面积种植抗虫转基因植物，害虫有可能产生适应性和抗性，这有可能产生新一轮的虫害发生。结合基因工程的知识，了解转基因各种风险的可能，引导学生搜集相关文献，在课堂展示交流转基因的风险问题，了解科学发展的曲折过程。

2.2　议题讨论

转基因技术的安全性，民众较为关注。能否食用转基因产品，有很多层面有待于讨论。通过环节 1 的交流讨论，教师对该议题有一定的了解。学生对该议题可能只是从一个或几个角度看问题，难以全方位思考问题并作出决策。如果仅让学生在课堂上展示自己的观点与讨论，教学效果难以保证，多数学生参与性可能不高。为避免这些问题的发生，教师需要根据前期收集的情况进行分类，从科学、伦理、经济和政策等视角逐一思考，了解议题的全貌，积极收集资料开展讨论，见图 2-8-3。

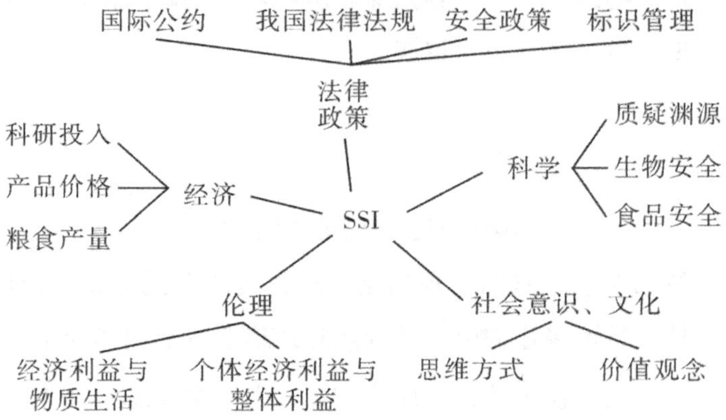

图 2-8-3　转基因议题思考的层面

环节 4

科学层面的议题讨论

通过前期讨论，学生对议题的科学层面掌握情况不够，教师继续引导讨论。例如，关于转基因生物与食品安全问题，核心问题是导入的 DNA 序列未必都是已知基因序列。导入受体细胞中，如果载体上的某些片段是携带有毒蛋白基因序列，或者基因表达载体可能破坏受体细胞中的关键基因，或者导入的目的基因序列中混入了毒蛋白基因等原因，可能出现安全性问题。

又如，在转基因生物与安全性问题，如果转基因生物扩散到环境，可能影响到生物多样性。当转基因植物扩散到试验区外变成野生杂草，因为目的基因本身具有特殊功能，这些杂草将成为新型“入侵物种”；或者因病毒或细菌感染，将目的基因转导进入病原体之中成为“超级病毒或细菌”；如果导入的是抗除草剂基因，尽管存在生殖隔离，但也有可能通过花粉进入杂草，使杂草成为抗除草剂的“超级杂草”。

再如，关于转基因生物与环境安全方面讨论，聚焦到转基因生物可能对生态系统的稳定性和人类生活环境造成破坏。因为自然界的生物历经30多亿年的进化，当短期内通过转基因技术把一种生物的DNA转移到另一种生物，势必打破原有的和谐动态平衡，生态系统的稳定性将受到影响；转基因微生物降解某些化合物产生的中间代谢产物，也有可能对人类生活的环境造成二次污染，或者产生毒蛋白和过敏蛋白，通过食物链流向人与动物。通过引导学生思考和查阅资料，相互讨论其他方面的科学议题。

环节5

社会意识文化及伦理层面的议题讨论

由于安全性考虑、意识形态、宗教信仰和政治制度等因素的影响，决定了消费者对转基因技术的价值取向与接纳程度。要通过确凿的证据和严谨的逻辑进行思考与讨论。只有通过正确的社会舆论导向，决策者才能做出正确的决策，促进科技的发展。

转基因技术市场“遇冷”的主要原因是广大消费者对转基因技术的认识不足。多数消费者仅仅是听说转基因技术有安全性风险，因而害怕购买和使用；有的质疑转基因技术安全性，很少有消费者会从经济实惠的角度选择。转基因食品的推广是科技与经济综合考虑的重要举措，对消费者而言，这是一项平衡经济效益与物质生活、科技效益与科技安全等问题。讨论科学议题的社会意识、文化和伦理道德等方面，可培育学生社会责任意识、安全意识等素养。

教师引导学生从伦理、社会意识与文化等方面思考问题，通过查阅当今世界转基因技术的推广成果，访谈社区居民对转基因技术的了解情况、接纳情况，并相互交流讨论，发表自己的看法。

环节 6

经济层面的议题讨论

在社会意识、文化讨论的基础上，引导学生在经济层面思考转基因技术接纳程度的影响因素。除安全风险外，经济成本也是影响消费者购买的重要因素。经济成本层面上，引导学生从对比购买价格、科研成本、生产成本等方面思考。学生通过调查转基因技术的成本，了解转基因技术的经济价值，并在课堂上讨论与交流，感受科技给生活带来的巨大经济利益。

环节 7

法律政策层面的议题讨论

学生分组搜集转基因的法律和政策，并开展交流展示活动。教师可以从以下视角引导学生搜集与调查：国际上对转基因生物的公约与要求；我国实施的有关转基因安全保障的部分法律法规与要求，见表 2.8.2；转基因作物在科学研究、农田试种、大面积种植、商品化种植的安全评价措施；转基因农作物安全证书发放、获准商业化种植、批准进口用作加工原料和常被误传的转基因作物情况；转基因生物标识的管理办法。

表 2.8.2　我国有关转基因安全保障的部分法律法规

时间	名称
1993	《基因工程安全管理办法》
1996	《农业基因工程安全管理实施办法》
2001	《农业转基因工程生物管理条例》《进出境转基因产品检验检疫管理办法》

续表

时间	名称
2002	《转基因食品卫生管理办法》《农业转基因生物进口安全管理办法》
2006	《转基因作物田间试验安全检查指南》《农产品包装和标识管理办法》《中华人民共和国农产品质量安全法》
2009	《中华人民共和国食品安全法》

2.3 不同层面间的相互作用

上述各环节讨论中，转基因的科学、社会意识、文化、伦理、法律政策、经济各层面不是独立的，而是相互影响、共同促进。例如在政策层面上，政策支持鼓励转基因科技的创新，促进科学问题的解决，维护消费者对转基因技术的知情权和选择权，保证转基因技术的安全性，引导影响社会意识、文化及伦理道德的改变。通过各层次间的共同作用，为科学决策奠定基础，见图 2-8-4。

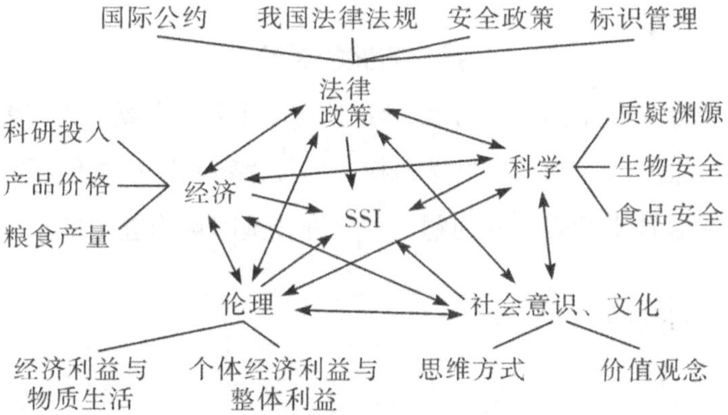

图 2-8-4 转基因议题不同层面间相互作用的关系

转基因技术中的社会性议题，有很多问题还没有定论，又与伦理问题、社会问题密切相关，使议题具有复杂性和争议性。教学中，教师设计环节 8 和环节 9，帮助学生深度探讨。

环节 8

转基因生物与非转基因生物的优缺点比较

转基因技术的推广，主要的目的在于转基因产品的优势，教师引导学生从安全、经济和应用分组讨论，小组汇报展示活动，发展学生团队合作能力，见表 2.8.3。

表 2.8.3　转基因生物与非转基因生物优势对比

一级维度	二级维度		
安全	安全		
经济	粮食产量	农药等投入	产品价格
应用	营养价值	生产效率	

环节 9

推广方案的讨论

教师设定 3 个转基因推广方案，学生填写理由与立场:（1）禁止转基因食品进入百姓餐桌。（2）给予百姓选择权，但加大转基因技术创新奖励。（3）只有解决了转基因技术的安全性问题，才允许转基因食物进餐桌。

2.4　议题总结

环节 10

推广方案的修订与立场的再次选择

针对以上 3 个转基因技术的推广方案，小组交流讨论并对原方案进行修订和再次表达立场，撰写修改理由。

环节 11

撰写转基因技术的发展现状及展望

撰写论文是 SSI 教学的最后一环。通过前面的讨论，学生对转基因技术有一定的立场，对转基因技术的发展现状有一定的了解，以及今后的发展有一定的预估。鼓励学生撰写这一领域的科技论文，可从学生的论文中评估本议题的教学效果。

3　结语

SSI 教学以真实复杂情境为载体，培育学生问题解决能力和科学决策能力。作为一种新型教学模式，需要从以下三方面进行设计：①设计元素，围绕与学生生活、科学实践密切相关的问题，教师为学生设计活动框架，引导学生利用各种技术开展相关活动，将信息素养贯穿整个教学全过程。②创造宽松的课堂教学环境，构建互动协作的教学环境，基于学生视角，根据学生讨论和交流，关注学生推理和思维发展，强调学生的参与体验。由于议题本身具有争议性和跨学科性，这对教师自身专业素养也提出较大的挑战，教师应本着尊重和鼓励的原则，避免成为教学的权威者。③为学生学习提供合适的支架，当学生思维无头绪，引导学生从科学、伦理、政治和法律等层次思考；当学生提出方案和立场模糊时，引导学生思考讨论议题下的辩题和方案，推动教学的有序进行。

参考文献

[1] 吴金鑫、李娟:《全面提升学生科学素养的社会性科学议题的教学设计》,《化学教学》，2020 年第 10 期。

[2]Sadler T.D..*Situating Socioscientific Issues in Classrooms as a Means of Achieving Goals of Science Education, Socioscientific Issues in the Classroom* 2011，39（4）：1–9.

[3] 朱正威、赵占良:《普通高中生物教科书 生物学：高中生物选择性必修 3（生物技术与工程）》，人民教育出版社，2019，第 101–105 页。

[4] 王国英:《转基因植物的安全性评价》,《农业生物技术学报》，2001 年第 3 期。

当前高中生物学教材中多为西方科学家的贡献，较少介绍中国科学家的成果。针对这一问题，以“世界上第一个人工合成蛋白质的诞生”为例开展单元教学设计，讲好中国科学家故事，增强文化自信，发展学生的社会责任素养。

案例 9：基于文化自信讲好中国科学家故事的单元教学设计①
——以“世界上第一个人工合成蛋白质的诞生”为例

《普通高中生物学课程标准（2017 年版 2020 年修订）》指出，课程内容要融入中国特色社会主义核心价值观的基本内容和要求，继承和弘扬中华优秀传统文化、革命文化，发展社会主义先进文化，增强文化自信[1]。为此，2019 版人教版新教材的修订，精选中国科学家故事为素材，注重中国科学家对生物学发展的贡献。如何讲好中国科学家的故事，开展单元教学设计，增强文化自信，是一线教师亟待解决的问题。

1　一般路径

文化自信背景下讲好中国科学家故事的单元教学设计，其一般路径为：首先要凝练该单元的大概念；将中国科学家故事渗透于单元目标中，设计帮助学生理解大概念的关键问题；创设情境、设计任务，设计学生活动，指向单元目标和关键问题；教学评价始终贯穿于教学活动，促进教与学。单元教学设计的一般路径如图 2-9-1 所示[2]。

① 肖安庆：《基于文化背景下讲好中国科学家故事的单元教学设计》，《生物学教学》，2023 年第 6 期。

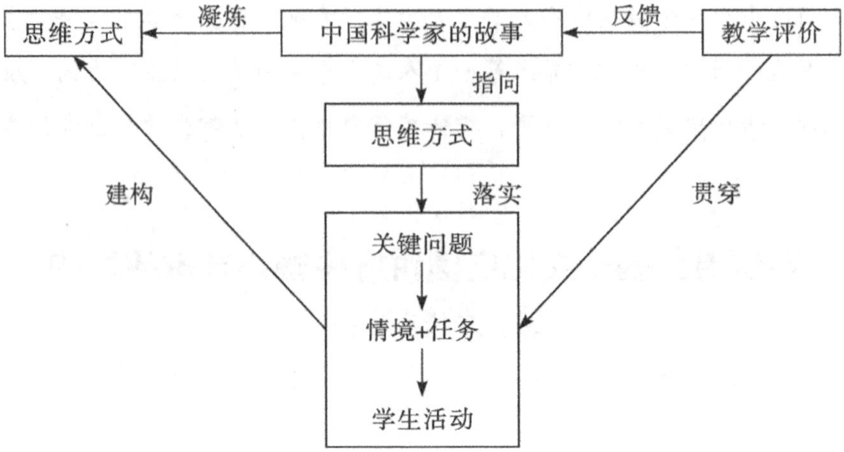

图 2-9-1　单元教学设计的一般路径

2　实践

当前高中生物学教材中所介绍的科学成果多来自西方科学家，中国科学家的贡献较少，在一定程度上弱化了学生的文化自信。针对这一问题，下面以人教版高中生物学 2019 版教材必修 1《分子与细胞》第 2 章第 4 节“蛋白质是生命活动的主要承担者”文后的“生物科学史话”“世界上第一个人工合成蛋白质的诞生”为例，开展讲好中国科学家故事的单元教学设计。

2.1　依据概念确定单元内容

本节课属于人教版补充内容，在课标中没有相关要求，需要教师提炼大概念。依据教材，提炼本节课的大概念为“人工合成牛胰岛素”，将其解构，次位概念有：“牛胰岛素的结构”“人工合成胰岛素的研究过程”“人工合成胰岛素的科学意义”。本节课与第 4 节课蛋白质知识相结合，有助于各个概念的理解与内化。

2.2　基于教材凝练单元目标

利用教材资源，依据学情凝练本单元的教学目标，发展学生的核心素养。本节课的核心素养是通过了解中国科学家人工合成牛胰岛素的结构和过程，认同我国科学家筚路蓝缕，培养学生的社会责任素养，尤其要讲好中国科学家的故事，颂扬我国科学家不畏艰难、勇于攀登的科研精神，进而培养学生的革命精神、科学精神，增强振兴中华民族科技的使命感与责任感。具体的目标有：①通过资料分析，阐述蛋白质的空间结构影响因素，理解结构决定功能的生命观念。②通过网络搜集牛胰岛素相关信息，培养学生的信息素养，学会用学科角度鉴别信息，培养学生的批判性思维。

2.3　基于“任务—情境—活动”设计单元教学

依据单元目标，首先创设基于生活情境的关键问题：糖尿病有什么病症？为什么说糖尿病是一种富贵病？你有患糖尿病的亲戚吗？用什么药物治疗糖尿病？

2.3.1　概念 1：牛胰岛素的结构

任务 1： 资料分析牛胰岛素的空间结构。

情境 1： 1921 年加拿大科学家班廷和贝斯特发现胰岛素具有降低血糖功能。1955 年英国化学家桑格测定，牛胰岛素由 A 链 21 个氨基酸残基和 B 链 30 个氨基酸残基通过二硫键相连而成，它的一级结构如图 2-9-2 所示。人胰岛素与牛胰岛素的结构类似，人胰岛素 A 链第 8、10 和 B 链的第 30 个氨基酸残基分别由苏氨酸、异亮氨酸、苏氨酸代替丙氨酸、缬氨酸、丙氨酸[3]。

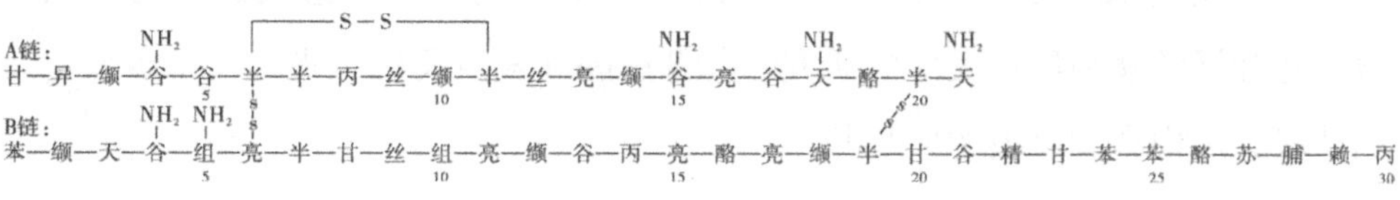

图 2-9-2　牛胰岛素的一级结构

活动 1：80 年代前临床所用的胰岛素几乎都是从猪、牛中提取的。分析牛胰岛素结构中，肽键数、生成水的总质量。从“结构决定功能”的视角，讨论蛋白质结构多样性的原因。

2.3.2 概念 2：人工合成胰岛素的研究过程

任务 2：查找资料，探究人工合成牛胰岛素的研究路线和过程。

情境 2：1957 年，英国科学家在《自然》杂志提出：人工合成胰岛素还有待于遥远的将来。

活动 2：蛋白质分子结构十分复杂，人工合成胰岛素不仅要求肽链分子的合成，还要求空间结构与天然的胰岛素相同，讨论如何证明合成了与天然胰岛素相同生物活性的蛋白质产物。

同学们通过讨论得出结论：通过验证实验，新合成的产物与天然产物具有相同的生物活性，同时也进一步巩固了结构决定功能的生命观念。

情境 3：牛胰岛素是唯一被测定的胰岛素家族成员，但是相关的合成理论知之甚少。1958 年上半年，人工合成牛胰岛素成为国家级机密研究计划，成立一个由曹天钦任组长的“五人领导小组”，采用“五路进军方案”，5 个小组分工合作。

活动 3：决定蛋白质空间结构的因素有：氨基酸的种类、数量、排列顺序和多肽链的盘曲折叠的方式及其形成的空间结构。从当时对蛋白质结构的认识分析，“五路进军方案”分别要解决哪些问题？（可以先把任务发给学生，学生通过网络搜集资料回答）

通过查找资料，“五路进军方案”要解决的问题有：①组织生产氨基酸原料和多肽链合成试剂。②天然胰岛素 A 链、B 链的拆合。③人工有机合成肽段。④开展转肽和酶促反应的研究。⑤开展胰岛素空间构象研究，分离纯化天然肽段，用作合成肽段的原料[4]。

2.3.3　概念 3：人工合成胰岛素的科学意义

任务 3：查找资料，设置实验验证人工合成胰岛素的功能。

情境 4：1959 年方案①在沈昭文的领导下，很快大量生产各种氨基酸，将 B 链分解成各种短肽，并且合成了最长 10 个氨基酸残基的短肽。杜雨苍、张友尚等发现，胰岛素 A 链和 B 链之间的半胱氨酸经 S—磺酸化后，形成了较为稳定的产物，这为化学合成胰岛素奠定了基础[5]。但由于当时保密原因，这个研究成果没有发表；而 1961 年，美国科学家安芬森开展核糖核酸酶的二硫键的拆开和连接研究，获得了 1972 年诺贝尔化学奖，二者的研究非常类似，被认为第一次与诺奖失之交臂。

情境 5：1963 年邹承鲁领导的 A 链、B 链重组研究，产率达到 50%；1964 年钮经义等领导的人工合成 B 链，以及人工合成的 B 链与天然的 A 链重组都获得了成功；1965 年汪猷和邢其毅领导的 A 链的化学合成，上海生化所将化学合成的 B 链与 A 链重组也取得了成功[4]。1979 年提名钮经义、邹承鲁、季爱雪和汪猷，未能获得诺贝尔奖。

活动 4：胰岛素注射到小白鼠后有何症状？若以小白鼠为材料如何设置实验验证人工合成胰岛素的功能？（学生查找资料，小组合作完成）

学生通过网络查找资料，了解到小白鼠注射胰岛素后将变得安静、四肢无力、惊厥等症状。通过讨论，学生以人工合成的牛胰岛素和天然牛胰岛素为自变量，以低血糖开始时间为因变量设置验证实验。若实验结果，人工合成牛胰岛素与天然牛胰岛素相同，则可证明人工合成牛胰岛素具有与天然牛胰岛素相同活性，可能具有相同的结构。

2.4　单元评价贯穿于整个教学过程

现代教学理念提倡“评价先行理念”，即目标确定后就可以设计教学评价任务，达到矫正目标的目的，实现“教、学、评一致性”[6]。本单元的评价目标包括：①在学习牛胰岛素的空间结构时，能分析和获取资料中的信息，运用结构决定功能观阐述蛋白质多样性的原因，需要具备生命观念、科学思维的四级水平。②在探究人工合成牛胰岛素的研究路线和过程时，能正确获取网络信息，思考蛋白质空间结构的影响因素，探索验证成功合成牛胰岛素的实验设计，需要科学思维和科学探究的三级水平。

在设计单元评价任务时，通过构建真实的、开放的、具体的问题情境，驱动评价内容多元化、评价方式多样化，其表现水平也具有更丰富的层次。为使单元评价具有公平公正性、专业性和合理性，教师需要开发设计学生表现特质的评分规则。在制定评分规则过程中，可以按照以下程序制定：①依据问题情境、表现水平、学生规范性回答，各维度的评价目标及评价方式，制定评分规则。②建立学生四级表现水平，描述不同学生对科学与工程实践能力、学科概念和跨学科概念的掌握情况。③依据初步设计的评分规则，确定各表现水平对应的评分范围。④对学生表现水平的匹配情况进行检验与调整。基于以上程序，设计了关于“五路进军方案”的评分规则，如表 2.9.1。

表 2.9.1　单元评价的评分规则设计

	低水平	中低水平	中高水平	高水平
学生任务指南	学生不能准确从当时对蛋白质结构的认识，来分析所要解决的任何一个问题	学生能准确从当时对蛋白质结构的认识，来分析所要解决的5个问题中的一个问题	学生能准确从当时对蛋白质结构的认识，来分析所要解决的五个问题中的2至3个问题	学生能准确从当时对蛋白质结构的认识，来分析所要解决的5个问题中的4至5个问题

续表

	低水平	中低水平	中高水平	高水平
样本学生范例	蛋白质的空间结构由氨基酸的种类、数量、排列顺序和多肽链盘曲折叠方式及构成的空间结构决定	当时氨基酸的原料难以保证，需要组织生产氨基酸原料和多肽链合成试剂	①当时氨基酸的原料难以保证，需要组织生产氨基酸原料和多肽链合成试剂。②天然胰岛素A链、B链相连方式不清楚，需要通过拆合来实现	①生产氨基酸原料和多肽链合成试剂。②天然胰岛素A链、B链的拆合。③人工有机合成肽段。④开展转肽和酶促反应的研究。⑤开展胰岛素空间构象研究，分离纯化天然肽段，用作合成肽段的原料

通过设计评分规则，促进教师对本单元教学和学生在学习本单元中进阶的过程，学生在完成各个任务的过程中，教师依据评分规则及时获得结果反馈，引领和促进教与学。单元评价作为单元教学设计的主要成分，需要与单元目标、教学任务等有效结合，嵌入课堂教学，通过单元任务和评分规则落实评价的整体设计。

总之，单元整体教学设计，以学科专家的视角思考教学问题，可以提升教师的站位，有助于教师理解学科课程育人的本质，宣传中国科学家突出贡献，增强学生的文化自信，实现单元教学“教—学—评”的一致性。

参考文献

[1] 中华人民共和国教育部制定:《普通高中生物学课程标准（2017 年版 2020 年修订）》，人民教育出版社，2020，第 2–3 页。

[2] 车亚莉:《指向核心素养的单元教学设计》,《生物学教学》，2021 年第 12 期。

[3] 夏伦旺:《牛胰岛素的结构及人工合成》,《生物学教学》，2000 年第 6 期。

[4] 邹承鲁:《对人工合成结晶牛胰岛素的回忆》,《生命科学》，2015 年第 27 期。

[5] 杜雨苍、张友尚、鲁子贤等:《从胰岛素 A 及 B 链重合成胰岛素》，*Acta Biochimica et Biophysica Sinica*，1961 年第 1 期。

[6] 林秋雨、周文叶:《单元设计中的评价：以表现性评价促进“教—学—评”一致——以斯坦福大学 NGSS 评价项目为例》,《上海教育》，2021 年第 32 期。

高中生物课程落实生涯教育是新高考不可缺少的环节。高中生物生涯教育有三种形式：生涯认知活动、生涯探索活动和生涯规划活动，并分别做了活动设计。

案例 10：基于生涯教育的活动设计①

生涯教育以促进学生自我探索、自我规划和自我发展为目标，指导学生培养自我意识、探索教育与职业之间的关系而开展生涯规划的发展性教育活动。当前，我国的新高考改革要求学生在高中阶段就应了解自己兴趣和特长，选择自己今后的职业发展方向；高校招生制度上允许不同专业对科目有不同的要求，考生根据自己的意向选择 3 门选考科目，因此生涯教育是高中教育不可或缺的环节。但是现阶段高中阶段缺乏成熟的生涯教育课程，生涯教育也没有明确规划，没有现成的教学模式与内容。本文就高中生物生涯教育的方法与教学活动进行设计，以期为生物学科落实职业生涯教育提供参考。[1]

1　高中生物学科生涯教育的意义

在高中生物课程中落实生涯教育具有重要的意义。生涯教育具有终生性，是以培育学生必要的素养为目的，促进学生全面而有个性地发展，为学生适应社会生活、高等教育和职业发展做准备，为学生终身发展奠定基础。高中生物课程旨在提高学生解决问题的价值观念、必备品格与关键能力，有利于在今后学习和工作中实现个人价值。

高中生物课堂渗透生涯教育，其作用表现在：①促进学科有效教学，在真

① 肖安庆：《试论高中生物教学落实生涯教育的意义与设计》，《中学生物学》，2020 年第 1 期。

实的情境中体验生物学科职业特点，使一些抽象的学科知识形象化、具体化。②增强生物教学的社会属性，加强学科教学与社会的联系，使生物课程与社会生活的联系更加紧密。③能够深入挖掘生物学科的育人价值，促进生物学科教学对生涯发展的贡献。对学生而言，高中生物生涯教育可以激发他们的学习兴趣，挖掘学科潜能，作出适合的职业取向，形成正确的职业观；对教师而言，生涯教育既能使学科教学更加开放，又能促进教师角色和理念的转变，有利于教材的二次开发等等意义。

2　高中生物学科生涯教育的活动设计

教师设计活动，为学生提供认知体验机会，是生物课程落实生涯教育的有效方法。高中生物生涯教育活动可分为生涯认知活动、生涯探索活动和生涯规划活动三类。

2.1　生涯认知活动

该活动旨在帮助学生认识职业特点，提高自我职业认知的能力，分辨自身优势、劣势，认识成长和变化的重要性。在生物教学中，引入生物学家的生涯故事，让学生了解他们的工作内容和方法，是学生学习生物学知识、获取职业信息和反思自我的有利方式。以下以施一公为例，设计生涯认知活动，见表2.10.1。

表 2.10.1　生涯认知活动案例

课标要求	了解蛋白质结构和描述细胞衰老和死亡的生理过程
生涯教育活动目的	①通过阅读，了解生物学家的工作内容和方法。②结合学生自身特点，说出对这一职业的看法。③分辨自身优劣势、认识成长和变化的重要性
职业代表人物	施一公，结构生物学家，中科院院士

续表

课标要求	了解蛋白质结构和描述细胞衰老和死亡的生理过程
生物学家的故事	父母亲给他取名“一公”，希望他“一心为公”。自 1998 年以来，他及团队结合 X 射线晶体结构生物学和生物化学手段，清晰地揭示了细胞凋亡机制。他主要从事与重大疾病相关的膜蛋白结构与功能和癌症发生的分子机理的研究；细胞内生物大分子机器的结构与功能研究，具有较大的影响力
活动过程	阅读《科学家访谈 探索微观世界的奥秘：与施一公院士一席谈》、观看介绍施一公院士的视频—分享阅读心得—谈谈自己的职业理想与职业观
活动评价	学生阅读了施一公院士的工作经历和成就，了解了结构生物学家的职业素养与要求，形成正确的职业观，反思自己的优势与劣势，探索了感兴趣的职业方向

学习生物学家的职业生涯故事，使学生了解生物学知识与原理的研究过程；通过观看生物学家的故事视频，加强了学生对某一生物学职业的认知，激发了学生学习兴趣和对科学家的敬仰之情，树立了自己的职业理想和职业信念。[2]

2.2 生涯探索活动

该活动旨在让学生通过真实的情境体验，加强对职业内容与价值的了解。在设计生涯探索活动时，教师可整合学生所学生物学知识，突出生物学知识对职业生涯发展的意义。通过探索活动，让学生了解生物学习与工作的关系，体验相关职业的工作，了解相关职业所需的知识与技能。

表 2.10.2　生涯探索活动设计案例

职业	职业情境	活动设计	教学方法	活动评价
遗传咨询师	随着优生优育和基因检测技术的发展，人们逐步重视基因与疾病的关系。作为遗传咨询师，你如何回答咨询者的问题并作出建议?	针对红绿色盲、佝偻病等系谱图，分析患病概率和生育建议；针对检测结果与状况，如何对咨询者的婚姻、生育和治疗提供建议?	角色扮演、任务驱动	在活动中，学生将生物学知识应用于实践，知道不同职业应用哪些知识，深化对职业的认识，并积极地学习相关知识
化石标本的制作人员	作为自然博物馆或研究机构的工作人员，你如何把化石从岩石中剥离出来?	化石嵌入岩石之中，往往不够完整和易碎，你如何整理和拼接，缺失的部分如何修复?	角色扮演	
病理科医师	作为病理科医师，你如何诊断疾病?	癌细胞有什么特点? 如何诊断是否患有癌症，辨别分裂的癌细胞和分裂的正常细胞? 如何理解疾病与机体成分的改变?	角色扮演	

针对学生的职业意向，教师设计职业角色，设置解决的问题与方法，明确活动目标，引导学生在真实问题中积极思考，学会应用生物学知识讨论分析问题，表达自己的看法，初步感知职业特点。

2.3　生涯规划活动

生涯规划活动要求学生已经具有职业意向，通过活动认清该职业需要具备的知识和技能，逐步形成正确的职业态度和职业观念。表 2.10.3 是访谈测序工程师的设计案例。

表 2.10.3　生涯规划活动设计案例

访谈对象	访谈方式	访谈目的	访谈内容	活动评价
测序工程师	电话或面对面访谈	完成职业生涯规划，做好职业生涯发展计划	测序工程师选择该职业的原因；基因研究的工作内容与方法，需要准备哪些职业知识与技能；工作中有哪些困难和对未来的展望	通过访谈，学生可以了解生物技术的科学态度、生涯技巧、管理条例和工作程序

教师可以采用访谈法、研学旅行活动和调查活动等活动，开展生涯规划活动。这些活动也是生物科技实践活动的重要组成部分。在访谈活动中，可以借助自己和同学的亲戚关系、社区资源，如访谈从事相关职业的父母、亲戚、同学家长或学长等。开展访谈活动的步骤以下：一是学生说出自己感兴趣的职业，师生讨论与筛选；二是甄选访谈对象，确定访谈目的、方式和内容，讨论访谈提纲；三是预约访谈时间和地点，开展访谈活动；四是整理访谈内容，形成职业生涯发展计划。

在高中生物课程中落实职业生涯教育，是一项系统性工程，需要科学规划和有效落实，既需要保证职业生涯教育与高中生物教学目的和内容的一致性，又要根据课程标准和学情，将教育内容与课程内容进行整合，同时还要充分运用各种资源支持活动的开展。因此，职业生涯教育活动与高中生物教学的融合过程，是一个教师不断尝试实践和创新的过程。

参考文献

[1] 石家锐:《高中地理教学渗透生涯教育的系列活动设计》,《中学地理教学参考》, 2019 年第 16 期。

[2] 李贤:《深圳基础教育改革热点难点问题与对策研究》，海天出版社，2019，第 60−71 页。

高中生物教学中开展垃圾分类教育具有学科优势和现实意义，生物教学中可以结合生物学知识，加强对垃圾分类的认识；渗透生命观念，牢固树立垃圾分类意识；开展垃圾分类主题活动，做到学以致用等策略，渗透垃圾分类意识。

案例 11：基于垃圾分类意识的教学设计①

垃圾分类，关系广大人民群众生活环境，关系节约使用资源，也是社会文明水平的重要体现，更是全体公民必备的基本素养。在中学生中开展垃圾分类的相关教育是普及垃圾分类过程中重要的一环。2017 年 3 月发布的《生活垃圾分类制度实施方案》要求全国 46 个城市先行实施生活垃圾强制分类，努力实现垃圾资源化、减量化、无害化。2018 年 1 月，教育部等多部门发布的《关于在学校推进生活垃圾分类管理工作的通知》要求教育部门各学校“大力普及生活垃圾分类知识。各地教育部门和学校要高度重视学生生态文明教育，逐步建立包括生活垃圾分类知识教育的生态文明教育长效机制。要根据不同年龄段学生的认知水平和成长规律，将生活垃圾分类知识融入教材，并与课堂教学内容有机结合”。当前阶段，在教材和课程中直接体现垃圾分类的内容较少，因此学校及相关教育部门，可以考虑从以下两方面开展垃圾分类教育。一方面，在原有的教材和课程基础上进行知识扩充与整合，进一步强化垃圾分类知识的内容；另一方面，在学校资源配置充足的情况下，开展相关精品社团课程或校本课程。[1]

生物学是自然科学中的一门基础科学，是研究生命现象和生命活动规律的科学。《普通高中生物学课程标准（2017 年版）》强调：“树立和践行绿水青山

① 肖安庆：《高中生物教学如何渗透垃圾分类意识》，《中学生物学》，2020 年第 8 期。

就是金山银山的理念，形成生态意识，参与环境保护实践。”因此，中学生物学课程在开展垃圾分类教育方面有着其他学科难以代替的优势。以生物学教材与课程中相关教学内容为基础，结合多方面资源，深入展开垃圾分类教育，具体可采取以下教学策略：

1　结合生物学学科知识，加强对垃圾分类的认识

开展垃圾分类工作的第一步是进行垃圾分类教育，普及垃圾分类相关科学知识，深入理解开展垃圾分类的原因，提高垃圾分类者的素质。早在2004年中国就已经超越美国成为世界第一垃圾制造大国，中国目前全国生活垃圾年产量为4亿吨左右，并以大约每年8%的速度递增。传统的垃圾处理方式包括土埋和焚烧。将未分类的混合垃圾土埋或焚烧不仅是对环境的破坏，更是让我们付出了健康的代价。生物学教学内容中指出，生态系统具有自我调节能力，土壤中含有大量的细菌和真菌，这些微生物能够将许多污染物中的有机化合物逐渐分解成无机物。但生态系统的自我调节能力有限，有些有机物比较容易分解，如人畜的粪尿；但有些有机污染物较难被分解，如农药；有些有机污染物不能被微生物分解，如塑料、尼龙等。有些植物可以通过吸收、富集或降解作用一定程度上去除重金属污染物，但净化作用也十分有限。所以，对废弃电池、废弃灯管、过期药物等有害垃圾的分类回收十分重要。垃圾焚烧带来的污染和破坏同样不容小觑。焚烧垃圾产生的二噁英污染物作为化学致癌因子，是地球上最致命的有毒物质之一，其排放后可远距离扩散，一旦进入人体会长久驻留，最终致癌。而中国垃圾并未分类，有毒物质含量将大幅增大。

2　渗透生物学观念，牢固树立垃圾分类意识

观念是客观事物在人脑中反映的一种高级形式。生物学观念是人们对生命的本质和生物学学科本质的整体理解和认识，表现为能够从生物学的视角解释

自然现象，认识自然规律，解决实际问题。教学中应构建真实的情景，让学生解决相关问题，不断激发学生理解和反思事实，形成独特的学科思维方式，牢固树立垃圾分类意识。垃圾分类教育可以重点渗透以下几个生物学观念：

2.1　物质观

在生命系统中，物质的运动和变化是一切生命活动的基础。在生态系统层面上，物质的运动一直处于从无机环境进入生物群落，又从生物群落返回无机环境的循环中。每年约有 800 万吨塑料垃圾进入海洋，而超过 50 种鱼类被发现正在食用塑料垃圾，每年至少 10 亿个海洋生物因未被分类回收就排入海洋中的垃圾塑料制品失去生命。不光是鱼类，还有龟类、鲸类、鸟类等 200 多个物种都不同程度地摄食了塑料微粒。澳大利亚纽卡斯尔大学一项最新研究称，人类每人每周平均会摄入 2000 颗塑料微粒，相当于一张信用卡大小。在教学内容中提到，生态系统的物质循环是沿着食物链和食物网进行的，有害物质也会随着物质循环而累积，人类作为消费者必然也是受害者。通过垃圾分类投放，分类收集，把有用物品，如纸张、塑料、橡胶、玻璃、瓶罐、金属，以及废旧家用电器等从垃圾中分离出来利用，变废为宝，不仅提高了垃圾资源利用水平，解决了资源短缺的问题，而且可减少垃圾处理量，减少对环境的污染，是实现垃圾减量化和资源化的重要途径和手段。对其他垃圾以及堆肥处理产生的残渣进行卫生填埋或焚烧，可以减少填埋量，从而节省宝贵的土地资源，实现社会效益和生态环境的双赢。

2.2　能量观

研究生态系统的能量流动可以帮人们科学规划、设计人工生态系统，使能量得到最有效的利用。秸秆作为一种农业垃圾，如果不进行分类回收，农民对其传统处理方式为焚烧和填埋等，人类无法利用秸秆的能量，造成资源浪费和环境污染。如果将秸秆作为饲料喂牲畜，让牲畜粪便进入沼气池，将发酵产生的沼气做燃料，将沼气池中的沼渣做肥料，充分利用流经各营养级的能量，实现对能量的多级利用，从而大大提高能量的利用率，提高生产效益。对厨余果皮进行堆肥发酵处理，转化为有机肥，同样也可以实现能量多级化利用。

2.3 生态观

生态观是人们对于包括人类在内的生态系统运动规律的基本认识。新修订的《中华人民共和国环境保护法》规定："教育行政部门、学校应当将环境保护知识纳入学校教育内容。"在学校相关课程中，开展生态环境保护教育，从小树立"绿水青山就是金山银山"思想，对持续推进国家生态文明建设迈上新台阶，有着十分重要的意义。《普通高中生物学课程标准（2017 年版）》中强调，"人类活动对生态系统的动态平衡有着深远的影响。依据生态学原理，保护环境是人类生存和可持续发展的必要条件"，学生应树立人与自然和谐共处的观念，形成生态意识、环保意识。

我国虽然是生物资源最丰富的国家之一，但是生物资源承载力与人们需求间的矛盾日趋尖锐，生态系统非常脆弱，生存环境压力巨大。合理保护并科学利用生物资源，涵养生态系统，并使其结构与功能得到恢复，对我们的生存和可持续发展具有重要意义。以湿地资源为例：我国湿地面积共 6.3×10^5 km^2，约占国土面积的 2.7%，居亚洲第一位，世界第四位，但我国湿地也面临着严峻的问题。大量的化肥、农药等有害垃圾未经分类和处理，直接被排入湿地，造成了湿地环境的严重恶化。人类自身赖以生存和发展的环境与资源遭到了前所未有的破坏。每天产生的生活垃圾如果不分类，将增加后续处理难度，导致垃圾处理效果不理想，造成对大气、水质、土壤的污染，危害人体健康，破坏环境。

在中学生物学有关生态学的研究中可以了解到，生物与环境是一个统一的整体，在这个统一的整体中，生物与生物相互依存，相互制约，生物与无机环境相互影响，生态系统中的物质可以循环，生态系统可以通过自动调节而维持自身的动态平衡。如果人类活动突破了生态系统的自动调节能力的限度，就会破坏生态系统的稳定性，导致一系列严重的后果。只有在生产和生活中尊重大自然的客观规律，才能实现人与自然的和谐发展。人类所面临的各种各样的环境问题大多与人类的行为有关，实行垃圾分类，减少有害垃圾的排放势在必行。在中学生物课程中有关环保的课题内容有保护水资源、保护我们共同的家园、生物的净化作用、倡导绿色消费等。通过对以上内容的学习，让学生树立绿色环保理念，尽量不产生垃圾，并对垃圾进行分类、回收再利用，使垃圾对环境产生的影响降低到最小，让学生从绿色环保的角度深入理解垃圾分类的意义，从而牢固树立垃圾分类的意识。

3　开展垃圾分类主题活动，做到学以致用

进行垃圾分类教育的根本目的是希望学生将理论与实际相结合，在生活中运用垃圾分类知识，将对垃圾分类的认识转化为实际行动，并在行动中深化垃圾分类理念。在完成垃圾分类学习后，可以进行一系列垃圾分类主题活动。垃圾分类主题活动可以包括前期准备、深入调研和分析反馈三个阶段。

在前期准备方面，学生可以搜集有关垃圾分类的论文资料，从而深入了解垃圾分类相关知识，例如垃圾分类的原则、垃圾的常见处理方法、垃圾的危害等。学校可以邀请专家进行有关演讲，开展环保知识大讲堂；举办垃圾分类环保知识竞赛，评选环保小能手；以班级或年级为单位，开展垃圾分类主题班会活动，分享相关垃圾分类知识以及经验；举办垃圾分类主题晚会，利用歌曲、舞台剧等多种形式，寓教于乐，引起学生兴趣，提高学习热情，丰富校园文化。

在充分做足前期准备后，可以开展有关垃圾分类的社会调查，深入调研日

常生活中与垃圾分类相关的现实问题，如社区居民垃圾分类方法是否正确、垃圾分类存在哪些现实困难等。

现场访谈环卫工作者，实地勘察垃圾分类工作，并亲自参与垃圾分类的督查工作。利用发放调查问卷、访谈等形式，了解居民、学生等人群对垃圾分类制度的了解程度和应对态度，收集对垃圾分类行动的看法和建议。

调研活动结束后，学生对调研结果进行相关的总结分析，形成调查报告、论文等文字资料，学校利用手抄报、黑板报等方式展现学生调研成果。对调研结果进行汇报交流的同时，也可以向政府及相关部门提供对垃圾分类实施的有效意见。

在活动过程中，教师应组织完成相关活动，引导学生接受正确的知识，指导学生完成调研和分析。鼓励各学校开展社区帮扶志愿活动，开展垃圾分类知识进社区的普及活动。在处理现实问题的过程中，学生进一步学习垃圾分类相关知识，弥补知识漏洞，在行动中将垃圾分类理念真正地内化为自身素养。

总而言之，在中学生物学课程中结合学科专业内容开展垃圾分类知识教育，让垃圾分类教育深入渗透课堂、学校，将课堂、学校作为教育的载体，实实在在提升垃圾分类教育的有效性。将垃圾分类作为教学素材融入中学生物学课本，丰富了生物学课程内容，开展垃圾分类教育相关活动，构建真实情景，从而更有效地培养学生的生命观念等生物学核心素养。

参考文献

[1] 王锋:《在中学化学课程中渗透垃圾分类教育的策略》,《中学化学教学参考》, 2019年第9期。

微课能有效促进教育改革，可应用于高中生物教学中的复习、导课、知识讲解、课堂练习、小结和课后作业环节。

案例 12：例谈微课在高中生物教学中的应用①

微课、微课程是近年来教育技术领域中出现的新事物。自 2004 年美国萨尔曼·可汗（Salman Khan）给亲戚讲授的在线视频课程开始，这一教育技术迅速向全世界蔓延，正在“翻转课堂”，被认为正打开“未来教育”的曙光。[1] 它具有四大特点：（1）教学时间短。一个微课控制在 5 分钟左右，这一时间范围既能将问题讲清楚，人的注意力又比较集中。（2）教学内容少。微课只针对教学中某个知识点，如重点、难点或疑点，进行微单元教学，内容短小精悍。（3）目的明确。微课的核心是视频，屏幕中没有学生，只有配合书写、讲解的画外音，教学情景真实且目的明确。（4）资源容量小。一个微课一般只有几十兆，为 flv、wmv 等常见的在线播放格式，便于移动学习。[2] 笔者尝试将微课与学科教学整合，应用于高中生物教学的复习、导课、知识讲解、课堂练习、小结和课后作业环节，取得了较好的教学效果。

1　微课在高中生物教学中的应用

1.1　复习

利用微课进行复习，能取到对上节课知识加强巩固的作用。如“细胞呼吸”这节课的复习可将本节课的主要板书及核心概念绘制成流程图，配以

① 肖安庆：《例谈微课在高中生物教学中的应用》，《生物学教学》2014 年第 5 期。

讲解制成微课，让学生观看。通过师生交流，使学生加深概念的理解（见图2-12-1）。

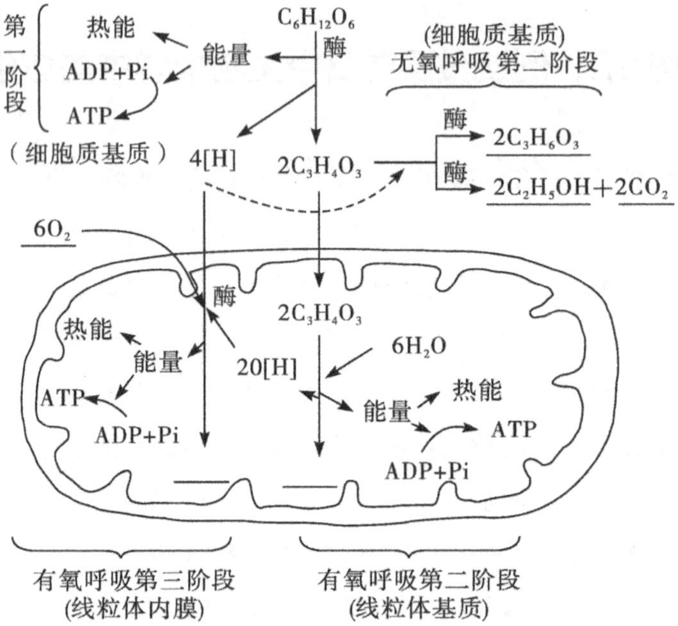

图 2-12-1　细胞呼吸过程的流程图

微课复习，其优点是给学生一个直观的画面，学生能边看视频边回忆、巩固知识。要注意的是播放视频时间不能太长，展示的课件最好不要直接将答案显示出来，可边讲解边展示答案，才有利于学生的回忆。

1.2　导课

教学中利用学生熟悉的广告、新闻、趣事等素材，通过与教学内容巧妙结合，设置成特定的教学情境，录制微视频并播放，能快速进入教学过程，收到较好的导课效果。在讲授“酶的特性”一节时，可播放立白洗衣粉在央视的广告，展示其成分，待学生观看后，教师提出问题：“立白洗衣粉能清洗哪些污渍，洗衣为什么会立白洁白不伤手？”由于广告出自于生活，学生的好奇心与参与度迅速被激发，产生对新知识的强烈渴求。

导课的好坏直接影响到课堂的教学效果。微课导课应直接切题，其形式常用设置情景式、设置疑问式和温故知新式等。教学中，应根据现有的微课素材选用合适的导课方式。

1.3　知识讲解

知识的讲解是课堂的主体，也是微课应用教学的主要形式。利用微课进行知识讲解，可以使繁琐的知识点滴化，抽象的内容直观化，达到激发学生的学习兴趣，调动其参与的积极性，从而提高教学效率的目的。“兴奋的传导”是“通过神经系统的调节”一节中的重点和难点。如果教师仅仅是边绘画边讲解，学生难以形成形象动态的画面，不易消化理解；如果使用 PPT 课件，师生容易长时间被多媒体“牵着鼻子走”。教学过程中，教师可以制作“兴奋的传导”和“兴奋的传递”两个具有动画的微课，分别展示再讲解，逐个击破重难点，真正实现多媒体“辅助”教学的目的。

由于存在弊端：贯穿整堂课和学生缺乏思考，传统多媒体教学的有效性备受关注。利用微课进行知识讲解，其大环境依然是传统教学。根据教学实际，教师有针对性选择某个知识点展示微视频，花费时间少，不影响教师提问、学生思考。特别是学生对某重点、难点或疑点没弄懂，还需要进一步消化时，课后还可以自行下载相关微课到手机、iPad 等移动设备观看，有利于移动学习。

1.4　课堂练习

利用微课进行课堂练习，这是教师讲解习题的新方式。其模式是先展示一版练习的视频，当中包含一个或多个习题，教师点击停止，学生思考练习。待学生做完后，教师再点击继续，通过视频讲解每个试题。如果还有其他试题练习，重复这一模式（见图 2–12–2）。

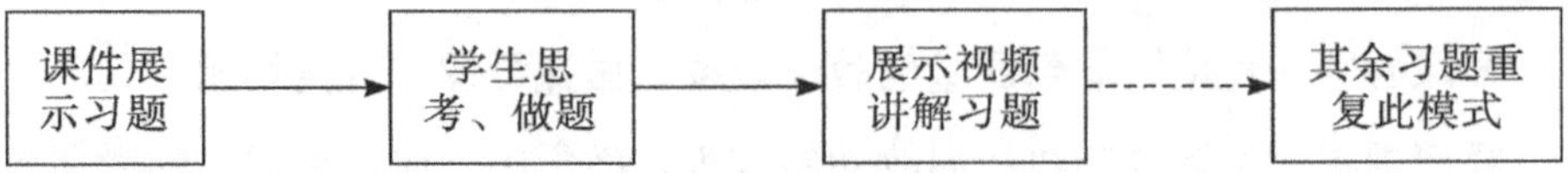

图 2–12–2　课堂练习的微课模式

通过微课讲解习题，减轻了教师课堂讲解的负担。缺点是，视频只能按照固定的操作进行讲解，课堂中学生练习出现的新问题，不能及时反馈与解决。因此，这就要求教师应该充分磨题，对学生练习出现的问题做好充分的预设，或者待视频讲解后教师要做好补充讲解。

1.5　小结

利用微课进行课堂小结，应做到：用最少的时间概括最主要的内容。如“现代生物进化理论”的主要内容可概括为“一个单位，三个环节：一原二方三必要”，然后解释含义，帮助学生快速记忆（见图 2–12–3）。

一个单位：种群是生物进化的基本单位

↓

三个环节

- 一原（原材料）：突变与基因重组为生物进化提供原材料
- 二方（方向）：自然选择决定生物进化的方向
- 三必要：隔离是物种形成的必要条件

图 2–12–3　现代生物进化理论的小结

1.6　课后作业

学生先在家利用微课完成课后作业，后在课堂进行师生、生生交流，这一模式，后来逐步演化成“翻转课堂”模式。利用微课，布置课后作业的形式有：对课堂知识的复习、课后巩固练习与检测和下节课的预习。

对于课堂知识的复习，教师可以将所有微课打包发送到学生，供他们自主学习。对于课后巩固练习与检测，最好做到每题后面就有讲解的视频，便于及时检测。对于下节课的预习，学生在观看了下节课的主要内容后，应配以少量的简易试题进行检测。

2　注意的问题

2.1　策划好切题与收尾

微课的“精髓”是短小精悍，在5分钟解决问题。它不像传统课那样“绕圈子”“造声势”“讲排场”，应该围绕主题，迅速切题。切题的方法、途径在力求新颖的同时，更要求与主题关联紧凑，迅速切题。如果存在与主题无关的内容，应该删减掉。

微课的收尾要注意：归纳与强调内容要点，要求快捷、干脆利落，起到加深印象，减轻记忆负担的作用。有时为了需要，这一步骤也可以省略掉。

2.2　把握好语言、语速与线索

基于微课的特点，录制微课应做到语言简洁生动、富有感染力。为防止声音失真，影响学生的理解，语速不能过快。为此，录制过程中，语言尽量抑扬顿挫、语速中等，声音才会更清晰，效果更好。

最后，要注意提升微课线索的清晰度。传统课堂中，教师可能以两条或多条线索讲解某一知识点。但在微课有限教学内，多条线索容易造成表意不清，结果适得其反。因此，微课教学的线索，最好只用一条，通过这条线索讲深、讲透。只有线索清晰明了，学生理解起来才会更容易，效果才会更好。

参考文献

[1] 黎加厚:《微课的含义与发展》,《中小学信息技术教育》, 2013 年第 4 期。

[2] 肖安庆、李通风、谢泽源:《微课推动教师专业发展：现状、优势与策略》,《中小学教师培训》, 2013 年第 10 期。

微课能有效促进教育改革，可应用于高中生物教学中的复习、导课、知识讲解、课堂练习、小结和课后作业环节。

案例 13：基于微课教学模式的教学设计①
——以微课在高中生物教学应用为例

微课是以视频为主要载体，记录教师对某个重难点或教学环节而进行的教学活动过程，是一种在传统课堂基础上继承和发展起来的新型教学形式，它能够对我国现有教学改革起到较大的推动作用。[1] 微课的起源较早，但在教育领域关注的时间并不长，研究较少。2013 年 7 月，笔者输入“微课”“微课程”，在中国知网检索，收录的论文如图 2–13–1 所示（单位：篇）。

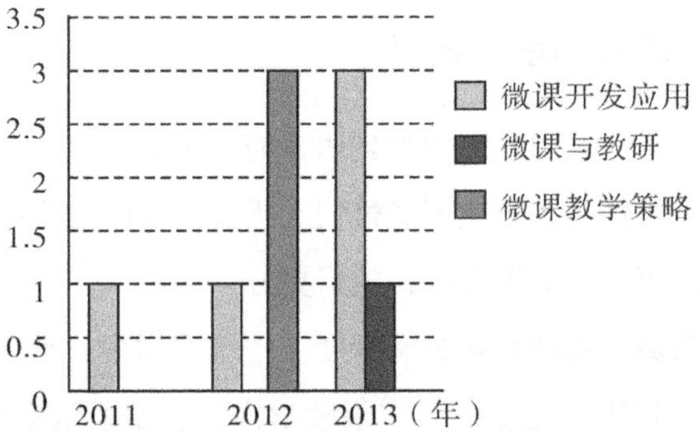

图 2–13–1　微课在中国知网的检索情况

从检索结果看，从 2011 年开始至今，微课研究的论文总共才 9 篇，多集中在微课资源开发与应用方面，但是微课教学模式与策略的研究还处于一个探

① 肖安庆，李通风：《例谈微课在高中生物教学中的应用》，《生物学教学》，2014 年第 5 期。

讨的阶段，相关论文发表有快速增长的势头，[2]是一个待研究的领域。

1 微课教学的特征

1.1 构成松散耦合，学习自控步调

微课教学是微单元的、片段化教学，它以某个重点、难点或疑点为教学内容而展开。它内容虽然短小但精悍，多个微课课件组成系列微课，具有系统性和连贯性，浓缩且精华。它以个性化学习为设计理念，后演变成“翻转课堂”，即学生先在家学习，后在课堂交流和讨论，松散耦合的结构决定了它的开放性和扩展性。教学中，教师根据自己的教学需要，更新上传微课课件，学生根据自己的学习实际，选择适合自己学习内容的微课，对重点难点、疑点反复学习，对新课内容提前预习，做到想学什么就学什么，有效地解决了学生“吃不饱”与“跟不上”的学习差异问题。

1.2 知识目标明确，素材使用便捷

教育心理学研究发现，人的注意力有效时间大概在5分钟左右，5分钟之后，人的注意力将会减退。以此认知规律出发，录制微课应控制在5分钟之内较为合适。它的格式为网络支持的主流格式，如RM、FLV、WMV等，容量只有几十兆而已，极大地方便师生选用与下载，能够快捷地让学生在手机、iPad等移动设备学习，真正地实现移动学习。

2 基于微课小环境教学模式的探讨

一节传统生物课，其模式过程包括复习、导课、知识讲解、课堂练习、小结和课后作业等环节，微课在高中生物教学各环节中都具有重要应用。

2.1 复习

传统生物教学中，对上节课的复习形式主要是教师复述，学生回忆的过程，起到对上节课知识加强巩固的作用。利用微课进行复习，也是这一目的。如“细胞呼吸”这节课包含两个课时，第 1 课时讲解细胞呼吸的过程。在第 2 课时前，复习第 1 课时，可将第 1 课时的主要板书或者核心概念绘制成概念图，配以讲解制成微课，让学生观看。通过观看，使学生加深概念的理解，对各概念更清晰（见图 2–13–2）。

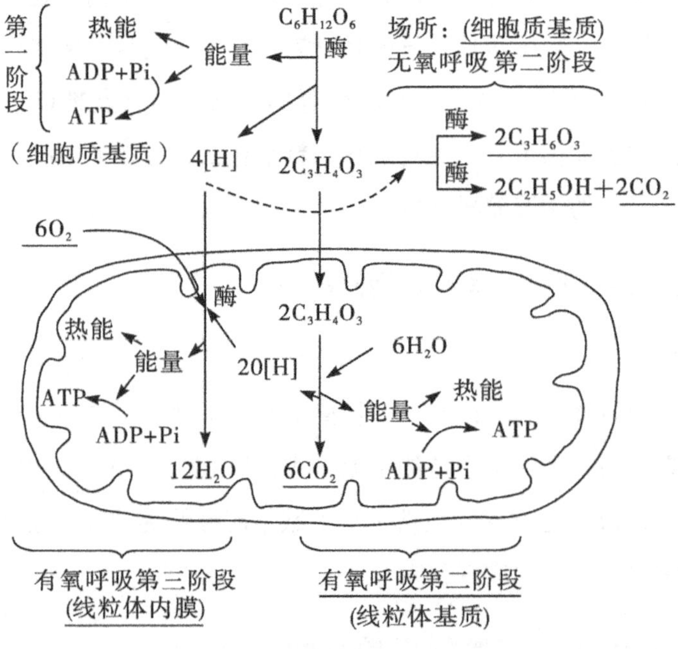

图 2–13–2　细胞呼吸过程的板书

利用微课进行复习，其优点是给学生一个直观画面，使学生在边观看视频的过程中边回忆边巩固。在复习中，要注意时间不能太长，展示的课件不要直接将答案展示出来，应边讲解边展示答案才有利于学生的回忆。

2.2　导课

教学中，利用学生熟悉的广告、新闻、趣事等素材，通过教师的简易加工，制成微视频，能收到很好的导课效果。如在讲授“酶的特性”一节时，可播放央视立白洗衣粉的广告，待学生观看后，教师马上提出问题：为什么选用立白洗衣粉，洗衣为什么会立白洁白不伤手？由于素材来自于生活中的广告，现出现在课堂，能迅速激发学生的好奇心，产生对新知识的强烈渴求。又如，在学习选修三“体外受精”一节时，学生对英国生理学家罗伯特·爱德华兹获得2010年诺贝尔生理学或医学奖的新闻是有所了解的。在新课导入时，可从网上下载，播放央视相关的报道新闻视频，然后教师提问：“什么是体外受精？包括哪些过程？”通过播放新闻，设置本节课的教学情境，顺利进入教学过程。

导课的好坏直接影响到一节课的教学效果。微课导课应该直接切题，其形式有设置情景式、设置疑问式和温故知新式等。教学中，应根据自己的微课素材选用合适的导课方式。

2.3　知识讲解

知识的讲解是一节课的主体，也是微课应用教学的主要表现形式。利用微课进行知识讲解，可以使原本教师教授的内容交与微课视频，可以将原本枯燥的内容变成直观的动画，可以将繁琐的多个知识点分解成一个个小视频进行讲解，达到激发学生的学习兴趣，调动学生参与的积极性，从而突破重难点，培养学生的想象力和思维能力，提高教学效率的目的。“神经调节”一节中的“兴奋的传导”是该节课的重点，也是难点。如果仅凭教师边绘画边讲解，不易形成形象动态的过程，学生不易理解。教学过程中，教师可以分别选择“兴奋的传导”和“兴奋的传递”两个具有动画的微课辅助讲解，最后教师再用板书进行强调（见图2-13-3）。又如，“细胞的增殖”一节中的“有丝分裂”也是一个很具有动态过程的知识点，通过动画进行展示，能够更好地帮助学生理解有丝分裂过程这一知识。

静息状态：K+ 外流，膜电位为外正内负（静息电位）
↓ 刺激
动作电位：Na+内流，膜电位为外负内正，形成局部电流
↓
恢复静息：传导兴奋，恢复为静息电位

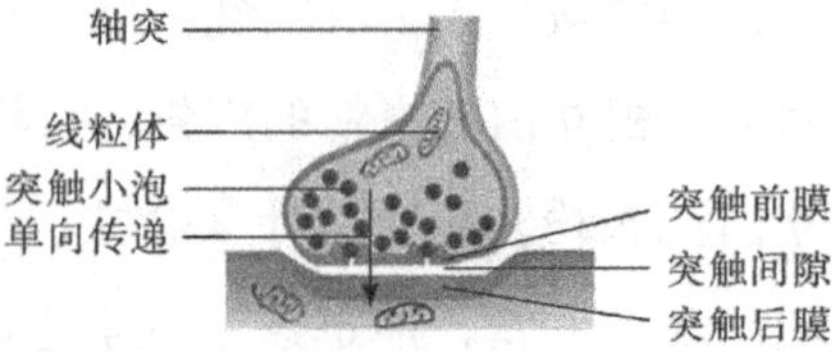

图 2-13-3　兴奋的传导

多媒体课件要求完整，多媒体教学贯穿于整堂课，缺点是师生很容易被课件牵着鼻子走，目的性较差，很难在关键时刻吸引学生的注意。微课辅助教学的优点在于它能够将一节课分成一个个微视频，教师可以选择性地针对某个知识点挑选一个视频进行教学，有针对性地突破该节课的重点或难点，不至于整堂课师生被多媒体“绑架”。尤为重要的是如果学生对某节课的重点、难点或疑点还需要进一步消化，课后学生还可以自行下载相关微课到手机、iPad 等移动设备观看，不受时间空间的限制，进行移动学习。

2.4　课堂练习

上传到网上的每个微课课件一般都附有相关的 Word 版练习，供学生课外学习检测。以习题为载体的微课应用于课堂，这是教师讲解习题的方式交给微课讲解的一种创新应用。其模式是：先展示一版练习的视频，从中包含一个或多个习题，没有画外音，教师点击停止，学生思考练习。待学生做完后，教师再点击课件继续，通过视频讲解每个试题。如果还有其他试题练习，重复这一模式（见图 2-13-4）。

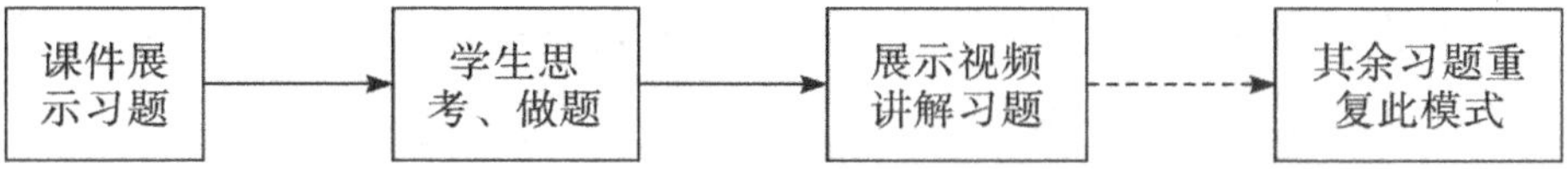

图 2-13-4　课堂练习的微课模式

与 PPT 展示相比，它只有习题及讲解。通过视频讲解习题，分担教师课堂讲解的任务。缺点是，视频只能按照固定的操作进行讲解，课堂中学生练习出现的新问题，不能及时反馈与解决。这就要求教师应该充分磨题，对学生练习出现的问题做好充分的预设，同时，教师要注意学生的问题，待视频讲解后做好补充。

2.5　小结

课堂小结是对一堂课主要知识点的高度总结。用微课展示课堂小结，可以是一堂课的主要板书，也可以是这堂课核心概念的注意点，做到用最少的时间展示最主要的内容。如“现代生物进化理论”的主要内容可概括为“一个单位，三个环节：一原二方三必要”，帮助学生快速记忆，然后再分别解释。这样小结，该微课时长只有 40 余秒（见图 2-13-5），简洁高效。

一个单位：种群是生物进化的基本单位

三个环节：
- 一原（原材料）：突变与基因重组为生物进化提供原材料
- 二方（方向）：自然选择决定生物进化的方向
- 三必要：隔离是物种形成的必要条件

图 2-13-5　现代生物进化理论的小结

2.6　课后作业

利用微课，布置课后作业的形式有对课堂上各个知识点微视频的复习、课后巩固练习与检测和下一堂课微课的预习。

对于复习课堂上各个知识点的微视频，教师可以与其他作业一同打包发送到每一个学生，供他们自主学习。对于课后巩固练习与检测，最好做到每题后面就是讲解的模式，便于学生做完后立刻检测，有利于移动学习。对于下一堂课微课的预习，其实就是落实翻转课堂的理念，学生在课外先学习下节课的主要内容，同时配以少量的简易试题进行检测。

3 结语

作为一个炙热的教育新名词，微课应用于传统教学，能较好地推动课程改革。焦建利在《微课及其应用与影响》中指出这一模式将容易习得的知识通过微课在课前传递，然后充分利用节省出来的时间组织“以学生为主体”的有效协作探究活动，将知识点融会贯通其中，激发学生的学习动机，引导学生在问题解决和应用中得出真知，实现了“课堂时间”的高效化。[3] 在学习过程中，学生自己下载想要的微课，自主学习，反复观看微课，充分理解学习内容，满足个性化的学习需求，减少因传统教学带来的学生学习差异，更好地促使学生理解知识。可是微课的设计理念并不是所有教师都能适应，它对教师的信息化设计能力提出较高的要求，如同多媒体进入课堂，这是一个长期的时间过程，教育主管部门应加强培训解决这一问题；另一方面，学生自行观看微视频，缺少监督，难以保证学生自主学习微课的效率，极容易陷入在线游戏的歧途，这一问题还需进一步跟踪与研究。

毫无疑问，微课教学的前景十分广阔。为了研究微课的应用模式，笔者在操作层面上作了初步探讨，提供了一定的参考，但对微课的应用方式方法还有待于进一步的研究与实践。

参考文献

[1] 黎加厚：《微课的含义与发展》，《中小学信息技术教育》，2013 年第 4 期。
[2] 胡铁生：《微课：区域教育信息资源发展的新趋势》，《电化教育研究》，2011 年第 10 期。
[3] 焦建利：《微课及其应用与影响》，《中小学信息技术教育》，2013 年第 4 期。

微课是 2012 年以来教育技术领域中出现的新事物，具有短小精悍、针对性强、善于突破教学重难点等特点，对我国的课程改革具有重要的推动作用。“环境因素对光合作用强度的影响”探究实验是光合作用中的重点，也是难点。将微课创新性地应用于这一实验的教学，能解决一系列问题。

案例 14：基于微课的实验教学设计[①]
——以“环境因素对光合作用强度的影响”为例

微课是近年来教育技术领域中出现的新事物，它具有短小精悍、针对性强、善于突破教学重难点等特点，对我国的课程改革具有重要的推动作用。“环境因素对光合作用强度的影响”探究实验是光合作用中的重点，也是难点。将微课创新性地应用于这一知识点的教学，能解决一系列问题。

1　问题的提出

人教版高中生物必修 1“能量之源——光与光合作用”编排的“环境因素对光合作用强度的影响”探究性实验，对巩固光合作用过程原理、理解影响光合作用因素和光合作用原理的应用都具有重要的作用。实际教学中，由于课时不够开课、实验设备不齐、教师教学任务重、实验评价不合理等问题，特别是该实验持续的时间长，大约需要 50 分钟左右才能做完；如果通过 PPT 演示，人教版教材自带的视频光盘只有“探究光照强度对光合作用强度的影响”一个实验，探究内容单一，展示的时间也要 10 分钟，缺乏其他环境因素探究性实

① 肖安庆：《微课在“环境因素对光合作用强度的影响”实验教学中的创新应用》，《中学生物教学》，2014 年第 4 期。

验的视频资源。因此，一些教师对这一知识点的处理常常是课堂上讲实验，不会安排学生做实验。如此一来，该实验的设置形同虚设，没有达到编写者的目的要求。为此，笔者尝试在本节内容进行微课教学，取到了明显的教学效果。

2 微课在“环境因素对光合作用强度的影响”探究实验中的教学设计

2.1 课前预设，制作微视频

根据以上的教学问题，我们进行了相关实验的改进，录制了多个实验微视频，每个实验的操作、微课录制及注意与意图如下。

实验一 探究光照强度对光合作用强度的影响实验

由于课本中采用人吹气的方式提供的二氧化碳，这样做不能定量地提供二氧化碳，我们改用 4% $NaHCO_3$ 溶液。实验中采用打孔器打出不含叶脉的菠菜叶圆片，用注射器抽出叶片中的气体，取出 3 个烧杯，每个烧杯装入等量的 4% $NaHCO_3$ 溶液，编号组 1、组 2、组 3，分别放入 10 片叶片，将 3 个烧杯分别放在距离 40 W 台灯 10 cm、20 cm 和 30 cm 处进行光合作用。在每个烧杯处分别放一个秒表，统计每个烧杯中叶片上浮情况，展示结果。

注意与意图：由于叶片打孔和抽气都要较长的时间，微课后期制作时可象征性地展示过程或利用快进缩短时间。视频展示最终每个烧杯中叶片全部上浮情况的时间（秒表显示），使结果直观化。将叶片上浮情况展示在表 2.14.1 中。该视频控制在 3 min 之内。

表 2.14.1　不同光照条件下浮起叶片数

距离	时间			
	组 1（10 cm）	组 2（20 cm）	组 3（30 cm）	……
10 min				
30 min				
60 min				

实验二　探究 CO_2 对光合作用强度的影响实验

类似实验一中的操作，将菠菜叶圆片分别放入装有蒸馏水、0.5% $NaHCO_3$ 溶液、1% $NaHCO_3$ 溶液、2% $NaHCO_3$ 溶液、4% $NaHCO_3$ 溶液五组烧杯中，在距离台灯 10 cm 处进行光合作用。用秒表计时，统计每个烧杯中叶片上浮情况，将结果展示在表 2.14.1 中，展示结果。

注意与意图：因与实验一有相同操作，为缩短时间，可以将叶片打孔和抽气过程省略掉，重点展示在不同浓度的 $NaHCO_3$ 溶液中叶片上浮情况。该视频控制在 2 min 之内。

实验三　探究温度对光合作用强度的影响实验

由于普通高中生物实验室没有控制温度的叶室，本组实验可用冰水温度（低温）和室温两种温度探究温度对光合作用强度的影响。实验前将装有 4% $NaHCO_3$ 溶液的烧杯放入到冰箱中处理（设置为低温组）。依据实验一的操作，将菠菜叶圆片分别放入到室温（组 1）和低温（组 2）的 $NaHCO_3$ 溶液的烧杯中。为控制后者温度，可持续在烧杯附近放置一些冰块。[1] 用秒表计时，统计每个烧杯中叶片上浮情况，展示结果。

注意与意图：由于该实验较为复杂，可用微课演示温度处理的大概操作程序。各温度下，叶圆片的上浮情况持续时间较长，微课后期制作中，可用秒表展示其结果。该视频控制在 3 min 之内。

2.2 课堂探究，展示视频

空气中二氧化碳的浓度、土壤中水分的多少、光照的强弱与时间长短、光的成分、温度的高低等，都是影响光合作用强度的外界因素。学生探究时会出现多种情况，教师不要轻易否定，可引导学生从光照强度、CO_2和温度三方面探究对光合作用强度的影响。可将全班分成若干小组，每个小组探究一个因素。每小组先做出假设，制定计划、设计实验方案，然后做出预期结果。小组展示各自方案，之后小组间互评。如果探究活动的某个环节有创意、有想法，教师应认真思考及评价。每个小组展示、互评后，教师分别播放相关的微视频。根据观察的结果和记录的数据进行分析，得出各自结论，进行表达和交流。

3 结语

微课应用于“环境因素对光合作用强度的影响”探究实验，其优点在于:（1）时间缩短。将原本每个实验耗时从 30 至 100 min，缩短为 2 至 3 min，3 个实验合计不超过 10 min，拓展了课堂探究的内容。（2）直观化。每个探究实验通过视频展示，具有直观性，避免了该实验只有设置没有开设的尴尬局面。（3）交互性高。通过学生设计实验方案，小组展示、互评后，再根据教学实际，选择播放微课，具有较大的互动性和针对性，避免了整堂课都使用 PPT 教学，以至于“绑架”课堂的情况，能较好地突破本章内容的重点、难点。然而课堂中难免会出现意外，如学生也可能坚持探究其他环境因素对光合作用的影响，这就需要有更多的微视频。这是微课教学的一个瓶颈，可通过教师机智应变讲解。

参考文献

[1] 张万明:《“环境因素对光合作用强度的影响”一节探究性实验的改进》,《生物学通报》, 2010 年第 45 期。

附录 肖安庆老师在研究核心素养方面的论文一览表

1. 肖安庆:《例谈生物简笔画在生物学中的应用》,《生物学教学》,2008年第11期。
2. 肖安庆:《注重基础提高学生思维应变能力》,《赣南教育教学研究》,2011年第10期。
3. 肖安庆:《重视责任教育》,《平安校园》,2011年第9期。
4. 肖安庆:《礼仪教育:高中教育的盲点》,《中国德育》,2011年第2期。
5. 肖安庆:《试论教师专业发展的规划与策略》,《中小学校长》,2011年第6期。
6. 肖安庆:《浅谈高中生物建模的教学价值和培养策略》,《中学生物学》,2011年第7期。
7. 肖安庆:《高效听讲:构建高效课堂的新思维》,《素质教育大参考》,2011年第13期。
8. 肖安庆:《对教学反思再反思》,《校长参考》,2011年第1期。
9. 肖安庆:《时代呼唤科研型教师》,《教师新概念》,2011年第5期。
10. 肖安庆:《以教学反思为抓手,推动教师专业发展》,《教书育人》,2011年第9期。
11. 肖安庆:《试论教师职业自我的内涵与策略》,《基础教育参考》,2011年第10期。

12. 肖安庆:《交互式电子白板在高中生物教学中的应用》,《中小学电教》,2011年第5期。
13. 肖安庆:《例谈师生冲突中教师自我调控的艺术》,《基础教育研究》,2011年第19期。
14. 肖安庆:《师生冲突的调控艺术》,《青年教师》,2012年第1期。
15. 肖安庆:《教师无为,学生有为》,《中学生物教学》,2012年第4期。
16. 肖安庆:《论考试改革的方向与人的全面发展》,《安徽教育》,2012年第1期。
17. 肖安庆:《试论教学一体化的编写原则与优化》,《西藏教育》,2012年第1期。
18. 肖安庆:《责任教育的实践与探索》,《学校管理》,2012年第2期。
19. 肖安庆:《责任教育:教育之本》,《教材教法研究》,2012年第3期。
20. 肖安庆:《试论中学环境教育的策略》,《环境教育》,2012年第6期。
21. 肖安庆:《高中生物实验教学的新问题与新对策》,《生物教学与实验》,2012年第12期。
22. 肖安庆:《学生自主性实验:实验教学的新思维》,《教材教法研究》,2012年第9期。
23. 肖安庆:《试论教学质量评价的异化》,《西部教育研究》,2012年第4期。
24. 肖安庆:《例谈类比推理在高中生物教学中的应用》,《教学与管理》,2013年第2期。
25. 肖安庆:《中小学教学反思的现状与对策》,《学校党建与思想教育》,2013年第1期。
26. 肖安庆:《幸福教育:教育的追求》,《基础教育改革动态》,2013年第1期。
27. 肖安庆:《管窥中小学教研的问题与反思》,《基础教育参考》,2013年第

15期。

28. 肖安庆:《管窥中小学教师反思与思考》,《青年教师》,2013年第4期。
29. 肖安庆:《中小学教师专业发展探析》,《新教育》,2013年第2、3期。
30. 肖安庆:《中小学教研:问题与反思》,《宁夏教育科研》,2013年第4期。
31. 肖安庆:《磨课是高效课堂的必要途径》,《中学生物学》,2013年第7期。
32. 肖安庆:《磨课使课堂更有效》,《赣南教育教学研究》,2013年第7、8期。
33. 肖安庆:《注重基础,凸显创新》,《中学生物教学》,2013年第11期。
34. 肖安庆:《教学反思:现状分析与改进策略》,《教育文汇》,2013年第16期。
35. 肖安庆:《我国中小学教师评价新问题与改进策略》,《新课程教学》,2013年第6期。
36. 肖安庆:《微视频在高中生物教学中的应用价值与策略》,《中学生物学》,2014年第4期。
37. 肖安庆:《教学名师热的冷思考》,《教学实践与研究》,2014年第2期。
38. 肖安庆:《青少年核心价值观教育内容的甄选》,《会员通讯》,2014年第5期。
39. 肖安庆:《例谈微课在高中生物教学中的应用》,《生物学教学》,2014年第5期。
40. 肖安庆:《微课在"环境因素对光合作用强度的影响"实验教学中的创新应用》,《中学生物教学》,2014年第4期。
41. 肖安庆,李通风:《例谈微课在高中生物教学中的应用》,《生物学教学》,2014年第5期。
42. 肖安庆:《当课堂学生玩手机》,《新德育》,2014年第11期。
43. 肖安庆:《教师要有所不为》,《青年教师》,2014年第11期。
44. 肖安庆:《回归教材注重基础突出能力》,《考试》(理科版),2014年第7、

8 期。

45. 肖安庆:《社会主义核心价值观进校园：内涵、优化、甄选与路径》,《基础教育论坛》, 2014 年第 4 期。
46. 肖安庆:《社会主义核心价值观进校园：内涵、优化、甄选与路径》,《师资建设》, 2014 年第 10 期。
47. 肖安庆:《打破常规，平实创新——2014 年全国高考理综课标 I 卷第 5 题互动分析》,《中学生物教学》, 2014 年第 11 期。
48. 肖安庆:《新时期中学教师教学实践的六大特点》,《教学月刊・中学版》, 2014 年第 11 期。
49. 肖安庆:《基于多元智能理论的生物教学设计与实践》,《中小学教材教学》, 2015 年第 4 期。
50. 肖安庆:《基于多元智能理论的生物教学设计与实践》,《中学政治及其他各科的教与学》, 2015 年第 8 期。
51. 肖安庆:《慢教育：生物有效教学新视角》,《中学生物教学》, 2015 年第 1、2 期。
52. 肖安庆:《翻转课堂模式在高中生物教学中的应用》,《中学生物教学》, 2015 年第 6 期。
53. 肖安庆:《试论微课的发展与设计策略》,《中国电化教育（白板专刊）》, 2015 年第 1 期。
54. 肖安庆:《基于多元智能理论的生物教学设计与实践》,《中小学教材教学》, 2015 年第 4 期。
55. 肖安庆:《试论高考生物创新试题：内涵、特征与功能》,《中学生物教学》, 2015 年第 3 期。
56. 肖安庆:《中小学教师教学反思：主要内容与呈现方式》,《教育论坛》, 2015 年第 1 期。

57. 肖安庆:《悟错教学的理论基础、策略和方法》,《中学生物教学》, 2015 年第 10 期。
58. 肖安庆:《管窥社会主义公民教育的活动模式设计》,《重庆与世界》, 2015 年第 9 期。
59. 肖安庆:《高中生物教学中“滑过现象”分析与矫治策略》,《教学与管理》, 2015 年第 12 期。
60. 肖安庆:《中小学中国梦教育：深刻内涵和有效途径》,《西部教育发展研究》, 2015 年第 2 期。
61. 肖安庆:《社会主义公民教育的活动模式设计》,《天津教育》, 2015 年第 10 期。
62. 肖安庆:《活动单教学模式在高中生物教学中的应用》,《生物教学与实验》, 2015 年第 3 期。
63. 肖安庆:《问题教学法在“基因工程的基本操作程序”教学中的应用》,《生物学教学》, 2016 年第 4 期。
64. 肖安庆:《基于核心素养的情感态度价值观教育的探索》,《中学生物教学》, 2016 年第 4 期。
65. 肖安庆:《试论中小学社会主义核心价值观教育的基本原则、方法与途径》,《中小学校长》, 2016 年第 5 期。
66. 肖安庆:《中医诊断理论与中学生物教学》,《中学生物教学(下半月)》, 2016 年第 5 期。
67. 肖安庆:《中小学创客教育的发展现状、内涵与构建策略》,《中小学教师培训》, 2016 年第 11 期。
68. 肖安庆:《基于核心素养的模型建构概念的教学策略》,《中学生物学》, 2016 年第 9 期。
69. 肖安庆:《例谈“置换法”在改编试题中的应用》,《中学生物教学》, 2016

年第 10 期。
70. 肖安庆:《换个思维教育学生》,《青年教师》, 2016 年第 10 期。
71. 肖安庆:《中小学创客教育: 问题与对策》,《基础教育改革论坛》, 2017 年第 2 期。
72. 肖安庆:《高中生物核心素养的内涵与培养策略》,《中学生物学》, 2017 年第 3 期。
73. 肖安庆:《中小学创客教育: 问题与对策》,《今日教育》, 2017 年第 4 期。
74. 肖安庆:《高中生物核心素养的内涵与培养策略》,《中小学教师培训》, 2017 年第 6 期。
75. 肖安庆:《试论高中生物核心素养的内涵与培养策略》,《中小学教材教学》, 2017 年第 9 期。
76. 肖安庆:《基于核心素养立意的生物考试内涵与试题分析》,《中学生物学》, 2017 年第 7 期。
77. 肖安庆:《中小学创客教育的发展现状、内涵与构建策略》,《科普研究》论文集。
78. 肖安庆:《关于孟德尔遗传定律的 4 个疑点》,《中学生物学》, 2017 年第 10 期。
79. 肖安庆:《中小学创客教育: 问题与对策》,《山西电教》, 2017 年第 9 期。
80. 肖安庆:《高考题应不应该出现考过的陈题》,《中学生物教学》, 2017 年第 10 期。
81. 肖安庆, 颜培辉:《高中生物核心素养的内涵与培养策略》,《中学生物学》, 2017 年第 3 期。
82. 肖安庆:《基于核心素养的高中生物教学设计》,《中学生物教学》, 2017 年第 12 期。
83. 肖安庆:《基于核心素养的高中生物教学探讨》,《中学生物学》, 2018 年第 4 期。

84. 肖安庆:《基于探究性教学“种子的萌发”一节的设计》,《中学生物教学》,2018 年第 12 期。

85. 肖安庆:《例谈高中生物复习中翻转课堂教学模式的应用》,《教育与装备研究》,2018 年第 2 期。

86. 肖安庆:《基于“三观”视野的教学设计研究》,《生物学教学》,2018 年第 6 期。

87. 肖安庆:《开展学校财经教育发展学生财经素养》,《中国教育学刊》,2018 年第 2 期。

88. 肖安庆:《中学生物教学应加强社会责任教育》,《中国教育学刊》,2018 年第 5 期。

89. 肖安庆:《基于核心素养背景下的教师培训:内涵与策略》,《基础教育改革论坛》,2018 年第 1 期。

90. 肖安庆:《基于核心素养的高中生物教学设计》,《中学政治学科及各科的教与学》,2018 年第 3 期。

91. 肖安庆:《试论核心素养评价的挑战与路径》,《中学生物教学》,2018 年第 5 期。

92. 肖安庆:《基于生命观念的理解与测评研究》,《中学生物学》,2018 年第 7 期。

93. 肖安庆:《STEM 校本教育课程研究》,《实验教学与仪器》,2018 年第 87 期。

94. 肖安庆:《基于 5E 教学模式的生物实验教学》,《教育与装备研究》,2018 年第 9 期。

95. 肖安庆:《落实生物学科核心素养应处理好 3 种关系》,《中学生物学》,2018 年第 10 期。

96. 肖安庆，颜培辉，吴志强:《核心素养视角下课堂教学目标的制定》，《中小学教材教学》，2018 年第 10 期。
97. 肖安庆，李贤，吴志强:《“三观”视角下的高中生物学教学设计》，《生物学教学》，2018 年第 6 期。
98. 肖安庆:《试论核心素养视角下课堂教学目标的制定》，《中小学教材教学》，2018 年第 9 期。
99. 肖安庆:《基于学科核心素养优化高中生物教师 PCK 的探索》，《中国教师》，2018 年第 11 期
100. 肖安庆:《高中生物教学如何渗透垃圾分类意识》，《中学生物学》，2018 年第 8 期。
101. 肖安庆:《落实生物学科核心素养应处理好 3 种关系》，《中学生物学》，2018 年第 10 期。
102. 肖安庆:《试论 STEAM 项目式学习的内涵与设计》，《中学生物教学》，2019 年第 1、2 期。
103. 肖安庆:《易错生物学概念的自主纠错研究》，《中学生物学》，2019 年第 1 期。
104. 肖安庆:《基于生命观念的理解与测评研究》，《中学政治及其他各科的教与学》，2019 年第 1 期。
105. 肖安庆:《基于学科核心素养优化高中生物教师 PCK 的探索》，《中学政治及其他各科的教与学》，2019 年第 2 期。
106. 肖安庆:《基于布鲁姆教育目标分类的高中生物核心素养评价》，《创新人才教育》，2019 年第 2 期。
107. 肖安庆:《表观遗传学的试题例析》，《生物学教学》，2019 年第 7 期。
108. 肖安庆:《生物学科能力表现的试题分析与启示》，《中学生物学》，2019 年第 5 期。

109. 肖安庆:《试论核心素养视角下课堂教学目标的制定》,《中学政治及其他各科的教与学》,2019 年第 5 期。

110. 肖安庆:《试论 STEAM 项目式学习的内涵与设计》,《中学政治及其他各科的教与学》,2019 年第 6 期。

111. 肖安庆,颜培辉:《基于核心素养调控课堂深度教学的策略》,《中小学教师培训》,2019 年第 7 期。

112. 肖安庆:《基于物质与能量观的“酶的作用与本质”教学设计》,《中小学教材教学》,2020 年第 10 期。

113. 肖安庆:《试论高中生物教学落实生涯教育的意义与设计》,《中学生物学》,2020 年第 1 期。

114. 肖安庆:《2019 年高考全国 I 卷理综生物试题的情境分析及教学建议》,《中学生理科应试》,2020 年第 2 期。

115. 肖安庆:《生物学问题式学习与项目式学习的对比研究——从 PBL 到 STEAM-PBL 再到 HQPBL 的发展》,《中学生物教学》,2020 年第 3 期。

116. 肖安庆:《论高考评价体系下生物试题的创新性》,《天津师范大学学报》(基础教育版),2020 年第 3 期。

117. 肖安庆:《高中生物教学中批判性思维的培养》,《装备与教育研究》,2020 年第 12 期。

118. 肖安庆:《基于认知目标分类理论的试题认知工具与使用》,《中学生物学》,2020 年第 10 期。

119. 肖安庆:《例析中华优秀传统文化与学科能力在高考试题中的融合》,《生物学教学》,2021 年第 3 期。

120. 肖安庆:《基于大概念的高中生物整体教学何谓、为何和何为》,《中小学教师培训》,2021 年第 3 期。

121. 肖安庆:《鲸鱼剐蹭为哪般》,《生物学教学》,2021 年第 1 期。

122. 肖安庆:《更新教材理念　开展有效教学——使用高中生物学新教材的几点体会》,《中小学教材教学》, 2021 年第 5 期。
123. 肖安庆:《高中生物教学中批判性思维的培养》,《中学政治学科及各科的教与学》, 2021 年第 6 期。
124. 肖安庆:《五育并举”在 2021 年广东省高考生物学试题中的体现》,《生物学教学》, 2021 年第 11 期。
125. 肖安庆:《提升科学素养的高中生物社会性科学议题教学》,《教学与管理》, 2021 年第 11 期。
126. 肖安庆:《学业质量观照下创设情境的策略研究》,《中学生物学》, 2021 年第 9 期。
127. 肖安庆:《培养物质与能量观的教学策略与实践》,《中小学教材教学》, 2021 年第 11 期。
128. 肖安庆:《五育并举”在 2021 年广东省高考生物学试题中的体现》,《生物学教学》, 2021 年第 12 期。
129. 肖安庆:《提升科学素养的高中生物社会性科学议题教学》,《中学政治学科及各科的教与学》, 2022 年第 4 期。
130. 肖安庆:《例谈 6E 学习模式在高中生物 STEAM 教学中的应用》,《中学生物学》, 2022 年第 5 期。
131. 肖安庆:《基于 6E 学习模式的 STEAM 教学设计》,《中学生物学》, 2022 年第 5 期。
132. 胡佑明, 肖安庆:《双成背景下基于核心素养的高中生物作业设计的理论基础与路径》,《中国现代教育装备》, 2023 年第 7 期。
133. 肖安庆:《基于文化背景下讲好中国科学家故事的单元教学设计》,《生物学教学》, 2023 年第 6 期。